咫尺匠心

新工匠是怎样炼成的

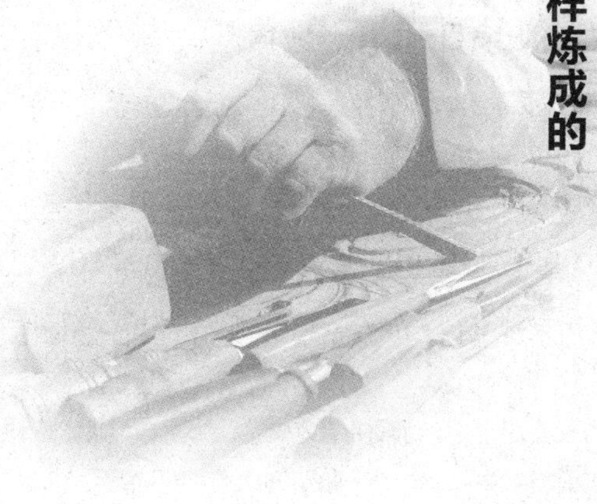

蒋小华 著

机械工业出版社
CHINA MACHINE PRESS

当中华大地响起“工匠精神”的号角，重拾“工匠精神”成为大势所趋。那么，何为真正的“工匠精神”？企业和组织究竟该如何践行“工匠精神”？如何培育与塑造工匠文化？新工匠是怎样炼成的？总之，企业管理者的匠心决定了全体人员的匠心。本书着重于帮助企业管理者建设“工匠精神”，为企业匠心领导力的培育提供理论基础及可以借鉴的方法。

图书在版编目（CIP）数据

咫尺匠心：新工匠是怎样炼成的/蒋小华著. —北京：机械工业出版社，2017.3（2018.1重印）

ISBN 978-7-111-56083-8

Ⅰ. ①咫… Ⅱ. ①蒋… Ⅲ. ①企业管理 Ⅳ. ①F272

中国版本图书馆 CIP 数据核字（2017）第 030491 号

机械工业出版社（北京市百万庄大街 22 号 邮政编码 100037）

策划编辑：刘 博 责任编辑：刘 博

封面设计：任燕飞 责任印制：孙 炜

责任校对：舒 莹

保定市中画美凯印刷有限公司印刷

2018 年 1 月第 1 版第 3 次印刷

170mm×242mm • 21 印张 • 248 千字

标准书号：ISBN 978-7-111-56083-8

定价：49.00 元

凡购本书，如有缺页、倒页、脱页，由本社发行部调换

电话服务

服务咨询热线：（010）88361066

读者购书热线：（010）68326294

（010）88379203

网络服务

机工官网：www.cmpbook.com

机工官博：weibo.com/cmp1952

教育服务网：www.cmpedu.com

金书网：www.golden-book.com

封面无防伪标均为盗版

推荐序1

一品入魂

翻开一张一张灵动的页面，读着一个一个跳跃的字符，感触很深。常常回味起各种场合下对极致产品和服务的深深震撼，回味起对这些极致产品和服务背后匠心精神的深深敬意。工匠精神，是在这两年常常被提起、引人注目的词汇。

一、新常态、“心”常态，匠心孕育的新时代

这两年中国经济增长放缓，经济发展进入了相对慢速的新常态。慢不一定就是坏事，慢往往让人有时间更用“心”去思考、去品味、去体验。走心的产品和服务，也更容易打动人心。

与此同时，由于中国经济发展的财富累积效应，北京、上海、江苏等省市的年人均 GDP 超过世界公认的富裕线——12 000 美元；广东、山东等省份的人均 GDP 也将很快超过这一富裕线。这意味着更多的中国人将步入富裕阶层，意味着人们的生活将会发生翻天覆地的变化。品质化、个性化、多元化需求渐成主流。追求更高品质的消费，对市场资源配置的影响将尤为明显。在我看来，当下中国一线城市和沿海城市已经开始步入精品消费的新时代。

对企业而言，为了更好地满足消费升级的大趋势，不仅要在产品功能上做到极致，还要赋予产品更多的精神内涵，甚至要赋予引领未来的时尚感觉。新工匠，应运而生！

二、新工匠、心工匠，修心修身方为“匠”

新工匠的养成和修炼，在我看来，离不开修心、修身、修新。

第一，修心。伟大的工匠要有“三心”，利他心、静心和恒心！做产品一定要有利他心，首先，充分考虑他人的需求，而不能一心一意只求商业利益、自己赚钱，同时，要静心、要恒心，修炼强大内心，才能成就伟大工匠！

第二，修身。修身包括修己与修规。修己，匠人一定要严格要求自己，律己正身，知止有度，只有自己精益求精，才能要求伙伴和同事精益求精；修规，没有规矩不成方圆，没有规矩也成就不了经典！这里特别想分享一下我的一段亲身经历。2016 年夏天去日本，晚上走进一家不起眼但特别整洁的小面馆。店面很小，只能容纳七八位客人。但让我惊讶的是，就是这样一家小店，对于汤面品质上的追求近乎于严苛。这家店对每位客人坐的位置、上汤面的顺序、小菜的摆放，都有精细的计算、严格的程序、苛刻的要求。开始甚至不适应，心想不就一碗面嘛！不想一碗面吃下来，却被店主人的专业和敬业打动，深深感受到，严苛的背后是精心保证食客品味面条时的最佳口感和完美体验！吃完慢慢步出店门，禁不住回头再看一眼，这家小店“一面入魂”的招牌已然印到心里！

第三，修新。这里的“新”自然是与时俱进，推陈出新。当下的工匠，不能再是深山老林中的千锤百炼，而是需要以“互联网+”的思维来深度地了解目标用户的需求，需要社群来和用户亲密互动，需要大数据让用户的建议成为打造精品的参考。易观天马“加速营”提出的新电商概念，核心就是“聚深粉、卖好货”!只有对目标粉丝的深度满足，才有可能打造出极致体验、极致口碑的好产品！小米、华为都是新工匠精神的代表。例如小米的“新”，在于粉丝互动，小米通过社群培养出了一群专业的先驱粉丝，然后通过口碑，利用媒介，在年轻人之间形成“爆款”。小米还有一句口号也很出新：永远相信美好的事情即将发生。或许，对于任何一个买了小米产品的人来说，心中永远期待并相信美好的事情正在发生。这无疑又说进年轻人的心坎，迎合了人们永远年轻的心态。

一年前有缘和蒋小华老师相识，平日和小华老师的交流也并不太多。但《咫尺匠心：新工匠是怎样炼成的》一书的才情，让我对小华老师又有了新的了解和认识。“咫尺匠心”，正如书名一般，这是一本独具匠心的书，颇具历史感的诗情画意，和高科技的解读完美结合，**读起来非常走心，放下去又回味无穷。**本书的出版，恰逢消费升级、呼唤新工匠的新时代，静心书，正当其时！书中所提到的“工匠精神”与“互联网思维”，也特别具有前瞻性。读罢此书，定会激发你的工匠情怀。如何做一名新时代的新工匠，小华老师这本匠心之作，给了特别实际的指导！

期待更多的一“品”入魂！

易观国际联合创始人

易观亚太科技股份有限公司总裁　杨彬

新电商转型企业家社群天马帮创始人

推荐序2

找到一把钥匙

李克强总理在第十二届全国人大四次会议上，谈到 2016 年的工作重点时说："要鼓励企业开展个性化定制、柔性化生产，培育精益求精的工匠精神。"中国经济需要适应慢一些的节奏，企业则需要培养细一点的耐心。工匠精神的目标是打造本行业最优质的产品，打造其他同行无法匹敌的卓越产品。概括起来，工匠精神就是追求卓越的创造精神、精益求精的品质精神、用户至上的服务精神。

2016 年 8 月，作为一个正处在改革发展转型升级关口的传统企业高管，我参加了湖南省国资委"工商管理与现代经济理论"培训班，有幸聆听了蒋老师关于"互联网+"与工匠精神怎么做到完美结合的主题授课。他的授课内容、课件准备、授课方式以及讲课风格等让我们对工匠文化感同身受。他的课程本身已经全面诠释了"精雕细琢，精益求精、追求完美"的精神理念，给我们留下了深刻印象。一个月后，又收到蒋小华老师即将出版的《咫尺匠心：新工匠是怎样炼成的》书稿，我一口气读完。本书为我们这些在企业从事生产经营的管理层开启工匠之门，打开了一扇窗，找到了一把钥匙。本书为企业的生产、技术、管理和服务等各个层面提供了科学的方法和指导意见。围绕"工匠"这一核心课题，本书用生动的案例和哲学思维的方式阐述了中国传统"工匠"理论。还结合国内外先进的企业管理经验，为如何通过创新，不断完善，不断追求，以永无止境的时间与空间结合，打造企业全员"工匠"理念，提出了可操作的理论和指导性方法。

"师者，传道授业解惑也"，蒋小华老师以敏锐的眼光和战略思维，把工匠理论培训作为契机，在全国各地做有关“互联网+”工匠方面的培训，推广普及工匠精神。现代社会，我们无时无刻不在享受着互联网带来的快捷方便，然而却总是发现它带给我们的东西并没有我们想象中的精细、完美，有时候甚至还会发现一些不能容忍的瑕疵，这时候我们难免会去怀念过去那些能工巧匠带给我们的心动与满足。所以说，互联网想长远造福于大众，非“咫尺匠心”莫属。

要知道，**互联网时代，产品为王，内容为王，不死磕用户的体验，没有工匠精神就是空谈。作为一个见多识广，对民族工业有担当和责任的新锐学者**，蒋老师走南闯北，劳碌奔波，像一个有坚定信仰的传道者，以培训方式不断将工匠之道广施众播，正如他自己说的一样：**我们需要互联思维，但我们更需要工匠精神。**

互联网思维、粉丝经济、自媒体、电商社群……这些词的热度不减，愈演越热，远胜过国家层面倡导的“工匠精神”。蒋老师早在几年前就致力于工匠精神的培训，他说：“工匠精神培训和培养若能火起来，那真是我的幸运，也是这个时代的幸运。”正如本书结尾所说：“今天，任何一个行业，要有高质量的发展，都离不开工匠精神。公务员，要精心做好每一项工作，把每一个服务都做到完美；工人，要精心做好每一件产品，对每一道工序精雕细琢；服务员，要精心做好每一个细节，给每一位顾客无微不至的关心。”

湖南省煤业集团党委委员、副总裁　马庆仁

前　言

从西湖龙井村说起

很多人去过杭州，记得西湖，记得丝绸，记得龙井茶，但很少人想到去看一下龙井茶的生产地——龙井村。

龙井村四面环山，呈北高南低的走势，拥有近800亩的高山茶园，西北面是一道天然屏障，由北高峰、狮子峰、天竺峰挡住西北寒风的侵袭；南面为九溪，直通钱塘江，春夏季的东南风借势入谷，如此得天独厚的地理条件为龙井茶的生长提供了天然优势。

茶农饶有兴致地跟我们讲，这里的茶树是乾隆皇帝御封的。当年乾隆皇帝第三次到杭州畅游龙井村，在品尝过龙井茶后，赞不绝口，称色、香、味、形俱佳，御封了十八棵茶树。这十八棵茶树至今犹在。

徒步爬上山顶，看到有不少茶农正在辛勤地劳作。他们说："采茶是有讲究的，急不得，要一颗一颗掂，同时，要根据温度的不同控制采茶的频率。茶叶采摘回来后，要放置阴凉的地方风干一小时左右，绝不能放到太阳底下晒，否则，香味就会失去。"

后来，我们来到了茶农炒茶的地方。炒茶看起来简单，实则不易。炒制西湖龙井茶有一套独特的手法，可归纳为"抓、抖、搭、拓、捺、推、扣、甩、磨、压"十法。炒茶除了手势，关键是温度的掌控，靠的是手感的培养。

龙井村的那一抹清新甚是难忘，美中不足的是，上山的路虽然铺上了石阶，但掺杂不少杂物，影响整个龙井村的精致与美好。问题的出现可能与劳动力不足有关系，而劳动力不足，与社会对茶农的关注度不够有关，与茶农实际收益与"十大名茶之首"的名声不相称有关。否则，年轻人不至于不愿意继承这一经典。

其中一位炒茶师傅告诉我，他带过 6 个徒弟，年纪最小的也有 40 岁了，30 岁以下的年轻人学炒茶的很少，嫌苦，炒一斤干茶就要 4 个小时。如果是零基础的，至少得四五年才学得会，要出师大概得七八年。他们担忧这种炒茶技术会失传。

这一趟龙井村之行，让人惊叹大自然的美妙杰作之余，一种深深的失落感油然而生。我脑海中竟然产生这样一个念头：若是乾隆皇帝穿越到现在，是否会如当年一样御封这十八棵茶树呢？

我知道，这是一个没有答案的问题，毕竟此一时彼一时。只不过眼前有许多问题值得我们警惕和思考。

茶道，不仅体现在品赏茶的美感上，还包含大自然的天工之美与茶农的默默付出，它需要种茶人、炒茶人、卖茶人及品茶人的匠心供奉。

茶道自唐向后世流传，将日常行为与宗教、哲学、伦理和美学融为一体。在物质享受的同时，通过茶会、茶礼，陶冶性情，培养审美观。但经历元朝统治的近一百年后，茶道几乎在中华大地上湮灭，元代兴起的茶叶泡水一直流传到今天，几乎没有了“道”的成分。

如今，茶农及茶文化面临重大挑战，如何与山泉雨露之灵气、得天独厚之天工相辉映？如何能重现昔日的美妙绝伦？这是一个非常有意义的课题。

我们最近讨论的工匠精神能帮助我们重现昔日的龙井村辉煌吗？即使可以，重现昔日的光景也是远远不够的，这个世界发展太快了。互联网的喧嚣，技术的更新迭代，日益高涨的多元化需求，无论是企业还是个人，该何去何从？但有一点是肯定的，超越历史，永不止步！这也是新时代赋予给我们的使命。

基于这样的使命，我以些许感悟和雕琢之心，匠心供奉从而得以成书，希望与读者共勉。本书完稿要特别感谢茅于轼教授、杨彬总裁、马庆仁总裁、杨刚祥总经理等人的大力支持，感谢我的助理丁妍、娄耀杰、周丹丽等人的帮助，他们的辛勤付出及建言给予了我创作的灵感。同时，书中列举的案例以及人物，他们的思想和行动深深地感染了我，给予我足够的创作动力。可以说，没有他们的付出就没有本书的顺利出版，谢谢他们！

谨以此书献给正在努力打造基业长青的企业和追求“让作品比生命更长”的卓越人士，希望本书能为你们带来一点帮助！

另外，诚恳欢迎读者朋友们提出宝贵的意见。我希望可以尽快地呈现更加完美的修订版。可以关注我的个人公众号（ihke123），E-mail 为 622000564@qq.com。

蒋小华

2016 年 11 月 1 日于杭州

目 录

推荐序 1：一品入魂

推荐序 2：找到一把钥匙

前言：从西湖龙井村说起

第一部分 我们需要新工匠

第 1 章 时代呼唤新工匠 / 3

1．不是传承的问题 / 5

2．头顶上的天变了 / 9

3．从 0 到 1 的新工匠 / 13

4．何谓“新工匠”？ / 18

第 2 章 进入新工匠时代 / 21

1．崛起“中产阶级” / 23

2．结束“物美价廉” / 26

3．崇尚“私人定制” / 28

第 3 章 认识新工匠 / 33

1．创造之人 / 36

2．作品心 / 39

3．手艺人精神 / 42

4．修行者 / 45

5．偏执狂 / 47

第二部分　开启新工匠之门

第 4 章　匠造：潜心研修　/ 53

1．不为外物所动　/ 55
2．那是我的匠心　/ 58
3．让作品比生命更长　/ 61
4．人生很多事急不得　/ 64
5．穷尽一生磨练技能　/ 66
6．不达标准绝不交货　/ 69
7．差之毫厘也要计较　/ 72
8．用笨功夫练真本事　/ 74
9．痛并快乐的奋斗者　/ 77
10．过“潜水”式的生活　/ 80
11．人品比技术更重要　/ 82
误读 1：慢工出细活　/ 85

第 5 章　匠品：美轮美奂　/ 87

1．匠品思维　/ 89
2．关注极端用户　/ 94
3．简约就是美　/ 96
4．打磨三字要诀　/ 98
误读 2：极致主义　/ 102

第 6 章　匠意：不破不立　/ 105

1．突破匠心之枷锁　/ 107
2．换一条路走走　/ 117
3．不让经验唱主角　/ 120

4．投资“年轻人” / 122
5．犯错、试错、改错 / 125
6．培育种子业务 / 128
7．勤练“脑力操” / 132

第 7 章 匠思：匠心独运 / 141

1．应该由谁来做决策 / 143
2．决策的前提是什么 / 146
3．你会问对问题吗 / 150
4．决策一般从哪里开始 / 154
5．是否需要寻求意见一致 / 157

第 8 章 匠道：专业主义 / 161

1．努力成为行业一根针 / 163
2．牢牢攥紧你的用户 / 166
3．无为而无不为的哲学 / 169
4．技术是 1，营销是后面的 0 / 171
5．这些事应该“亲力亲为” / 175
误读 3：一生只做一事 / 178

第 9 章 匠魂：敬天爱人 / 181

1．匠心供奉商业之美 / 183
2．稻盛和夫的经营哲学 / 187
3．上帝要你干的事 / 190
4．困难的事，我来做 / 193
5．利润之上的追求 / 196
误读 4：苦行僧 / 199

第三部分　新工匠的孕育与生长

第 10 章　为何“咫尺匠心难”　/ 205

1．工匠精神能否呼叫出来　/ 208
2．我们为何缺失工匠精神　/ 211

第 11 章　生于制度，孕于文化　/ 215

1．顶层设计之水到渠成　/ 217
2．环境适宜之师营匠造　/ 220
3．组织驱动之天然结果　/ 222
4．工艺流程之瓜熟蒂落　/ 224
5．教育训练之娃娃抓起　/ 227
6．工匠文化之肥沃土壤　/ 229

第 12 章　匠人部落：新工匠的摇篮　/ 233

1．部落的力量是无穷的　/ 235
2．领导第一要务：选匠　/ 238
3．匠人需要这样“安置”　/ 244
4．部落首领回归的时代　/ 247
5．新工匠时代执行力建设　/ 249
6．高马斯洛需求层次理论　/ 254
7．让匠人有美好工作体验　/ 257
8．培育三字真言：守破离　/ 260

第 13 章　工匠文化：新工匠的命门　/ 265

1．领导：匠心供奉一生　/ 267
2．贯彻：掷地有声　/ 278

3．熔炼：绝对不是灌输 /286

第 14 章 破除陋习：“修枝剪叶” /293

1．“闭嘴吧，差不多先生” /295
2．“别凑合，将就君” /299
3．“滚蛋吧，山寨君” /302
4．“别傻了，请示君” /304
5．“耻辱吧，淡薄君” /308
6．“醒醒吧，社交君” /311

后记 /316

1．工匠精神与互联网思维 /316
2．每个行业都需要“咫尺匠心” /318

1

第一部分

我们需要新工匠

沉舟侧畔千帆过，病树堂前万木春。——唐代诗人　刘禹锡

第 1 章

时代呼唤新工匠

唐代大文学家刘禹锡罢和州刺使任返洛阳，与白居易在扬州相遇，白居易赠诗表达对刘禹锡的感慨。刘禹锡和诗酬答，感慨万千。觉得此番回洛阳恍如隔世，不再是旧日的光景了，但是“沉舟”“病树”是常有的事。沉船事件发生后，无数帆船仍然浩浩荡荡；这里的树木枯败了，那边的树林还十分茂盛。借“沉舟”“病树”感叹自己屡遭贬谪、老病侵袭，以致无所作为；用“千帆过”“万木春”来表达自己对天下间仍有不少志同道合的朋友而深感欣慰。

如今，这句诗暗示社会的发展，多指新生事物必然战胜旧事物，要我们的心中永远留住这春天的美景，念念向善！既然新生事物会源源不断，我们就需要不断推陈出新，方能迎接世界的变化与挑战。

不到 30 年的信息时代所产生的新知识，远远超过百年的电气时代、三百年的工业时代、1.2 万年的农业时代积累的知识。所以，唯一持久的竞争优势，是比竞争对手学得更快——学习速度必须大于或等于变化的速度，学习力必须大于或等于竞争对手。

弘扬工匠精神也不例外。目前，有关工匠精神方面的书籍越来越多，而多数书籍比较倾向“传承”和“坚守”的层面，所介绍的大多数是传统手艺人及传统工匠精神的内涵。即使是工匠精神保留较好的日本，也在讲述传统匠人。新的时代，工匠精神应该有新的内涵，毕竟时代背景不同了。

1. 不是传承的问题

先说一说 2016 年的文艺电影《百鸟朝凤》吧。

该剧所讲的故事发生在 20 世纪 80 年代，主人公被父亲送到焦三爷处学唢呐。几经磨练，从焦三爷手上接过传承的担子，却遭遇了洋乐队的冲击，人们不再重视和尊敬，师兄们另谋高就，游家班难以为继，而焦三爷也在吐血吹完最后一曲《百鸟朝凤》后离开了人世。

唢呐是中国各地广泛流传的民间乐器。《百鸟朝凤》是最具特色的唢呐代表作。村庄上的人婚丧嫁娶时，就得请唢呐匠来，滴滴答答地吹上一阵。白事上，一般人请四台，钱多点就请八台，最厉害的人才能吹《百鸟朝凤》。但不是有钱就能请到人吹《百鸟朝凤》，还得逝世的人德高望重才可以。因此对于很多人来说，可能一辈子仅有一次机会听《百鸟朝凤》。

农村长大的我，小的时候常常听到唢呐的“滴滴答答”声。虽然羡慕那些会吹吹打打的师傅，但要说学还真没有想过。即使有这样的念头，恐怕父母也不会赞成。其实，不只是唢呐匠，还有像鞋匠、篾匠、铁匠、瓦匠都已渐渐少去，绝技成了“绝迹”。

比电影中剧情更悲情的是，该片的义务宣发方负责人方励在上映一周后，用下跪、磕头的极端方式在某直播平台恳求全国院线的经理为《百鸟朝凤》增加排片。这一跪让票房上涨了近 10 倍。下跪之前，一周的累计票房才 360 万元，下跪事件的第六天，《百鸟朝凤》的累计票房达到 3 807 万元，可是相比同期上映的《小时代》之类的商业片，票房仍然少得可怜。

我并不是要反对方励的行为，相反，他的行为令我感动，毕竟是义务宣传。但这个事情让我不得不思考：为什么像唢呐匠这样的传统工匠走向了没落？

有人说，工业化大生产模式取代了手工作坊的模式，应该对类似的“淘汰”习以为常。而我认为，问题出在没有与时俱进，没有踩准时代的节拍。假如像焦三爷这样的唢呐匠，不仅传承祖师爷的绝活，且对乐器、曲谱等进行改进，即便是遭遇洋乐器的冲击，懂得学其所长，避其所短，能够创新求变，不至于会沦落到消失的困境。

不只是焦三爷这样的唢呐匠，还有博物馆陈列的各类手工艺品，它们虽然经过精雕细琢，精美绝伦，但是，其实用性却饱受质疑。

相对传统的工艺品，当前已产生了许多替代品，易于操作，制作成本低，还能规模化生产。传统工艺品若及时调整与更新，在产品设计和制作工艺上紧跟时代发展的步伐，尽量满足现代人的需求，就不会沦落到消失殆尽的地步。所以，**一味地传承和固守传统的“精益”已不合时宜了。**

除了唢呐匠这样的民间艺人，还有引以为傲的“中华老字号”也遭遇了同等的命运。

“中华老字号”共有 2 000 余家，原本是一道亮丽的商贸景观和传统文化现象，但如今仍能正常营业的仅为 30%，其中约 150 个活得还不错，更只有十来个称得上活的很好。这是为什么呢？先来看看王麻子剪刀。

当年，王麻子剪刀以质量好、服务佳而远近闻名，在长江以北的地区几乎家喻户晓。各地区的人们都慕名争相选购北京“王麻子”的产品。谁曾想到，2003 年初，这个始创于 1651 年，有 352 年历史的王麻子剪刀厂宣布破产。原因是“王麻子”在经营中没能紧跟市场的变化，巩固住自己的品牌，产品创新跟不上，盲目地进行品牌延伸。

客观来说，王麻子剪刀能够存活 352 年，“工匠精神”应该为其立下了汗马功劳。例如，“王麻子”创牌伊始就将品质作为立身之本，为保证质量，掌柜的(相当于总经理)要亲自选货，并形成了自己的一套质量监测体系：“三看”“两试”，坚持执行验收。而让其马失前蹄的应该是对市场与用户了解不够，创新力不足，品牌意识不强，特别是盲目进行品牌延伸。

“北有王麻子，南有张小泉”。创建于 1663 年的张小泉剪刀现在的发展相对还可以，但与创建于1731年的德国“双立人”存在较大差距，其菜刀价格是“双立人”价格的1/20，销量和市场占有率的差距更大。这是为什么呢？因为“张小泉”仍亦步亦趋地走在先人开拓的路上，材料不变，工序不变，款式不变；而“双立人”百般求变，技术不断更新迭代，生产工艺全面创新，款式种类更是层出不穷。

医药行业过去以“同仁堂”的名字最为响亮，它创建于1669年（清康熙八年），自1723年开始供奉御药，历经八代皇帝。在300多年的风雨历程中，历代“同仁堂”人始终恪守“炮制虽繁必不敢省人工，品味虽贵必不敢减物力”的古训，以“修合无人见，存心有天知”的自律要求，造就了制药过程中兢兢业业、精益求精的工匠精神。

过去，“同仁堂”的发展当然可圈可点，其严守古训的做法值得称赞。然而，目前行业中发展最好的老字号当属“云南白药”。它于1902年由云南名医曲焕章创建，独家掌握配方并秘密配制，其配方、工艺列入国家机密。从十多年前开始，在王明辉的带领下，“云南白药”推动各项改革，先后开发出胶囊剂、酊剂、硬膏剂、气雾剂、创可贴等新品类，甚至还进入牙膏、洗发剂等领域，成为“中华老字号”企业中第一家年销售额突破百亿的公司。如果固守曲焕章的小瓶模式，“云南白药”恐怕迄今还是一家小作坊而已。

德国的“双立人”、中国的“云南白药”是我们学习和推崇的新工匠。而光是传承，不创新、不与时俱进的传统工匠不值得推崇，也不是我们要倡导的工匠精神。传统工匠走向没落的根本原因是没有处理好变与不变的辩证关系，盲目固守用户不需要的东西。那些没有获得用户青睐的“精益”，不是真正的工匠精神。**新工匠追求精益的基本内涵不变，但外在形式要与时俱进，百般求变，包括款式种类、工艺结构和作业流程都要进行全面创新。**

当工匠精神进入政府工作报告，成为一个“热词”后，大众对于工匠精神的追捧将会持续很长时间，会有相当一批企业认为“复古式的精益”就是工匠精神，这是一个误区。我们要以“焦三爷”这样的民间艺人和“王麻子”这样的老字号企业为鉴，与时俱进，准确判断用户的需求，不断推陈出新。要坚决反对“复古式的精益”，以弘扬适应现代社会发展需要的新工匠精神。只有如此，才能让工匠精神在中国大放异彩，充分发挥工匠精神的价值。

如此看来，只传承“复古式”的工匠精神远远不够！要深入探究，了解当前环境对工匠发展的影响很有必要。

2. 头顶上的天变了

不只是中国的民间艺人和老字号企业走向衰落，一向有工匠精神的日本企业也走向了衰落。看看日本的几个巨头企业在工匠精神方面遭遇的窘境吧！

2015 年风靡一时的液晶产品巨头夏普公司因经营不善，不得不出售总部大楼，并同时转卖附近 1.1 万平方米的土地。按照日本媒体的说法，这就是“倾家荡产”了。

2016 年 3 月 30 日美的集团发布公告，称通过收购获得日本东芝白色家电业务的控股权。这一交易的股权转让交割手续已于 6 月 30 日全部完成。鸿海集团则以 3 888 亿日元（约合 224.7 亿元人民币）收购日本家电企业夏普 60%的股份。

在日本，大名鼎鼎的电子巨头东芝、索尼、松下都陷入了业绩不佳、股价下滑、赤字累累的困境。日本电子产业五大巨头——日本电气、松下电器、富士通、夏普和索尼在过去12年里市值蒸发了2/3。其中，日本电气的市场份额在过去10年中减少了90%。

有关日本企业走向衰落的相关信息报道很多，其原因涉及很多方面。日本企业满足于向“……之最”发起冲击，忽视普通用户关注的价格、设计和便利性。过去，日本电子制造专注于硬件的改进和产品种类的丰富。然而，21世纪恰恰是电子产业拼软件、求创新的时代，苹果公司就是最具代表性的成功例子，我国一些电子企业的崛起也是很好的证明。

这种对过去的成功过于自负、始终不愿做出丝毫改变的心态，使日本企业没有与时俱进，没有与时代接轨，没有进行多方面的创新求变，结果逐渐走下坡路。这种固守和传承传统工匠的做法，是导致日本企业近年来走向衰落的重要原因。

曾在日立工作16年、现任京都大学和日本东北大学教师的汤之上隆，在其《失去的制造业：日本制造业的败北》一书中，回顾了日本制造业几十年的荣辱史，总结了日本制造业的四大教训：

（1）面对十年一轮的新技术浪潮，对市场机会缺乏敏感性，因循守旧，错失机会。

（2）过于苛求于性能与指标的极致，而忽视了市场实际需求水平，投入不必要的成本。

（3）过度依赖匠人精神与手工艺者的技艺，忽视了产品的标准化与通用化。

（4）面对技术趋势转变，日本企业制度过于僵化，根本就不能适应技术变革的趋势。

高瞻远瞩的汤之上隆先生一针见血地指出了日本企业衰落的原因。在过去十年里，我走访了不少的日本企业。它们在管理上有许多值得我们深入学习的地方，如对细节的关注、对标准的重视和对员工的关爱。但日本企业也有不少过于自负的管理原则与思路，对此我们不能盲目借鉴，例如年功序列制。日本的人口结构老龄化相当严重，企业普遍实行年功序列制，掌权者必然是老人，在创新方面当然会相形见绌。我在给日资企业做培训的时候，相关人员告诉我，他们很少有人员流失，员工工龄都很长。这对于技艺传承确实有益，但从创新角度来说有诸多的不利，比如年轻人很难掌权，自然会限制企业的创新。

而早期一直学习日本企业的韩国三星公司，这些年迅猛发展，屹立于世界之林，成为韩国经济的重要支柱。这得益于三星公司不断改变与创新。从1993年李健熙担任公司董事长起就开始各方面的改变。他上任后首次考察美国市场，发现三星的产品往往摆放在卖场的角落，上面布满了灰尘，他非常地难过。回国后，他果敢地提出了著名的“新经营运动”，并明确“除了老婆和孩子，一切都要改变”的变革宗旨，打破从日本学来的年功序列制和终生雇佣制，严格实施末位淘汰制，并注重年轻人的创造力。在产品设计上大胆启用年轻人，并推行“年轻、时尚”的产品风格。从此，三星企业焕发新的生机与活力。

纵观日本电子产业界，诸多企业死死抱住硬件不放，对于提升用户体验的软件视而不见。偌大一个日本，互联网搜索引擎用的是美国雅虎与谷歌，手机一半以上使用苹果，将本国市场拱手让人。固执的“工匠”们在软件创新方面的严重落后，是日本电子制造由盛转衰的根本原因。日本家电企业的“没落”，很大程度上不是日本企业的技术与产品不行了，而是缘于其经营思维过于僵化，市场反应过于迟钝，从而导致其市场适应能力下降，全球化战略与经营能力下降。

从日本企业的衰落到韩国三星公司的崛起可以看出，新时代需要新工匠。传统工匠追求极致的复古做法过时了，要放下过去的“荣耀”，放下那种死守过去的自负。不与时俱进、不保持对市场的敏感，而单纯依赖过去“解决方案”的惯性思维，则会造成落入井底的局面，错失大好机会。

在这一点上，不只是日本的家电企业，就连有“工匠”之称的诺基亚也没有逃过这一厄运。众所周知，诺基亚是一家拥有工匠精神的企业，其手机“经摔”的品质至今仍让人津津乐道。毫无疑问，诺基亚是手机界的一座丰碑，它曾经是引领世界潮流的手机霸主。可是，诺基亚手机走下了神坛，淡出了人们的视线。其根本问题出在：

一是对操作系统的盲目固守。市场已出现比塞班系统更好的安卓、苹果 iOS 操作系统，诺基亚仍坚持采用塞班系统。

二是键盘上的优势“遮住”了触摸屏的发展趋势——“触摸”是一项革命性的新技术，当新技术来临，任何庞然大物都难以抵挡。

三是经得摔的“勤奋”掩盖了外观和体验上的“懒惰”——用户在意的不是手机“经摔”，而是便利性和舒适度。

从东芝、夏普、索尼、诺基亚公司的经历可以看出，**传统工匠盲目追求行业之巅的“勤奋”、独享自我感受的“浪漫”，导致与时代脱节，最终走向衰败。这种战略上的“懒惰”和用户体验的“失察”给传统工匠们极其深刻的教训。**

马云说：“天变了，头顶上的天变了，脚下的稳健土地也在变化。这不是因为对手，而是因为我们的客户和市场，因为新技术的革命。”的确，时代不一样了，环境不一样了，工匠精神的内涵也应该发生变化了。

所以，工匠精神在今日重提，它不应该是传统工匠精神的再版，而应该是新工匠的开发与塑造。它不是抱守古人，而是让传统脱骨重生。当今时代唯一不变的就是变，弘扬与时俱进、具有创造性的工匠精神才是当今时代最佳选择。

对于工匠精神的理解，要在兢兢业业、精益求精的基础上，融入

新元素，加入“创造者”“现代性”的思想内涵。那种盲目固守过去，追求不合时宜的复古式精益，不受大众欢迎，也不是我们需要的工匠精神。若不及时改正，盲目弘扬传统的工匠精神，将又会是一次战略上的“懒惰”，最终会错失一次历史性机遇。

在科学技术日新月异的今天，尽管很多工作被机器人替代，但是匠人身上所拥有的精益求精、专心敬业的精神品格是代替不了的。特别是在经济形势不太好的时候，企业需要转型升级，就越需要融入“创造者”“现代性”的新工匠精神。

接下来，本书将围绕新时代的工匠精神及如何成为新工匠展开进一步的探讨，希望能为工匠精神找到最佳的发展路径，为企业和个人探求新的为“匠”之道。这是写作本书的基本出发点，也是本书的主要脉络。

3. 从 0 到 1 的新工匠

谈及工匠精神，人们言必说德国制造、瑞士制造，惊羡他们的精湛技艺，感叹他们的极致产品，崇尚他们“执着、专注、追求精益”的工匠文化。然而，来自太平洋彼岸的美国有着不同的声音。显然，他们在创新方面是世界的引领者。

美国人认为，**工匠是一群不拘一格，依靠纯粹的意志和拼搏的劲头，做出了改变世界的发明创新的人。**像本杰明·富兰克林、托马斯·爱迪生、怀特兄弟、迪恩·卡门都是杰出的工匠代表，他们为人类做出了极大的贡献。富兰克林被认为是美国历史上第一位工匠，他的诸多发明事例还被写入了我国的教科书。同样的称号也可以用在乔治·华盛顿身上，他既是一位好总统，也是一位卓越的工匠。他们的共同特征是博学、充满好奇心、根据个人的兴趣来改变世界。

作家、教育家保罗·利兰·霍沃思这样描述总统华盛顿："华盛顿永远在留意更好的方法，为了发现最好的肥料、最好的避免农作物遭受病虫害的方式、最好的培育方法，他愿意倾其所有。华盛顿曾表示不愿意沿着父辈们走出的道路前行。"这些话令我们有些人感到无比羞愧，不少人在鼓吹年轻人应该继承父辈的思想，把接力棒一代又一代地传递下去，而美国人却在讲如何打破父辈的思想。

康奈尔大学经济学家巴卡拉克对工匠的评述更为动人："漫无目的的疯子，最后却影响着世人"。查阅很多相关资料文献，进行大量研究与调查，发现美国的工匠精神有三个基本内涵。

3.1 用我们周围已经存在的事物制造出某种全新的东西

这里需要注意的是全新的，不是复制，更不是与之竞争，而是你做你的，我做我的，互不干涉。我想，这就是美国的企业很容易走向垄断的一个重要原因吧。比如，只有一个微软，一个谷歌，一个亚马逊，一个 Facebook。关于创造方面，近期最具代表性的天才创业冒险家埃隆·马斯克。他的"猎鹰 9 号"火箭首次实现发射、回收全过程的成功，同时也是人类第一个实现一级火箭回收的轨道飞行器。他将世界远远甩在后面。这样的工匠让人着迷，也受年轻人青睐。

3.2 工匠们的创造行为在最初没有明确的商业目的

他们的伟大发明很多源自于车库。这些发明通常纯粹是因为个人兴趣，或为实现某个有意思的想法。美国谷歌公司刚开始只是拉里·佩奇和谢尔盖·布林基于在“信息爆炸”的网络时代怎样更好地查找信息而创立，也就是说他们一开始不是纯粹的商业目的。这一点与有些人只想多赚钱的想法刚好相反。他们只会被事物本身的趣味所吸引，并不受利益的驱使。简单来说，他们眼中的工匠纯粹就是能做出产品影响人类生活的人。

3.3 它是一种“破坏性行为”

在我们的头脑中“完善”这个词比“发明”这个词占的空间大。“完善”讲究传承与修改，而“发明”则指破坏和创造。这种基因在我们这儿常被认为是“坏孩子”才有的，“好孩子”则会听话照做，不搞破坏，不违背常人的意志。然而在美国，所谓“破坏”成了工匠的基本特点之一，他们常背对历史开始一段充满发明创造的全新旅程。

对以上三个方面的理解，可以从美国当代最著名的发明家迪恩·卡门的言论得到佐证。他说：“工匠的本质——收集改装可利用的技术来解决问题或创造解决问题的方法从而创造财富，不仅仅是这个国家的一部分，更是让这个国家生生不息的源泉”。**简单来说，任何人只要有好点子且有时间去努力实现，都可以被称为工匠。**

完全可以确信的是，他们对工匠的理解是注重创造，执着于新生事物，在意想不到的地方发现价值。有关新工匠，他们与硅谷创投教父、PayPal 创始人彼得·蒂尔所著《从 0 到 1》中的观念如出一辙——不是从 1 到 N，而是从 0 到 1。

彼得·蒂尔认为：“商业世界的每一刻都不会重演，下一个比尔·盖茨不会再开发操作系统，下一个拉里·佩奇或是谢尔盖·布林不会再研发搜索引擎，下一个马克·扎克伯格也不会去创建社交网络。如果你照搬这些人的做法，你就不是在向他们学习。”没错，做大家都知道如何做的事，只会使世界发生从 1 到 N 的改变，增添许多类似的东西。每次我们创造新事物的时候，会使世界发生从 0 到 1 的改变。当然，照搬他人的模式要比创造新东西容易。

美国人崇尚发现别人发现不了的机会，注重在事物的碰撞中找到灵感，这就是人们会喜欢乔布斯和巴菲特的原因。为什么美国会产生众多从 0 到 1 的新工匠？

美国建国初期，一切资源都是新的，人们以划地为限的方式开发美洲这片肥沃的土地。一段时间后，人们又向西部挺进，那里有更丰富的资源与财富等待挖掘。很少有人会固守现有的资源，总是千方百计地开发新土壤、新资源。他们站在欧洲文明这一巨人的肩膀上，创造性地开发美洲新大陆。“冒险”“开发”和“创造”渐渐地浸入他们的骨髓，从而形成了世界独有的美国文化。

除了创新精神，美国工匠还崇尚实用主义。他们建立的制度体系切实可行，既借鉴欧洲文明的样本，又根据实际情况创造性地制定，没有绝对权威和经验主义的束缚，形成了实用主义的风格，其制度体系为世界所独有，这些都为创新、创造工匠“土壤”添加了肥沃养料。

不得不提的是，他们疯狂崇拜英雄，特别是崇拜能创造的大英雄。开发美洲新大陆时，涌现出许许多多的英雄人物。人们不只是尊敬和羡慕英雄，“要成为英雄”的信念已深深地烙在他们的心底里。在他们的眼中，英雄有着改变世界的力量。例如，好莱坞大片中透过史诗般的场景，塑造的英雄能力挽狂澜。这些每每激发美国人的英雄情结和创造热情。

这些“肥沃土壤”滋润着“创客”式美国工匠精神，也让他们在过去的数年间里创造出不少影响世界的产品。一部以工匠为主题的小说《新未来的原创故事》中表示，“美国在二战中的胜利不仅归功于它的勇气与生产力，还归功于其工匠队伍，那些玩着汽车和收音机长大的众多年轻人，正是他们掌握着打赢这场战争所需要的机器”。

从 0 到 1 的工匠表现出创造的一面，他们的血液里已经有了对创新者的崇拜。西方宗教认为上帝创造万物创造人是神圣的，那些能够创造新鲜事物的人，也像上帝一样神圣。因此他们中产生了大量的创客，出现了“创客文化”。

我们需要的不是改善性的传统工匠，而是从 0 到 1 的新工匠；我们需要的不是数量的增长，而是价值的增长；我们需要的不是复古式的精益，而是破坏性的创新。

2016 年 5 月 30 日在全国科技创新大会上，任正非说：“未来二、三十年人类社会将演变成一个智能社会，其深度和广度我们还想象不到……华为已感到前途茫茫，找不到方向。然而它已前进在迷航中……华为正在本行业逐步攻入无人区，处于无人领航，无既定规则，无人跟随的困境。”要想打破这一困境，任正非给出的药方是：坚持科技创新，追求重大创新。

可以看出，华为始终走在创新的道路上，它现在的水平尚停留在工程数学、物理算法等工程科学的创新层面，尚未真正进入基础理论研究，也就是我们所说的从 0 到 1。作为创新代表的华为公司创始人任正非也已开始思考这个问题。

重大创新是无人区的生存法则，没有理论突破，没有技术突破，没有大量的技术积累，是不可能产生爆发性创新的。虽然近年来在应用性创新上到达极限，但是在理论性创新上空白一片，长此以往，原有的成绩必然被德国、美国等擅长“从 0 到 1”的国家击溃。

这才是真正的、现代版的工匠精神！发现这样的新工匠时，就如同在沙漠中看到湖泊一样令人兴奋，它给我们指引了新的方向，它为新工匠精神的探索提供了一盏明灯。

4. 何谓“新工匠”？

诚然，传统工匠不受人待见，某些精神内涵也不合时宜，我们需要新工匠。那么，新工匠到底是怎样的一些人呢？

新工匠是一群有前瞻思想、特别讲究的新潮之人。他们因兴趣聚到一起，共同探究与铸造极致的新生事物；他们用创意为实用品增添艺术性，使得物品本身的机能与生活之美巧妙结合。

写作本书时，我脑海中时常浮现《速度与激情 7》中的场景：主人公及其团队运用最前沿的科技手段孜孜不倦地解决常人不敢想象的困难。他们时而团队协作，时而独当一面，总是激情四射地挑战新的高度。也时常浮现这样的画面：一位年轻歌手因兴趣而创作，因爱好而执着，即使他一开始并不受大家欢迎，但他内心的渴望和他不懈的努力使他迸发出灵感，创作出受世人欢迎的惊世作品。

缂丝工艺大师王玉祥就是典型的新工匠。他的缂丝手艺被联合国教科文组织吸纳为继中国文联之后第二位成员，也成为中国顶级奢侈品牌 NE·TIGER 深入挖掘并发扬光大的核心工艺之一。以“绣”为工，以“国色”为体，以“华服”为标志的 NE·TIGER 邀请他在其最新发布的高级定制华服系列的缂丝工艺部分展现其技艺，使得这一千古绝技艳光四射。

王玉祥先后收过一百多名徒弟，走掉了一大半，留下的全都是对缂丝满怀热爱的人。缂丝工艺学习的初步阶段并不难，几个月至一年就能学到基本手法，但若要真正掌握没有三五年是不行的。改革开放初期，一大批人为了生计开始学习这种技法，但随着经济快速发展之后就各奔东西。

王玉祥将缂丝工艺与时尚相结合，以更为优雅的形式呈现在人们的视野中，就像一条鱼到活水中游动起来。他还对经营模式进行反思，取消了一直以来流行的计件工资，转而实行固定工资加奖金的方式，保证缂丝工人的经济来源，用无后顾之忧的吸引力来留住人才。

新工匠相对传统工匠，精益内核不变，追求外在形式多变，更加注重创新。例如，德国的“双立人”、中国的“云南白药”都百般求变，技术不断更新，工艺全面创新，款式种类层出不穷。那如何判定是不是新工匠呢？要看其是否与时代发展合拍，是否重视用户的体验，是否足够“奇葩”创造出新生事物。

最近，不少人在讨论富二代不愿意接班的问题。在我看来，这未必是一件坏事，或许还是一个利好消息。我看到不少的富二代在走自主创新的道路，而不是因循守旧走父辈走过的路。他们不仅在产品制造上追求现代感，而且在管理上紧跟时代步伐。例如，万达王健林的儿子王思聪就没有走父辈的道路，目前看来，这绝不是什么坏事，还有许多可圈可点的地方。我曾碰到不少民营企业老板为此事而焦虑，而我相信，从他们当中会产生许多卓越的新工匠。

以华为、格力、联想、海尔、小米为代表的中国企业推动新国货运动，改变国货“劣质、廉价”的印象，这就是新工匠的卓越表现。新国货就是要改变人们对中国制造的印象，努力让大家对国货竖起大拇指，为国货点赞。新国货代表一群新工匠的精雕细琢与独具匠心。它们不只是产品，更是名副其实的商品。商品与产品的最大不同就是深得人们喜爱，蕴含客户价值、用户体验和匠人情怀。

当老手艺日渐式微时，讲究慢工出细活的传统工匠精神如何在求新求变的工业时代得以延续？我想，必须是尊重传统而又不拘泥于传统，懂得日复一日的夯实技艺又志在创新。新工匠能够将手工技艺与现代科技有机融合。例如，在波音生产线上，大量工作主要由人工完成，机械流水线保证不了零件高精装配。

总之，新工匠是一群有热情、有志趣、有创意的人。那些脱离时代背景，套用传统工匠的行为，要不得！那是一种倒退。

新工匠是新时代的产物，不是过去的再版，也不是简单回归，而是取其精华、去其糟粕，并注重现代感和实用性。传统工匠精神是手工业时代的产物，而新工匠精神是互联网时代的产物，不仅要追求精益求精，还要结合时代特点创造新生事物。

“新工匠”蕴含着造就人格的生活之美和提升心性的修行之美。他们身上有一种引领社会发展的创新之美和追求精致的产品之美。朝气蓬勃的新工匠是中国企业的未来之星。

那些“买爆”国外商品的中国游客们，定然会爱上中国造。这预示着一个新时代的到来，这为新工匠提供了一个无限的发展空间。相信未来会涌现出越来越多的新工匠及新工匠型企业。虽然在初级阶段有可能出现野蛮生长的局面，但新工匠必然会成为中国经济发展的新生力量，成为当下企业转型升级的一把“倚天剑”。

我相信，当前的新工匠恰逢其时，历史性机遇在等待他们。接下来，让我们翻开这一“历史性机遇”——一个新工匠的时代。

第2章

进入新工匠时代

什么叫新工匠时代？就是进入了一个新时代，进入了一个专家时代，进入了一个精品时代——产品为王，人们追求精致生活。追求品质和品味是这个时代的显著特点，这个时代被称为“新工匠时代”。

这是一个最好的时代，也是一个最坏的时代。

对于个人来说，社会压力越来越大，很多人前进的步伐明显慢于社会发展的步伐。或者说，这个时代的要求越来越高，比如用户的需求、产品的品质和技术的更新。但对新工匠来说，这一切如鱼得水，他们可以自由地畅游。

对于企业而言，决定成败的不再是价格战，而是工匠队伍的竞争，只有每每精工制作，把品质放在第一位才能取胜。如何培养出一批新工匠是当前企业的重要课题，也是企业构筑竞争力的关键所在。我相信，新工匠将是振兴中国制造和助推中国“智”造的新生力量。

1. 崛起“中产阶级”

根据《经济学人》预计，到2020年，中国中产阶级人口将超过4.7 亿。你可以相像这是多么大的购买力，从中国人到海外抢购电饭煲的情景就可见一斑。届时，中国城市私人消费额预计将从目前的32 000亿美元增长至56 000亿美元，中产阶级及富裕阶层消费将占中国整体消费的81%。

麦肯锡预计，到2030年，中国一半城市家庭月收入超13 000元。中国人的消费，将占到全球的12%。随着中国经济改革的不断深入，中产阶级的占比还会增大，这对新工匠来说，绝对是一个利好的消息，有了工匠精神的“消费市场”。假如你不拥抱工匠精神，将错失良机，甚至无法生存，这绝不是耸人听闻。

中国社会越来越进步，人们越来越追求有品质、有文化、低调奢华的时尚生活。过去，我们缺乏工匠精神的理想基地。今天，中产阶级的崛起，加速了一个新消费主流的形成，能为工匠精神提供理想的生长土壤。未来将由服务于大众的时代转变为服务中产阶级的时代，从传统被动的消费观念转变为现代主动的消费观念。相信在这样一个时代，我国的工匠精神完全有可能同德国、日本一样大放异彩，形成一片无比繁荣的景象。

中产阶级重视“细节”“品味”和“创意”，追求个性化和自我认同。财经作家吴晓波曾指出中产阶级有四个显著的消费特性：

- 他们是典型的性能偏好者；
- 他们是精明的广告辨识者；
- 他们愿意为高品质买单；
- 商品的定价与成本无关。

这四个显著特点对传统企业和工人提出了挑战，因为再也不可能有“产品只要做出来就有人买”的现象了。唯有怀抱一颗匠心，将产品做出高品质、高性能，企业才有迅速发展的可能。这是一个趋势，没有人或企业能违背这个趋势——你可以和任何对手打，但一定打不赢的趋势。俗话说，选择比努力更重要。

例如，最近网易股价表现强劲，突破 250 亿美金的市值。在越来越趋于颓势的过往“五大门户”经济中，网易犹如武林江湖中原本默默无闻的“扫地僧”。定位于中产阶级群体的网易考拉以行业中从未有过速度，站稳行业第一阵营。丁磊在 2016 年战略发布会上这样表示：当人们开始意识到网购不仅是一种消费方式，更是一种生活方式的时候，我觉得这是一种进步。对于一向追求和注重产品品质的网易来说，它抓住了中产阶级崛起的发展大趋势。相信真正的“人口”红利才刚刚开始，站在中产阶级崛起这一风口，网易的未来可能会表现得更加强劲。趋势的力量对网易公司迅速发展起到的作用是巨大的，谁抓住这个机会，谁都有赢的可能。

我认为，**中产阶级与新工匠如同硬币的两个面，中产阶级的崛起促发新工匠的出现，新工匠能够满足中产阶级的需求，他们彼此依存，相互支持。**中产阶级的崛起，使得物质水平不断地提高，精神层面的需求也会继续加大。商品不只满足基本生活所需，更要在精致、品味和内涵等方面延伸。商品不只是商品，它将是品牌、情怀和个性化三个方面的集合。

这对工匠而言，绝对是一个福音，特别对新工匠型企业是极大的利好。没有精益求精的工匠精神，粗制滥造的商品不可能再获得市场；有工艺性或个性化定制的商品将会得到更多人的青睐。因为人们更加愿意接受用匠心打造高品质的商品和服务。

例如，工匠精神的热土——日本、瑞士和德国，他们均为经济发达国家，他们国家中有占绝大部分人口的中产阶级。无论从经济理论上分析，还是从历史资料上反映，工匠精神往往出现在物质文明与精神文明极为丰富的年代和国度里。所以，我国中产阶级的崛起为新工匠的孕育提供了理想的“消费市场”，为新工匠时代的到来提供了有利的市场条件。

毫无疑问，当互联网方法论被普适化以后，企业的核心竞争能力重新回到了制造本身，新工匠必是企业发展的新生力量。此时，**制造业和服务业需要认真地对待一个古老的问题：能不能提供一个好的产品给市场？能不能提供好的服务给用户？**

2. 结束“物美价廉”

我原以为，电商可以节省人们购物的时间。实际情况恰恰相反，有的人下班回到家，把很多的时间“浪费”在网上购物上，其中大量时间花在比价上。

信息透明的互联网时代，“物美价廉”似乎成了某些电商的标签，商家们的广告宣传和营销策略均指向这一点。很多人在网上购物时，寻找“物美价廉”的商品成了生活的一部分。

我认为，**“物美”就不可能“价廉”。因为好的商品就应该有好的价格，好的价格才可能有好的利润，好的利润才可能有好的研发，好的研发才可能有好的商品。**特别是，好的商品是匠人一遍一遍打磨出来的，它代表精细、少量和严谨，它背后隐含的是专注、完美及一颗孜孜不倦的匠心。

那些打着“物美价廉”旗号的商家说他们采用的是低成本策略，然而，我认为，所谓低成本策略，绝大多数不过是“偷工减料”、不追求极致的“皇帝新装”。客观来说，低成本主要还是低价原料、低人工成本，至于新型材料及创新工艺流程，我们过去没有足够的能力研发。如今人工成本越来越高，“物美价廉”是否还有生存的空间？

我们必须承认，在很长的时间里，中国制造被“物美价廉”困扰，成了低价格、低品质的代名词。当然，不排除过去我们没有足够的能力为技术进步和高品质买单，但主观思维上的限制，也会导致企业在经营上陷入恶性循环。

有人曾问一位德国厨具制造商：“你们德国人造的锅可以用上100 年，因此每卖出一口，实际上也就丢失了一位顾客。为什么要把东西搞得那么结实呢？把它的使用期搞短一点，不是可以赚更多的钱吗？”那位厨具制造商这样回答：“所有买了我们锅的人都不用买第二次，这就是有口皆碑，这样就会有更多的人买我们的锅。我们现在一共卖了 1 亿多口锅，这个世界人口快 80 亿了，还有 70 多亿人的大市场在等着我们呢！”

德国人“一笔生意在一个人身上只做一次”，他们不承认有“物美价廉”这回事。一个没有利润的企业哪有条件去打造高品质的产品，只要做到了“物美”就不可能“价廉”。在德国，没有哪家企业是一夜暴富迅速成为全球焦点的。他们往往是专注某个领域的“小公司”“慢公司”，极少有“差公司”，绝没有“假公司”。

我相信，正在崛起的中产阶级愿意为好的商品支付好的价格，他们当然希望自己信赖的公司能够蒸蒸日上，并有好的利润，以为他们提供更好的商品和服务。

今天 2~3 亿中产阶级开始愿意为品质买单、为设计买单。我认为，当国人都不相信“物美价廉”这回事时，“工匠精神”会更好地生根发芽，商业世界会变得更加纯洁与美好。

进入新工匠时代，“物美价廉”就该结束了。天时、地利与人和都具备了，企业应主动迈出这一步，抓住这一历史机遇。华为手机比小米手机发展迅猛，不只是华为技术上的优势，也有华为摒弃“物美价廉”这一经营思路的原因。

作为个人，**与其花大量时间到处比价，寻找“物美价廉”的商品，不如省下这些时间，好好充电，武装自己，挣更高的薪水，省时省力地购买中意的高质量商品。**

3. 崇尚“私人定制”

我发现一个有趣的事，社会发展到一定阶段就会出现“返祖”现象。工业革命以前的定制化作业模式，再次成为当前人们追求的生活方式。

如今，产品要个性化定制，服务要个性化定制。个性化定制成为一种时尚与潮流，如雨春笋般涌出来，各行各业纷纷效仿。人们不喜欢跟别人一样，娱乐明星若跟他人“撞衫”会成新闻事件被人津津乐道。

所谓个性化定制是用户介入产品的生产过程，将指定的图案和文字印刷到指定的产品上，用户获得自己定制的个人属性强烈的商品或获得与其个人需求匹配的产品或服务。例如，在影视剧中，为表现人物的尊贵身份，一般由身着正装、戴着白手套的裁缝到家中为主人一板一眼地量体裁衣。

在这个世界上，每个人都有属于自己的时尚密码，标准化和规模化的产品永远无法完美地表现自我。以旅游产品为例来说，从港澳台到新马泰，再到北美、欧洲，涌现出越来越多的个性化定制服务。**个性化成为年轻人生活的一种品性，他们不是为了炫富，也不是为了展现身份。**

随着中产阶级消费群体的细分，批量定制的模式将取代批量生产模式。例如，意大利的豪华游艇、超级跑车、奢侈品、数控机床、高端厨具等产业非常发达。他们有一个共同的特点，那就是小批量制造，甚至是单独定做。同时，以手工业为主，并且十分强调“纯手工打造”。当然，这对工人的技能要求非常高。

这些订制产品已接近艺术品了，它凝结了工匠大量的心血，与生活紧密相连。这不同于纯艺术家的孤独探求，他们非常懂得回应人的需求。这种定制化的新工匠每一天都有新挑战，需要切磋和琢磨。

最新改变未来的十大科技趋势，个性化定制被排在首位。这种返祖现象成了未来发展的必然趋势。

不只是中国，基于个性化定制的 3D 打印技术被美国上升到国家战略，德国工业 4.0 的重要内容之一就是定制化生产。李克强总理在政府报告中也大力倡导“个性化定制与柔性化生产”。这些已成为不可阻挡的趋势。

目前，我国青岛红领公司已成为个性化定制的领头羊企业。它吸引了众多慕名而来的参观者，数以万计的慕名参观者对青岛红领公司叹为观止。

走进青岛红领公司，繁忙的工厂流水线像“私人裁缝”，为世界各地消费者“量体裁衣”。每一款衣服都与众不同，由用户自行定义。有的人在西装上镶一朵小花，有的人把纽扣孔做成月牙形。

参观过的人都知道，青岛红领公司有很多大巴车，车内装饰精致，除了几台计算机工作台外，核心是一个量体空间。消费者换上一次性紧身衣，站到有 LED 灯的位置上，保持标准站姿一两秒钟，系统即可获得消费者 19 个部位的 22 个数据。这个技术是创始人张代理经过无数个日日夜夜的思考与计算而研发出来的。

在计算机辅助排版区，十多位工作人员正在依托大数据系统为每件西装打版。过去人工打版一天最多只能打一到两个版，现在利用大数据系统匹配客户需求打版仅需 5 分钟。这个辅助制版系统的建立非一日之功。过去十多年，红领积累了超过 200 万名顾客个性化定制的数据，包括版型、款式和工艺数据。自动生成版型很复杂，除了有大量数据，还要用很多运算规则。一个采集的数据变化会同时驱动模型库 9 666 个数据同步变化，以确保衣服贴身合体。

在缝制车间，不同单元负责西装不同部件的加工，第一眼看上去这里和普通服装工厂流水线没有什么区别。但仔细一看，每个工人眼前都有一个显示器。拿到加工部件后，工人首先会扫描一下附带的条码，显示器马上会显示这件衣服的要求以及工人在这个环节需要完成哪些工作。即使在熨烫环节，工人扫描衣服条码，熨烫机就能自动识别并确定熨烫参数，实现个性化服装的柔性熨烫。由于正装的独特性，为保证其品质，有许多工艺需手工完成，例如纽扣的缝制。

青岛红领公司的商业模式是通过个性化定制大规模生产，信息化与工业化融合，用工业化效果来制造个性化产品，效率高、质量稳定、客户体验感强。它不会因为缺少体系化控制，出现顾客第一次做衣服很合身而下一次不合身的情况。

海尔董事局主席张瑞敏参观红领现场以后，要求所有的海尔管理层必须学习，到目前为止共去了 9 个团队。他参观后写了这样一段话：

“参观红领时，看到传自纽约的个人订单，在信息化流程中能迅速完成发货，感慨颇深。这正是互联网时代传统企业必须跨过的坎，从大规模制造转为大规模定制，以满足用户个性化的最佳体验，红领做到，是其心无旁骛，几年磨一剑的结晶。”

这样的成就绝非一朝一夕就能实现，从定制化设备到用户数据，需要心无旁骛地不断创新与改进。青岛红领公司创始人张代理在遭到股东和家人强烈反对的情况下，毅然决然走定制化道路，曾被身边人批评为“疯子”。

个性化定制的需求会越来越大，人类独一无二的天性得到进一步激发。个性化定制模式一定会成为企业的必然选择，未来会涌现更多的规模化定制企业。

企业在工艺流程上和管理模式上必须创新，因为传统的工艺流程和机器设备无法满足个性定制化的需要。个性化定制的新工匠时代来临了，你准备好了吗？

第 3 章

认识新工匠

探究“工匠”原义，东汉许慎《说文解字》[①]中提到：“匠”，木工也，“工”，巧饰也。南唐文字训诂学家徐锴则曰：“为巧必遵规矩、法度，然后为工。否则，目巧也。”意思是做巧工必须遵循规矩、法度。否则，只是看上去巧。

从许慎《说文解字》和训诂学家徐锴的文字中，我读出工匠的重要内涵，大致有三个方面：

一是工匠源自生活实践，做出来的物品从生活中来，到生活中去，绝不能脱离现实。用今天的理解来说，使用者的感受要远高于生产者的感受，而有的传统工匠却误读了这一点，他们把自我体验凌驾于使用者体验之上，这是要不得的。

二是物品要精巧，要装点美化，既能满足人们“眼睛要美”的需求，也能满足人们的实用性需求。“追求精巧而非花巧”，新工匠注重实用性与艺术性的巧妙结合，使实用功能与人文情怀相互交融，成为深得用户喜爱的商品。而有些传统工匠往往固守于产品的鉴赏性，而忽略其实用性。

三是工匠的所作所为须有规矩，有法度，工匠的基本德律要求是敬天、敬地、敬用户。言外之意，新工匠在创造产品时需要用心、用脑和用情，需要合三为一，缺一不可，才能做出独具匠心的作品来。

我们不仅需要从古人那里寻找物的真义，也要结合现实探求本真。初步结论是，新工匠是集创造者、作品心、手艺人、修行者和偏执狂于一身的，正是这种看似矛盾复杂的结合，使得这些特质相互熔炼，又相互碰撞，最终让新工匠们为这个世界创造出灿烂的物质文明和精神文明。

每个人都可能成为匠人，只要拥有为了把事情做好而做事的愿望。

---

① 东汉许慎著，是世界上最早的字典之一。创稿于汉和帝永元十二年（公元100年）。

我试着找出五种关键属性，尽可能准确地说清楚新工匠的真正内涵，为成为新工匠提供参考路线。同时，用直白的语言提纲挈领地给读者一个全面的解读——本章旨在立体展示、深度解读新工匠之内涵。

1. 创造之人

《考工记》说：知者创物，巧者述之，守之，世谓之工。这部中国战国时期记述手工业规范和工艺的重要文献，在中国科技史、工艺美术史和文化史上都占有重要地位，体现了中国古代在科技、工艺美术方面的精进理念。它对“工”的见解非常精辟：智慧的人创造东西，巧干的人传承和坚守，世人称它为生产工艺。这是对追求效能、讲究工艺和坚持创新的讴歌，这在当时来说，“工”是高贵的，令人尊敬的，享有崇高的地位。

《孟浩然集序》中说“文不按古，匠心独妙”。它的意思是文章应该独出心裁，标新立异。孟浩然勇于创新，其“五言诗天下称其美善”，诗圣杜甫感叹说，“吾友襄阳孟浩然，新诗句句尽堪传”。

如此说来，创造并非是美国工匠独有，只是近代走在世界前列而已，而我国人民早在千年以前就注重创造，崇尚创造。在我国的文化里，“鲁班”这个名字成为了古代劳动人民智慧的象征，就像当今世界对乔布斯的讴歌一样。

传说鲁班进深山砍树木时，手被一种野草的叶子划破了，渗出血来，他摘下叶片轻轻一摸，原来叶子边上长着锋利的齿，他用这些密密的小齿在手背上轻轻一划，居然割开了一道口子。鲁班正想俯身探究其中的道理，忽然看到近处有一只大蝗虫，两枚大牙一开一合，很快地吃着草叶。鲁班把蝗虫捉住细看，发现蝗虫的牙上也排列着许多小细齿。鲁班以此类推，举一反三，发明了锯子。

从妇孺皆知的鲁班故事中可以看出，创造者指具备将两个以上概念或事物按一定方式联系起来，创造出崭新的思想或事物的人。通俗来讲，就是能够把从前没有的事物给制造出来的人，其最大特点就是有意识地对新事物进行探索、颠覆或革命。

今天，“鲁班”成为创造和发明的代名词。2400 多年来，人们把古代劳动人民的集体创造和发明也都集中到他的身上。木匠敬鲁班，就是对创造与发明的崇尚和敬畏。

令人遗憾的是，在过去的发展中，人们注重短期的利益，追求“短、平、快”的项目，慢慢忽略了工作的创造性，依靠大量的复制、抄袭，丧失了“匠心独运”的美好追求。这种短视行为在过去的 30 年里让我们尝到了苦果——缺乏从 0 到 1 的新产品、新思想。

要重拾工匠精神，我认为，首先要强化创造的属性，因为“匠心独运”才是新工匠的核心，所代表的是“独创性地运用灵巧的心思”“对创新者的崇拜”“创造新鲜事物”。那些不创造，而单纯靠重复劳作追求极致的人，他们不是真正的工匠，更不是我们推崇的新工匠。

新工匠绝不是只管鞠躬尽瘁、任劳任怨，在既有技术路线上精益求精的熟练工人，也绝不是甘心居住小破房、骑自行车的传统手艺人，而是拥有独特、奇葩的个性，崇尚精致、时尚，从事创造性工作的人。

新工匠与众不同，足够奇葩，身上流淌着“创造”的血液。他们在技艺上追求炉火纯青，注重手工与科技的相互增益，并在意“创意、创见、创新”的诞生。

20 世纪最伟大、最具原创性的思想家、政治理论家之一的汉娜·阿伦特[①]把劳作者分为两类：

一是“劳动之兽”，像牲畜那样操劳，从事重复乏味的苦役。他们只管完成任务，别的什么也不考虑。这种人将工作本身视为目的，只是机械被动、按部就班地劳作。

二是“创造之人”，这种人不管是男人还是女人，他们是物质劳动和实践的判断者，崇尚创造与发明。他们不是劳动之兽的同事，而是其上司。他们通过制造的物品去了解自身，沉浸在一种更高尚的生活中。

“劳动之兽”想要解决的是“怎么办”，强调操作步骤；“创造之人”则问“为什么”，注重事情的缘由，从而激发创意。所谓创造就是探究事物的本来面貌，用精巧的心思去发明新事物。

新工匠就是汉娜·阿伦特所定义的“创造之人”。“创”者，从仓，从刀，敢于对既有成果大刀阔斧地改造，勇于突破，进行从 0 到 1 的创新。新工匠不走寻常路，不照搬照抄，所做出的东西既能满足用户的需要，又有独创性，哪怕是加一加、减一减、扩一扩等方面的微创新。

而传统匠人与机器竞争，不承认自己的不足，他们担心被机器替代的恐慌，从机器被发明出来的一刻起便从未停止。新工匠则用创造性思维来对抗机器的完美“雕刻”，总能给作品赋予特色。

新工匠未雨绸缪，不会像有的人等到木已成舟才开始烦恼。他们积累的同时也在酝酿改变，不希望自己被淘汰，无论是突如其来的“下岗潮”还是被机械取代岗位。他们希望付出的努力能够体现出其独特的价值，辛勤的创作能有个性的印记。

新工匠不仅在应用上进行创新，而且在理论层面也进行重大突破，

① 思想家、政治理论家，1906 年 10 月 14 日出生于德国汉诺威，毕业于海德堡大学。

即成为从0到1的新工匠。虽然我国当代的这一情况略显薄弱，比如目前我国经济理论和管理理论的创新就比较少，但随着新工匠不断涌现，我国将向世界输出重要的新思想、新产品。

以技术创新见长的华为，其创始人任正非在2016年科技创新会议就说“感到迷茫”。他认为，虽然近几年在应用性创新上到达极限，但是在理论性创新上一片空白，长此以往，我们原有的成绩必然被德国、美国等擅长“从0到1”的国家击溃——没有理论突破、技术突破和大量的技术积累，是不可能产生爆发性创新的。

对于我国企业来说，现在迫切需要理论性创新——向全世界输出新思想、新技术。这有赖于新工匠渴求创新，在“创”中成就一切。

这一使命落到新工匠的身上，这是一次历史性的新机遇，也是新时代赋予的新挑战。身处杭州的我，深刻感受到创新的气息。“创新之城”成为杭州的新名片，杭州G20峰会已向世人表达这一信号。我相信，本书开篇提到的西湖龙井村在“创造之人”的努力下，未来定然会焕然一新。

2. 作品心

有人盛赞王小波的《黄金时代》是当代最好的中文小说，整个作品已经到了鬼斧神工的地步，王小波本人因此被誉为天才作家。很多人不知道的是，《黄金时代》是王小波从二十几岁一直写到了四十岁，数次增删修改，最终呈现的不过是三万多字的小说。

所谓匠心之作，就是将自己融入作品中，从来不会将工作当成作业来完成。作品与作业，虽一字之差，但意义却大不同。作业，有任务之义和被动之嫌；作品，则属发自内心地主动追求，有艺术之感，有独创性，一般指具有文学、艺术或科学性质的智力成果。

作品心，可以拉升一个人的标准，提升一个人的境界。有作品心的人对自己的每一个产品、服务都力求尽善尽美，工作失职对他们来说就是一种耻辱——这已融入到工匠的骨髓之中。然而，在职场中，常听到这样的话："反正领导不会检查，随便弄弄就行了""又不是给自己干，何必较真呢""不就是个细微问题，何必大惊小怪呢""反正领导看不见，这样就行了"等，像这样的"作业心"怎么可能做出好的作品呢？

其实，不管你做什么，也不管什么时候做，在哪里做，为谁做，所做的一切都是代表自己，它是自己的一件"作品"。像前面那些应付之人的"作品"只不过是一件不合格品或废品而已。那些没有作品心的人却渴望做出惊人的作品，这是多么可笑的一件事啊！

我碰到的匠人，他们常常说：我要做全中国最好吃的拉面；我要治好全中国的跌打伤；我要做出中国最好的锯子……会这样说话的人，往往都是作品心在"涌动"。当我们惊讶于匠人对微不足道的细节执着地追求时，其实，他们只是想做好一件像样的作品。

日剧《料理仙姬》中，做味增的黄豆要一颗一颗地挑选，表现出一副不做出最好的"作品"绝不罢休的气概。有的人开饭馆，厨师通常穿件破了洞的老头衫就上阵烹饪了，但匠人得穿上定做的衣服，在头上扎一条显得极帅的头巾，将烹饪的派头和架势准备好了，才满脸虔诚地开始烹饪。菜炒好，还要一丝不苟地摆弄菜样，然后精致地围出"一朵花"。一碗菜端到客人面前时，那已经不叫"菜"了，而叫"作品"了。

从受人尊敬的艺术家到普通的拉面师傅，虽然"外壳"不同，但核心气质却是一样的。他们都对自己的手艺拥有一种近乎自负的作品心，对“作品”拥有极强的自尊心，有着近乎神经质般的追求，并为此不厌其烦、不惜代价地精益求精，完美，再完美。他们将工作的好坏与自己的人格荣辱直接关联，对手艺的要求必须达到熟练之极，否则，就是一种耻辱。

手艺有高低，职业无贵贱，每一个人的品格与修养都在作品中得以体现。无论你是拉面师傅还是艺术设计师，都要为自己的“作品”进行不断地锤炼，从而追求更高的技艺和更完美的作品呈现。一个人把工作当成作业或作品，心境会大不相同，结果也会相差甚远。一个人有了作品之心，工作就变成很美的享受。

中国航天科技集团公司第一研究院211厂发动机车间班组长高凤林，是央视《大国工匠》中的典型人物。30多年来，他几乎都在做着同样一件事，即为火箭焊“心脏”。每天晚上离开厂房时，他都要回眸看看。这不只是出于工作责任的考虑，他是在欣赏——手上诞生的作品就像金娃娃，每一个都是他精心雕琢出来的。

抱作业之心的人，把工作当“任务”来完成，失去了解决问题的独创性和智力性。而怀揣作品心的人则不同，会精雕细琢，潜心钻研，做出有创意的作品。即使遇到问题，怀揣作品心的人总有解决问题的办法，思路往往在不经意中产生。我的体会是，在沐浴时，一个主意就从脑海中蹦了出来——我时时刻刻想着念着那件事情并力求达到完美。有时有点不可思议，解决问题的思路会在睡梦中映入脑海，通常我会马上写下来，生怕早上起来后忘记了。

有作品心的人能全身心投入，用巧妙的心思做出满意的作品。众所周知，德国人做事严谨、精细，他们不把工作当作业，而是当作品对待。所谓作品得用作品心来成就，得用一颗匠心来供奉。

有了作品，我们不再需要喋喋不休地向他人证明什么，只需要动手指一下自己的成果：我建的高楼，我雕刻的工艺品，我写的书籍。

这一切需要用作品心来成就，同时，作品也成就个人。一个人有什么样的作品就会有什么样的人生。**作品即人品，每一个行为都是自己的“名片”，做的每一件事都代表自己。**

3. 手艺人精神

小时候，慈祥的祖母总是乐呵呵地跟我说：“大旱饿不死手艺人”。在那个年代，也时常听到手艺人自豪地讲：“活干不好，丢不起人”。有时主家木料不好，木匠都不愿做，为什么？他们说，“传出去是我做的，没脸见人”。师傅们手艺有高低，但粗制滥造几乎是不可想象的。在那个年代，我深刻感悟到“家有金山银山，不如一技在身”的内涵。

今天，新工匠仍然保留手艺人的气质，他们在技艺上不断追求登峰造极，总是朝着筑造精品的方向不懈努力。瑞士制表界大师菲利普·杜佛曾说：“对我而言，做表必须这样，机芯、表盘、表壳甚至每一个螺丝和凹槽都必须是我用双手亲自打磨，每一个细节都要完美，哪怕它隐藏在肉眼根本看不见的角落。机器是做不出来这种感觉的。”他从 15 岁到 60 岁，一共做了 165 块表，每一块表都是上乘之作，堪称钟表类的极品。

“手艺人啊”“这手艺无人能及”“真是羡慕啊”，这是对做事精巧、作品出众之人的讴歌。有了更多这样的人，世界会变得更加精致与美好。

痴迷于拼布几十载，号称“中国拼布第一人”的金媛善到台湾参加艺术拼布展，展会解说员对她说：“加拿大的拼布艺术家看过您的《百花争艳》作品，说这件作品的作者肯定是疯子，不然做不出这么好的作品……”。关于拼布的手艺如何达到熟练精巧，金媛善说：“应该有超乎寻常甚至近于神经质般的艺术追求。对自己的每一件作品，不管再小都力求尽善尽美。即使是对一件稍加经手的作品，也要负起全部责任。否则就是一个拼布人的耻辱。”有了“近乎神经质般的艺术追求”，还有做不好的事情吗？

诚然，**新工匠对工作怀有庄敬之意，对产品拥有敬畏之心，对高手抱有敬慕之情，对技艺提升永远孜孜不倦。**

写这部书稿时，每当文思枯竭，就越感受到手艺人那种近乎神经质般的追求。坦率来说，本书的顺利成稿，金媛善这样的匠人给予了我莫大的鞭策，鼓舞着我沿着匠人的步伐，要成功打造满意的匠品。这是值得用一生去追求的、让人为之动容的使命。

一次偶然的机会，在中国美术学院的民艺博物馆见到日本职业作家盐野米松。这位书写匠人的匠人，已年过七旬，他那斑白的头发和浓密的眉毛及炯炯有神的双眼，让他全身都散发着一股匠人的气息。虽然身子有点瘦弱，但其内在表现出的厚重感，让人油然而生出敬畏。

这位老人对老手艺的痴迷在日本早已家喻户晓。盐野米松用三十年时间走遍日本，寻找与走访现存的一些工匠及手艺人的作坊，听手艺人讲故事，看手艺人视为生命的工具，用一种近乎虔诚的态度倾听和记录300多位不同的手艺人的生活。盐野米松用手艺人的语言记录手艺人的生活和技艺，先后出版了20余本关于手艺人的书，其中，在我国出版了《留住手艺》一书。为了表彰盐野米松常年坚持不懈的写作活动，国际天文联盟将第11 987颗小行星以他的名字(YONEMATSU)命名。

他说：“我是怀着一颗憧憬和向往的心灵，观望过工匠们做活的众多孩子中的一个，也是为这些职业不复存在而深感遗憾的人……当没有了手工业以后，我们才发现，原来那些经过人与人之间的磨合与沟通之后制作出来的物品，使用起来是那么适合自己的身体，他们自身都是有体温的，这体温让使用它的人感到温暖。”

早在十几年前，他走访了包括江西景德镇、云南、江苏、山东、北京在内的大半个中国，意在探究中国手工艺的渊源以及当代日本手工艺对其的传承，回国整理出版《中国的手艺人》一书。

手艺人用双手将物件“从无到有”创造出来，很神奇！当一个物件呈现到眼前的时候，眼睛会很美，有伸出手感受物件质感的冲动，而这些是他们耗费半生甚至一生才有的积累。**能打动我们的是他们创造的精工物件，而最容易被我们忽略的是那些看不到的付出，无法亲身体会的是他们的日夜投入。**

《尚书》中说：“惟精惟一，允执厥中。”治世贵在用心专一、秉承中正之道。盐野米松这样的匠人，写的不只是一部书，而是对手艺行业的记录与总结。应该说，他为传承历史和弘扬文化做出了不朽的贡献。盐野米松虽然不是传统意义的手艺人，但他用手艺人精神，记录了手工艺行业的故事，从他的身上可以读出手艺人的气质。

学手艺的过程就是学人生的过程，学一门手艺，学的就是人生本身。学习他的师傅是怎么对待人生的，是怎么生活的，包括对物质的审美也在不断地磨练中养成。手艺是人品的体现，人生好不好，看看他的手艺就知道了。手艺人精神是一种活法，也是一种人生哲学。

所以，我脑海中时常浮现一个场景：人人都是手艺之人，人人都能做出一副好手工艺品，他们相互媲美，相互敬仰。当置身于这样的一个环境时，脸上会洋溢出精致美，身上由内而外呈现出格调感——期待更多手艺人的出现！

4. 修行者

有一个叫二宫尊德的人，他出身贫寒，毫无学识，却凭着一把锄头、一把圆锹，每天天没亮就出门下田工作，直到满天星斗为止。结果，让他成就了一项了不起的事业，把原本荒芜凋敝的农村改造成富饶的村落。

基于他的辉煌成绩，日本德川幕府请他拔擢入府，与众诸侯平起平坐，尽管不曾受过任何礼仪的训练，但当时他表现出来的行为，有如出身显赫的贵族般散发着威严，神情更是泰然自若。

为什么一个普通农户会有如此的气度呢？我认为，二宫尊德每天辛苦流汗，埋首农事，不知不觉中专注的劳作深耕了他的内心，陶冶了他的人格，磨练了他的心性，提升了他的灵魂。这是咫尺匠心劳作的结果——劳动的意义不仅在于追求业绩，更在于完善人的内心。

俗话说，相由心生。所谓心，行为的结晶也。一个人是懒惰的还是勤劳的，是大度的还是小气的，都可以从外在的气质加以判断。于是乎，不禁会想：**人哪里需要远离凡尘去修行？工作的场所就是修行的最佳场所。**工作可以让人拥有一个健全的人格，可以让人开发出一个成熟稳健的大脑，也可以让人磨练出沉静祥和的心灵。

鉴别一个人有没有修行之心，离职前的一个月就是最好的体现。那些自始至终都认认真真，尽职尽责，并站好最后一班岗的人，他们具备修行之心。在他们看来，工作从来就不只是为了生计，也不只是为了单位和领导。工作中的表现就是自己人格的一张“名片”，是提升心性和磨练人格的最佳途径。

梁漱溟先生在著作《人生的艺术》中谈“如何才能得到合理痛快的生活”，说一个人的力量要用出来才能够痛快。他这样写着：“我们都是身体很少劳动的人，可我常是这样，颇费力气的事情开头懒于去做，等到劳动以后，遍身出汗，心里倒觉得异常痛快。”中医讲“通则不痛，痛则不通”“不痛即不快”说的也是这个道理。

若你问我，如何能够提升心性、磨练人格，我说，最好的办法就是好好干，干好每一件工作。有位木匠师傅曾告诉我，“树木里有生命，在使用千年树龄的木料时，我们的工作必须经得起千年日月的考验，能倾听到生命发出的呼声。”这种让人动容的语言，只有终身努力、专精工作的人才说得出来。他们肯定是克服了工作中的各种苦累，潜心钻研。在这一过程中孕育厚重的人格——这样的人最有魅力。

源远流长的东方智慧认为劳动是一种美德，美好的工作产生美好的心灵，认真工作能塑造美丽心灵。人们从早到晚，勤勤恳恳，身体虽然很辛苦，内心却是快乐与喜悦的。因为活着不是为了获取报酬，而是活得有意义。一个衣食无忧的人如果长期不工作，常常会感到自己“废了”，圈子窄了，视野小了。劳动是光荣和高贵的行为，通过每一天认真踏实的工作，逐步铸成自己独立的、优秀的人格，造就美好品行与修养。

李宗盛在《致匠心》①中说，你先要成就它，它才能成就你。希望自己的人生璀璨夺目，就必须有所成就，有所贡献。然而，所谓的成就与贡献绝不会突然降临到某个人的身上，它是不断地提升与修行的结果。

65 岁的稻盛和夫先生曾皈依佛门，全身心进行修行与顿悟。著名主持人张泉灵离开央视时说：“下半辈子，我想重新来过”，蕴含着她

① 音乐人李宗盛为 NB 公司代言的广告语。

对生命更高的追求。确切地说，她希望在修行的道路上呈现出更加美好的一页。

人的一生从出生到长大、成熟及衰老，是一个蜕变的过程。除了机理变化外，伴随着的是心灵的成长和心智的成熟。我们每天除了衣食住行、感受日升月落外，就是围绕价值创造和心性成长进行深度挖掘。其差别源于工作修行的高度，那些善于修行的人们终将会让生命留下最为光辉的一页。

在修行这个巨大的目的面前，个人在世时积累的财产、名誉、地位就显得微不足道。事业成功，飞黄腾达，富可敌国，所有这一切，与提升心性相比，犹如尘埃，不足挂齿……宇宙赋予我们的这个人生，不过是修炼我们灵魂的道场。

“问渠那得清如许，为有源头活水来。”人的心灵深处一旦有了源源流淌的“活水”，便有了创业创新、建功建树的不竭“源泉”。然而，有那么一些人，他们希望功成名就，却缺少必备的“成功之源”，表现既不爱岗，也不敬业，挑肥拣瘦，这山望着那山高，粗枝大叶，不求“过得硬”但求“过得去”。这样的人怎么可能做出令人满意的作品呢？显然，匠人则不同。

5. 偏执狂

英特尔前董事长安德鲁·格鲁夫说，唯偏执狂才能生存。用格鲁夫自己的故事来说：其一，某次会议上，因为一名员工迟到，格鲁夫竟用棒球棍狠狠地砸在会议桌上，以示不满和警告；其二，为了促进员工的工作效率与内部竞争，格鲁夫设计了一整套计算员工工作量和工作绩效排名的苛刻方法，收到了强烈的效果。

有员工抱怨说："工作压力如此巨大，竞争如此激烈，同事之间简直不敢互相帮助。"另一些遭遇则可以写进黑色幽默小说。比如，在英特尔公司担任科研工作的一名单身父亲，下班回家刚吃过饭，就把两个小孩摁上床，只为了自己能够早点赶回公司加班。

乔布斯也是这方面的绝佳样本，他是严酷的完美主义者，他热爱自己的工作，对工作追求极致近乎到偏执的程度。例如，乔布斯的每一场讲演都需要几个星期的预先准备，上百人的协同工作。依靠精确的细节控制，在若干次秘密彩排之后，一切才会呈现给苹果产品的狂热爱好者。为了五分钟的演示片断，小组花了数百小时。除非他自己和大家做得堪称卓越，否则便不可接受。

人这辈子没法做太多事情，所以每一件都要做到精彩绝伦。的确，一个人若对自身从事的工作不当回事，就不可能入心；既入不了心，也就不可能执着地钻研，并专注地从事某项工作。没有这种偏执，就不可能做出极致的产品。所谓的匠品就是投注一生，用匠心供奉的结果。

偏执的人是了不起的，因为他们拥有最强大的内心毅力，不会因别人的赞同而得意忘形，也不会因别人的反对而心灰意冷。他们倾听发自内心的声音。这个声音铿锵有力，且义无反顾。

不懂偏执，或者不敢偏执的人，容易因为别人的劝说或者反对而放弃自己的立场，并抛弃自己的梦想，最终成为一个毫无建树的人。比如，那些随波逐流的人，内心的声音微小而脆弱，就像一旦微风拂动便将熄灭的蜡烛，根本不堪一击。

我所遇见的工匠师傅，他们虽然做着截然不同的事，使用着完全不同的工具，但都有着相同的气质——偏执。他们有想法，很执着，疯狂地追求完美。

有一次课堂上，有人问我：“老师，那些成功的人，并不比我们聪明多少，也不比我们勤奋多少，但他们的成果比我们好上几十倍，甚至几百倍。这是为什么？”

我略有所思，在白板上写下“偏执狂”三个字。我说：“原因有很多，最主要是缺乏偏执者的思想”。刚开始，他有些不明白，认为偏执者是那种不会变通，很执拗的人，有贬义的意思。我郑重地对他说：“当前的这个社会很浮躁，恰恰需要偏执者思想，就像阿甘一样”。

阿甘是电影《阿甘正传》①中的主人公，是智商只有75的低能儿，对人只懂付出不求回报，也从不介意别人的拒绝。他豁达、坦荡地面对生活，把自己仅有的勇气、信念和智慧集中在一点，他什么都不顾，只知道凭着直觉在路上不停地跑。他跑过了儿时同学的歧视、跑过了大学的橄榄球场、跑过了炮火纷飞的越战泥潭、跑过了乒乓外交的战场、跑遍了全美国，并且最终跑到了他人生的高点。

在我的脑海里，偏执者是个褒义词，它很稀有，很宝贵。因为这种“认死理，不妥协”的偏执精神，更容易让人走向成功。佛祖和观世音之所以选唐僧当团队主管，是因为唐僧有与佛祖和观世音一样的“普渡众生，弘扬佛法”的济世价值观，有一般人所不具备的坚定信念与意志。在西行的路上，唐僧无论遇到多大的困难，碰到多强的诱惑，始终坚定初衷，没有丝毫的动摇之心。

从唐僧、阿甘身上我闻到了偏执者的气息。那么，何谓偏执者呢？可以从这三个方面寻求解答：

- 咬定目标不放的简单；
- 一条道走到黑的坚定；

① 《阿甘正传》是由罗伯特·泽米吉斯执导的电影，于1994年7月6日在美国上映。

☼ 把事做到极致的认真。

偏执者就是对目标和信念无比坚定与执着，死磕工作中的每一个细节，不达极致绝不罢休的人；偏执者就是对所认定的事，即使九头牛也拉不回的人。拥有偏执思想的人是这样的：

☼ 对目标朝思暮想、做梦都想、时刻都想，一想起就热血沸腾；
☼ 即使经历冷嘲热讽、人情冷漠、三番四次的跌倒打击，几乎绝望仍咬牙前行；
☼ 即使经历过半夜抱头痛哭、内心孤寂与寒冷依然坚定初衷。

的确，当一个人围着一件事转，最后全世界可能都会围着你转；若一个人围着全世界转，最后全世界可能抛弃你。这是对偏执者最贴切的表达与褒奖。

“一生能成为一匠”，这种浪漫到骨子的情怀，是不少人梦寐以求的人生目标。了解了新工匠的五个特质，对照一下自己可否做到呢？接下来，我们根据这个五个特质，从个人做事、企业经营、创造创新、产品打造、匠心决策等六个方面进行应用性阐述，希望给读者一个可借鉴的样本。

现实与梦想的差距，总是让人望而却步。请跟随我的步伐，一道开启这美妙绝伦的新工匠之门，你即将看到一个全新的世界。恭喜你！

2

第二部分

开启新工匠之门

精华在笔端，咫尺匠心难。——唐代诗人　张祜

第 4 章

匠造：潜心研修

有“海内名士”之誉的唐代诗人张祜在《题王右丞山水障二首》写道：“精华在笔端，咫尺匠心难”，意思是作品的精华都在笔尖上流露出来，看似是近在眼前的小范围，但是作者所费的工巧的心思却是艰难的，意在称赞王维的诗画皆为匠心之作，唯潜心研修，否则无法企及。

潜心研修是一种生活状态，一般要持续很长一段时间，要求承受常人难以承受的孤独寂寞，用心才能做好一件事。一般潜心研修成功后可获得卓越的成就，大凡卓越的匠人都能找到这一宝贵品质。

华润集团董事长傅育宁认为必须通过三方面来建立工匠精神：一是培育“匠造”意识，提升价值创造能力；二是提高“匠艺”水平，扩大竞争优势；三是树立“匠德”之风，呵护企业根基。

行为是生命的特征，而生命由躯体和灵魂组成。潜心研修是匠人的基本特征，既是行为的体现，也是灵魂的外在表现。通过深入探究工匠的内心世界，全面解读工匠的外在行为。从本章开始，我尝试从匠人身上进行深度挖掘，并用我自身对工匠精神的理解与感悟，总结了“匠造”之 11 条行为法则。从行为中学习探知工匠精神的内核，尽量做到简明扼要，给读者提供一个可学习的参考或条例。

1. 不为外物所动

假如你和小朋友在雪地里玩耍，你指着远处的一棵树和小朋友说，咱们一起走到前面的那棵树，看谁留下的脚印是最直的。那么，谁会走得最直呢？有人说肯定是小朋友，理由是小朋友好玩，他们意愿大，兴致高，干劲足，走的步子比较小。

然而，多次试验的结果是，小朋友每走一段，老喜欢回头看自己所留下的脚印，越走越歪扭；走着走着，有可能被其它的事物吸引了，结果可想而知了。

关于如何走得直，有人竟然说拉一根绳子就可以了，也有人说走猫步。其实，最有效的办法就是，两只眼睛死死地盯紧前面的那棵树（目标），自始至终围绕前面的目标，坚决做到不左顾右盼。这样的做法，最简单也最有效。

俗话说，将军赶路，不追小兔。一心想着目标，就会把自己稀缺的时间和精力用到该用的地方，成果当然会是最好的。专注其中，全神贯注，不为外物所动，这是匠人不可或缺的品质。

每一件工作都应如此，沉下心，盯准目标，不被干扰，一次将工作做好。工作最忌讳心浮气躁，东一下西一下，这样的结果只会是什么也做不成。

十多年前的有一次面试，是我一生中一个重要的转折点。如果没有专注的工作精神，就无法抓住那次工作的机会。那天面试时，考官找了一篇文章给我说："请你把这篇文章一字不漏地读一遍，最好是一刻不停地读完。"他说完，就走出了办公室。

我想：不就读一遍文章吗？这太简单了。我深呼吸一口气，开始认真地读起来。过了一会儿，一位漂亮的女生款款而来，"先生，休息一会吧，请用茶。"她把茶杯放在茶几上，冲着我微笑。我该不该回应呢？先不管她了，读完再说。我装着没有听见也没有看见似的不停地读。又过了一会，一只可爱的小猫伏在了我的脚边，用舌头舔我的脚踝。我只本能地移动了一下脚，丝毫没有影响我的阅读。

终于读完了，松了一口气。这时面试官进来问："你注意到那位美丽的小姐和她的小猫了吗？那位小姐可是我的秘书，你都没有理她。"

我很认真地回答说："你要我一刻不停地读完这篇文章，我只想集中精力去读好它，这是考试，关系到我的前途，我不能不专注一些。别的什么事我就不太清楚了。"

我之所以有这样的认识，其实，得缘于阅读古代典籍《庄子·达生》梓庆篇。2 300 年前，鲁王惊叹一位名叫梓庆的木匠制作的古代乐器鐻，堪称鬼斧神工，于是召见梓庆问：这么精妙的东西先生能做出来，有什么奥秘？梓庆谦逊地说："我只是一个木匠，哪有什么奥秘呢？只不过在做工前，我不敢耗费精神，静养聚气，让心沉静。斋戒三天，我不再怀有庆贺、赏赐、获取爵位和俸禄的思想。斋戒五天，我不再心存非议、夸誉、技巧或笨拙的杂念。斋戒七天我已不为外物所动，似乎忘掉了自己的四肢和形体。然后我便进入山林，观察各种木料，选择好质地、外形与鐻相合的，此时鐻的形象已经呈现于我的眼前。然后我将全部心血凝聚于此，专心致志，精雕细刻，用自己的纯真本性融合木料的自然天性制作，器物精妙似鬼神之工，也许因为这些吧。"

七天的斋戒使身心合一，已不为外物所动，精气神已达到最佳状态，再走进山林选木料。选料时，鐻的模样已经在脑海中形成，认真寻找匹配度最佳的木料才动手取之。一旦进行雕刻，则聚气凝神，全情投入，荣辱不惊，专心致志——**把功劳、地位、金钱、非议、毁誉统统放下。**

以此看来，匠心需要全身心地投入，达到忘我境界，完全不为外物所动——身心合一，气定神闲。如果我们每每能够专注事情的本身，不被荣辱、金钱、地位、功劳等干扰，放下某些不合适的执念，一心一意投入其中，那会怎样呢？通常所谓功劳、地位、金钱等都将纷至沓来。当然，匠人并不在意这些。

《庄子》的作者庄子就是这样的巨匠，洞悉易理，继承与发扬老子的道家思想，与老子齐名，被称为老庄。这种"不为外物所动"值得用一生来修炼，有了它可以从容做到“心想事成”，做出令人叹为观止的作品。那么，如何才能较好地做到“不为外物所动”呢？

首先要活在当下。活在当下就是重视当前，专注当下的事情，工作最要避讳的就是这样一种心态：忙的时候，想要休息；度假的时候，想要工作。要知道，过去是作废的支票，明天是未兑现的支票，唯有今天才是现金。

做一个高级趣味而纯粹的人，不忘初心，不因金钱而放弃标准。在工作上，放下私心杂念，一心投到技艺上。这就意味着将每一项工作当艺术品，安安静静，仔仔细细，直到没有任何瑕疵。俗话说，要让钱追着人跑，不要让人追着钱跑。要经得起诱惑，耐得住寂寞。用一颗纯粹的心，潜心研修，不被短期利益所诱，不被当前的烦恼所困。

当你做到“不为外物所动”时，他人将因你而动容。

2. 那是我的匠心

我外公在世的时候，总是乐呵呵的，几乎没见到过他愁眉苦脸的样子。外公是个裁缝，开着一个裁缝铺。别家的裁缝铺只做新衣，而他的裁缝铺，不仅做新衣，还帮别人修破损的衣服。他做工精细，每每都很认真地为客人量体裁衣，问客人的喜好，包括做什么工作等。

他补的衣服，更是一绝。顾客拿来的时候，都是破得不成样子，但一经他的手，便像被施了魔法一样，常常让客人惊喜不已。他开的店铺虽然小，但价格公道，质量又特别好。他成了当地有名的裁缝，较远地方的人也慕名来请他做衣服。我是看着外公做衣服长大的，许多的场景至今记忆犹新。

有一次，一个女顾客送来一件有些破损的大衣，说那是她意外身故的丈夫送给她的，看有没有办法补救。外公听了后，什么也没说，就收下了那件大衣，让顾客三天后来拿。

他不仅把大衣破损的地方修补好，还在修补处加了一个小小的蝴蝶结，看起来精致极了。三天后，那个顾客应约来了，看到那件大衣更别致了，抱着衣服红了眼睛，“您真是个艺术家”。外公有些羞涩，“我就是个匠人，做好这个是本分。”最后，她坚持给了双份的价钱。

在我上学期间，曾做过一份家教工作。刚开始，我雄心万丈，想把学生的成绩立马提上来，但学生似乎有点“不开窍”，我做家教也没有经验，一段时间下来，原本心高气傲的我逐渐丧失了热情，与学生说话也失去了耐心。

有一次，我一副垂头丧气的样子，被外公看在眼里，他跟我聊了几句，大致了解了我的烦恼。吃完饭后，他拉我到他的裁缝铺，“你看这满屋都是什么？”我莫名其妙，诧异地说：“衣服啊。”他笑着拿起了其中一件衣服，“错了，这是我的匠心。”后来，他跟我说：“刚开始入这行，不过是找口饭吃，但时间久了，也就慢慢喜欢上了。眼见着一块布料，经过自己的手，然后按照自己的设计，成了一件崭新的新衣服，看到客人拿走时的高兴劲，自己是真心高兴啊。”

他说：“这跟做家教是一样的，学生就如同他手中的布料。要对顾客负责，就是要对家长交给你的孩子负责。你不能因为衣服破了就不收它，也不能因为学生不好教、有问题就放弃。看着一个孩子，经过自己的教育，成为一个有用的人，哪怕只是成绩有所进步不是很有意思吗？”

一瞬间，我醍醐灌顶，内心掀起一阵涟漪。外公的工作虽然是微不足道的，但他是快乐、充满热情的。从此“匠心”在我心里留下了深刻的印象。没有解决不了的问题，只有不愿意花心思的人。我相信只要愿意花心思，再难的问题也可以解决。

匠心，是用心，是以能工巧匠的心思，别出心裁地做出让人惊喜的物品。在匠人看来，这只不过是在尽好本分，没有什么特别的。

匠心，是细心，是心平气和地尽好本分，绝不让一点瑕疵影响整体美感，在细微之处彰显非凡品质。要知道，匠品与普通产品的差别就在于细节。

匠心，是执著心，是把全身心放在工作上面，心无旁骛。对于所做的东西要完全了解，有品味，对细节死磕，充分利用到手的材料，做出让人称心的东西。

匠心，是虚心，虚以待物，宽以待人。虚怀若谷，豁达恬静，从而巧妙构思，成就匠品。保持谦虚的心，有足够的心理空间去发现世界、理解世界，让用户获得欣喜，让物品达到极致。

匠心，是恒心，持之以恒，不轻言放弃。无论是学习某种技术，或是研发某种产品，不管出现什么问题，保持初心，和开始时一样自信，就没有做不成的。

作为一名管理研究者与实践者，我通常白天讲课，晚上赶往下一站，还要挤时间做不同需求的培训课件，这当中有感动，有喜悦，也有烦恼。我知道，每一次演讲用匠心方能让人为之动容，每一个观点用匠心方能独树一帜，每一张 PPT 要用匠心方能让人耳目一新。

这一切得感谢外公给予我的教导。今天，不管遇到什么问题，用匠心认真对待就是了。**专注做点东西，让它能对得起光阴岁月。**正如一句广告语所说：虽然无法言明我的初心，但世界一定可以看出我的用心。

3. 让作品比生命更长

假如有朝一日，子孙后代说“这是我曾祖父的祖父做的东西”。这是一种怎样的体验？一定很美，很令人向往！这样的感觉真的很稀有，过去我们的祖宗有过。

带着这样的心境，我拜访了不少各行各业的工匠师傅，他们给我留下了极其深刻的印象。其中，有一位做铜壶的林师傅。他说：“做一把铜壶要捶打十几万次，我的世界在一块钢板，一把铁锤间慢慢铺陈开来。就算前功尽弃，也不容忍铜壶有一点瑕疵，完美就是一种极致，对自己苛求，不妥协不退缩。”听到这样的话，让人为之动容。

对他来说，打十次也好，打十万次也好，都是一次创作。每锤敲一次，似乎都是一次新的指引，让他清晰知道这个壶的未来模样。好比画家在纸上作画，作家在笔记本上写作，十万次锤敲，就是一次创造的过程，每锤敲一次，就如同在白纸上画上一笔。

有一次，我驻足在琳琅满目的铜壶铜碗展架前，惊羡眼前这些金光闪闪的器物，很难相信这些是用锤子一下下敲打出来的。林师傅说：“这些太普通了，那边才是精品。这些铜壶是焊接的，没有技术含量”。听到这，着实让人钦佩不已，而其背后却是十几万次的匠心锤打。

旁边的玻璃柜内，一把把铜壶都有着长长的壶把手，如一根根竹子，每一个关节都凹凸有致，与整个壶身浑然天成，是一个近乎完美的整体。他说：“这是一大块铜板打制而成的，与其它的焊接铜壶不一样。先把剪好的铜板放在铁砧上进行锤打，在打制成壶的基本形状后进行不断修剪，反复捶打直到铜器成型。最后，还要修饰抛光。从铜板到铜壶，要经过五个阶段，数十万甚至上百万次捶打。”

林师傅给我看过三四种壶，每一把都毫无瑕疵。在一个塑料盆里，横七竖八放着三四个已是半成品的铜壶，五六个已经做好的壶盖。要不是林师傅说，这些都是因为有瑕疵被淘汰掉的，我还以为是半成品。林师傅拿出一个壶盖，有的只是有一点点裂痕，有的要从背面看，才能发现有透光的裂痕。若不是他指出来，作为旁观者，我是看不出瑕疵的。

他说：“纯手工打铜和打金银器有很大的区别，金银器打坏了可以熔掉再打。而铜则不行，反复锤打后的铜，由于分子改变而变脆，失去了韧性，不适合再打。所以，这些打坏的壶身和壶盖，就只能作废了。”

在他的眼里，一把好的铜壶，不仅外观上要完美，用起来也要无可挑剔。从壶口流出的水到水盆里，水平如镜，没有一丝波纹。最美妙的地方在于，倒水过程中就算随时停止，壶嘴也不会多流出一滴水。看着林师傅粗糙龟裂的双手，我知道，这是作品心与匠心的交融，是千万次捶打的结晶。

林师傅说：“我期望我走以后，子孙后代们会说这是我曾爷爷做的。”说出这话时，林师傅的脸上洋溢着自豪。这是一种令人尊敬的内在美，是一种期待“作品比生命更长”的自信。

说到这里，让我想起关于亨利安家族们生产齿轮的事。据《青岛早报》报道：2006 年，德国商人亨利安来到青岛投资生产大型齿轮。而在他之前，亨利安家族已有三代生产齿轮的历史。2010 年 6 月，亨利安 80 岁的父亲来到青岛，父子两人游览到江苏路基督教堂时，走进塔楼里看到了教堂钟表依然在正常使用。

亨利安说：“当我们在钟表上看到‘J.F.WEULE’这几个字，父亲就很激动，因为这是德国 100 多年前就很有名的钟表制造商。100 多年前，J.F.WEULE 钟表的齿轮，全都是我们亨利安家来供应。”保证钟表正常运转的齿轮有小有大，总共 20 多个，每一个都如 102 年前设计者设计的那样，严丝合缝，正常运转。教堂工作人员说，这么多年来从来没有维修过这座钟表，就是每三四天都要给这些齿轮涂抹一次机油。亨利安表示：“根据目前的情况，这些齿轮没有任何问题，还能再用上 300 年，真要维修时，恐怕是我的曾孙一代了。”

一个产品使用 300 年，几代人来维护，这是什么样的概念？没有作品心，没有“让作品比生命更长”的执着理念如何做得到？为什么匠人的内心是安静祥和的，这里应该可以找到答案了。无论是做铜壶的林师傅还是做齿轮的亨利安家族，他们给我们树立了榜样。

“让作品比生命更长”，不仅是一种理念，更是人生的一种追求，因为它代表着生命的品质。人来到这个世上能留下点什么是多么美的事啊！孔子及孔子的学生留下的《论语》“存活”2 000 多年了，“北京天安门”至今也有 600 多年的历史了。

著名的人文主义者皮柯·德拉·米兰多拉在一篇宣言式的讲演《论人的尊严》里宣称“人是世界舞台上一件大奇迹”“人占据着世界的中心”。没错，人都向往在这个世界上留下点什么。我想，最好的遗产就是自己的作品，或物件，或思想，或技艺。

你的生命品质如何，所做的作品就是最好的说明。无论是做铜壶、拍电影，还是经商、写作，最后的“产出”就是生命的真实写照。作品如人品，不仅是你的道德品质体现，更是你的技艺品质体现。

所以，“让作品比生命更长”，是匠人的基本工作准则。**“人走了，作品还在”，如此生命最美好，世界更纯洁！**

这就要人们无比热爱自己的工作，对待所做的产品就像对待自己的孩子一样，投入全部的精力与心血，要么不做，要做就要做到最好。

怀揣一颗作品心，将每一项工作当作自己的作品，并超越用户的预期，把产品和服务做到极致。

“让作品比生命更长”，不只是工作的要求，更是人生的追求，让人为之动容的生命价值体现——**它能使有限的生命得以延续。**你祈望自己所为和作品比生命更长，那就每每精工细作，你用心铸就作品，作品虔心成就你。

4. 人生很多事急不得

曾有一个小伙伴，特别羡慕那些出口成章，妙笔生花的人，“忌妒”那些心灵手巧，有特殊技能的人，常常埋怨自己缺乏先天优势。他原以为勤能补拙，于是夜以继日地努力，但还是未能如愿以偿。他很苦闷，很焦虑，问题究竟出在哪里呢？他冥思苦想，不得其法。

直到有一天，读到财经作家吴晓波的一篇文章，了解他是如何勤奋的。吴晓波读大学期间，没有像其他人安排满满的社交活动，也没有将时间沉浸于花前月下，除了读好专业课程外，就是安安静静地把学校图书馆有关文学、历史、财经等相关书籍读了个遍，一架一架地从图书馆的一楼读到二楼。从事媒体工作期间，吴晓波每天坚持写一篇专栏文字，从不间断。

我的这位小伙伴终于明白：人生很多事急不得，你得等它慢慢熟，需要专精某个领域，内心平静地投入学习和实践中，心急是吃不了热豆腐的。我曾跟他说，“大多数的人天资平平，际遇寻常，所谓脑洞大开，都是心静自天成的结果。”

吴晓波在文章中这样写道："我的右掌关节处，有一块小硬茧，摸上去糙糙的，这是二十多年电脑写作的'记忆'，我把它看成是一块'光荣之茧'，我若有微许才华，它是唯一的证明。"如今，48 岁的吴晓波开设"吴晓波频道"，每周录制一个话题的视频节目，同时写两篇专栏文字，包括出版很多的书籍及参加各类演讲活动，事业如日中天。

有人曾问我："如何能成为某领域的权威人士？"我说："方法很简单，就是安安静静地把该领域的书籍读完，辅以大量的实践，不断地反思与总结，时间至少是 10 年。"办法虽然看起来简单，贵在读透，做深，若能坚持必有所成。

埋怨和急于求成都是成功的绊脚石，因为成功是心静自天成的结果，是付出不亚于任何人的努力。当前，社会上的速成班、速成书籍严重影响人的健康成长。我相信，安安静静、一点一滴地坚持数年，思路会渐渐清晰，灵感会如泉涌，终会有所大成。

日本有个人叫村鳩孟，已经 84 岁。1963 年开了一家大众食堂，50 多年只做了一件事情：专心煮饭。这个自觉背负着日本饮食文化的老人，每天早上 4 点起床，开始煮饭之前的准备——先运动运动，打起精神，因为身体才是革命的本钱。

虽说洗米是简单的活，但是也得有技巧。例如，巧用指尖力道，让米粒充分吸收水分，相互碰撞，增加甜度。日复一日，年复一年，手感自然形成，好米坏米，经他手一捏便知。秉承匠人精神，每隔数十秒就要转动一次锅盖和饭锅，寸步不离灶台——美味含在口中，幸福洋溢在脸上。五十年如一日，灶台于他，是工具，更是伙伴。在村鳩孟看来，**让心静下来，认认真真做好一件事情，不负光阴岁月，保持一份乐趣和热情，才算真正活过。**

当爱好遇到坚持就是才华。若能用匠心供奉一生，那不仅是才华，而且是绝招了。所谓绝招就是把简单的招式练一千遍、一万遍，练到极致。金庸笔下的武林高手常常需要闭关修炼，他们静心养气，先修心，后修技。出关后，武艺大为精进；若是坚持数十年，终将成为一代宗师。

所以，“人生很多事急不得”，要静心静气，用心做好每一件事。总是盼望早日速成，最终会得不偿失。某些农作物打上催化剂后，虽然能迅速成长，比原先长得更大更好看，但往往失去原有的味道，这类食品并不利于人类的健康。人的成长也一样，急于求成，便容易“走火入魔”，“你得等它慢慢熟”，这是自然规律，得遵循它，始终恪守这一规律。

要忘记功名利禄，不为外物所动，全身心投入到工作中来。内心恬静，反而能心想事成。那些焦虑之人，追名逐利，成为金钱和名誉的奴隶，最后可能什么也得不到。要腾出时间花在学习与提升技能上。一心想追求成功，把所有的心思都花在如何出名、如何成事，忽略“磨刀不误砍柴功”，还是不能如愿以偿。若是还抱怨自己生不逢时，便是大错特错。

谨记“欲速则不达”“急于求成如飞蛾扑火”，别被张爱玲那句“出名要趁早”误了自己。用匠心供奉一生，生命之花才能灿烂绽放！

5. 穷尽一生磨练技能

不少年轻人先后换了三五个工作，没有一个能坚持做下去。每次都信心满满地开始，但新鲜劲一过就觉得“不过如此”，很快便心生倦怠。这种人就是传说中擅于“挖坑”的选手，遍地开花，无法将精力聚集在一处，打出一口深井来。多年以后，他们可能会意识到，自己只是在原地打转，当初是什么水平，现在仍是什么水平，卡住他们的是“重复旧的行为只会得到旧的结果”，没有任何突破。

之所以如此，是因为他们心里只想要轻松工作，要有很多的空闲时间，还要很有钱，他们没想到核心是要培养自己的技能。他们忘记了“家有金山银山，不如一技在身”这句话。他们有了钱和闲，就忘记提升自己的技能，也不觉得技能重要了。记得有一次在飞机上，听到有人说，“现在有的是钱，怕什么，学不学无所谓，没必要费这个心思”。他们的意思是，有了钱就没必要学习或提升技能了。言外之意，提升技能就是为了钱。

然而，现年 91 岁的“寿司之神”[①]小野二郎说：“一旦决定好自己的职业，就要全心投入工作之中、爱自己的工作，千万不要有怨言。穷尽一生磨练技能，这是成功的秘诀，也是让人家敬重的关键。即使到了我这个年纪，工作也还没有达到完美的程度……我一直重复同样的事情以求精进，总是向往能够有所进步，我继续向上，努力达到巅峰，但没人知道巅峰在哪”。

小野的一生超过五十五年的时间都在做寿司。因此，他对寿司所注入的精力以及其技巧绝对是世上第一！他从最好的鱼贩子那里买鱼，从最好的虾贩子那里买虾，从最好的米贩子那里买米。从食材、制作到入口瞬间，每个步骤都经过缜密计算。例如，为了使章鱼口感柔软，不像其他饭店里那样吃起来似橡胶，需要给它们按摩至少 40 分钟。他的寿司店只有十个座位，价格也是行业里最贵的——一餐 15 分钟，人均消费数百美元（最低消费三万日币）。今天你若想吃他捏的寿司，至少得等待三个月。他捏的寿司被誉为值得花一辈子排队等待的美味！

小野二郎说：**“是谁决定了某样东西已经足够好了呢？”**而有的人常常将“这已经很好了”挂在嘴上，实在让人感到羞愧。这样的人

① 《寿司之神》是由大卫·贾柏拍摄的关于全球最年长的三星大厨小野二郎的纪录片。

与“寿司之神”相差十万八千里，在新工匠时代很难立足。

为什么需要“穷尽一生磨练技能”呢？蒲松龄说：“性痴，则其志凝。故书痴者文必工，艺痴者技必良。”我想，这不是为了生存，而是精神层次的一种追求，让内心获得充实的一种途径。假如没有这种追求，哪里会有事业的进步？哪里会有成就感可言？

假如不“穷尽一生磨练技能”，一心想着挣钱，想着过好日子，每当夜深人静或者孤独一人的时候，便会有莫名的恐惧袭涌上来——社会在进步，不进则退。每当学得越多，懂得越多，越会感觉自己知道的太少。那么，该如何抵御这种突如其来的危机感？又如何“穷尽一生磨练技能”呢？

“穷尽一生磨练技能”，就是把99%提高到99.99%。改善永无止境，哪怕是细微的改善和进步。小小的改进，日积月累就是前进一大步。曾拜访一位大师级的手艺人，他说：“这个工作，不管怎么努力，也肯定是有缺陷的，干了四十几年，能做出自己认为好的作品的时候，也不多，也就一两件而已。匠人，如果觉得自己的作品‘太棒了’的时候，就已经在走下坡路了。”所以，穷尽一生磨练技能就是升级自己的技能，打造自己的核心竞争力，让自己永远处于不败之地。

“穷尽一生磨练技能”，就是一心一意成为术业有专攻之人，一门心思在自己的专业领域深挖，不把心思花在搞人情关系上。正常的人情关系，应该是人们的日常生活所需的情感体验，而非为工作上的某个目的。然而，有的人挖空心思搞关系，却从不在技能上下功夫。对于这样的人，“人情关系”对他们来说，也只是一种浪费，起不了多大的作用。对于这一点，将在后面的章节里详尽阐述“你不优秀认识谁也没用”。

“穷尽一生磨练技能”，就是要对追求极致死磕，不断苛求完美。若没有“穷尽一生磨练技能”，就不可能做出惟妙惟肖的产品。即过去认为80分已经很好了，今天我们要求100分，甚至要求120分。“穷尽一生磨练技能”，就是将每一个细节都处理得恰到好处。若一款产品只有一个细节好，很容易被模仿或抄袭。如果每一个细节都处理得很好，就很难模仿和抄袭。

“穷尽一生磨练技能”，就是要不断提高技艺，不达极致绝不罢休。在玉器雕刻上，中国工艺美术大师马进贵老先生最擅长的是金镶玉。在已经雕好的器物上开槽，把金银丝镶嵌进去，工艺难度相当大。为使镶入的金银丝线不致掉出，沟槽必须开成外窄内宽的燕尾槽，稍有不慎，就会造成玉器破裂，技术难度极大。正是因为他掌握了这门绝技，所以他的作品价值极高。

“穷尽一生磨练技能”，就是要努力学习相关知识，不断夯实自己的基本功。每天保持阅读的好习惯，至少读 1 小时与专业相关的书籍。**哈佛有一个著名的理论：人的差别在于业余时间，而一个人的命运决定于晚上 8 点到 10 点之间。**每晚抽出两个小时的时间用来阅读、进修、思考或参加演讲、讨论，你会发现，你的人生正在发生改变，坚持数年，成功就会向你招手。

“穷尽一生磨练技能”，就是要回顾这一天，进行自我反省。比如在一天结束以后，问问自己，今天我有没有进步？今天有没有让人感到不愉快？有没有自私的言行？回顾自己的一天，对照做人做事的准则，确认言行是否正确，这样的作业十分必要。

6. 不达标准绝不交货

俄国小说家契诃夫说，“对一切事情都习惯做到准确、严格、正规，这些都不愧是高尚心灵所应有的品质。”然而，我在考察企业时，就看到有些人遮遮掩掩的，窃窃私语“这点问题算什么，只要客人看不出来就行了”，随即将不过关的地方遮盖起来不让客人轻意发现。显然，这与匠人的行为相差十万八千里，绝对要不得。

然而，有一位大师级的木匠，接到了一位客人制作高档家具的订单。在临近交货时间时，这位木匠给客人打电话说，需要延迟交货的时间，希望得到客人的谅解。客人表示没有异议。只是没有想到的是，又过了一段时间，这位木匠师傅亲自登门到客人家里道歉，表示仍无法做出令人满意的家具，除了愿意退还订金外，主动表示愿意做出相应的赔偿。

不可思议！第一次听到这样的事，难以置信。当下这样的人太少了，他不正是契诃夫笔下心灵高尚的人吗？一般人总想着蒙混过关，得过且过，跟这位木匠师傅相比，应该感到汗颜。这种抱着“不达标准绝不交货”的心态，能大幅度地提升技艺，做出令人惊叹的作品，内心也一定是祥和安定的。

“不达标准绝不交货”，就是对品质死磕，把工作做到最好，好到超出客户的期望。对发现的问题，采取零容忍的态度，不做到位不收兵，不达标准不放行。“罗辑思维”的罗振宇非常推崇死磕精神，每天早上6点半坚持发送语音版信息60秒。为了做到形式上的统一化，每天比别的语音自媒体的人要多录好几倍，每一次要录十多回才能录成。他选择早上6点半发有两个原因，第一个，要抢全国人民上厕所的时间，希望争取到第一个需要阅读的时间。第二个，绝大部分媒体记者做不到这样连续一年每天早上6点钟起床。

“不达标准绝不交货”，就是要严格要求自己，不断地磨练，使技艺达到登峰造极的境界。正是这种“零容忍”的标准，“寿司之神”小野二郎竟然让学徒在学习10年之后才开始给客人煎荷包蛋。这是一种什么样的严格？我想这正是成就世界最好寿司的秘密所在。

“不达标准绝不交货”，就是要有认真扎实的态度，认真、认真、再认真，扎实、扎实、再扎实。反之，如果大而化之、麻痹大意、敷衍了事，不能坚持高标准、严要求，很容易使工作沦为走过场，打造匠品只能成为空谈。稻盛和夫先生在《干法》书中提到的——“抱着产品入睡”就是不达标准绝不交货的态度。正是这种孜孜不倦的态度与行为，稻盛和夫先生在有生之年，成功创办了两家世界500强的企业。

“不达标准绝不交货”，就是要精雕细琢，把每一个细微之处都考虑到位。例如，为了给小米手机的开机画面选择一张壁纸，雷军看了100张照片，而这100张照片又是在上百万张照片中挑选出来的，也就是说，小米至少买了1万张照片。曾经一度因为找不到合适的壁纸，开出100万元买一张壁纸的条件。在打电话的功能上，小米在通话上有八项改进。这在一般人看来，都不觉得此处有改进的必要。

“不达标准绝不交货”，就是要有问题意识，聚焦问题，敏捷发现问题，并有效解决问题，绝不能回避问题，更不能放任问题。如果问题得不到解决，相关措施不能很好的落实，就难以实现“匠心供奉”“匠品呈现”。我们要树立强烈的问题意识，从用户最关心的问题抓起，从用户不满意的地方改起，坚决解决好用户“最后一公里”的问题。经得起严格考验的人，才能出人头地。当严格求实的探索至山穷水尽之处，思维的“翅膀”就能“展翅高飞”，发挥有益的作用。

无论是木匠、水印师傅，还是“罗辑思维”的罗振宇，他们都有自己的工作标准，他们不会因为钱而放弃标准。这种“不达标准绝不交货”的原则，是匠人和普通人的最基本的区别。

美国发明家爱迪生说：“我平生从来没有做过一次偶然的发明。我的一切发明都是经过深思熟虑、严格试验的结果”。

7. 差之毫厘也要计较

翻阅古书，发现“匠”字的本义为木工，外框“匚”是口朝右可以装木工用具的方口箱子，其中的“斤”就是木工用的斧头，过去只有木工才叫“匠”。

当然，今天的“匠”已应用很广。**我解读“匠”为一定规则内的“斤斤计较”，明察秋毫，哪怕是琐碎的细小。**所有的粗制滥造都是对“匠”的亵渎，例如，对工作不认真，对细节不重视，对瑕疵不计较。不计较细节难成大事，不计较细微问题难成匠品。对细微之处计较，就容易将事情做到极致，就容易做成令人惊叹的产品。

吕叔湘先生就是这样的人，他治学严谨的态度是出了名的，一生都在和“不正确的语句”作斗争，维护汉语的纯洁。20 世纪 80 年代中期，吕叔湘发现《人民文学》杂志上的错误实在太多，忿忿不平地写信一一订正，杂志于是发表了一封短信，一本正经地向其表示谢意，可是这封短短的感谢信，竟然也是错误不断，甚至把吕叔湘写成了“吕淑相”。记得当时《人民文学》杂志社正因为某篇文章的“思想问题”挨批评，有人想劝吕叔湘在这种特定时刻放人家一马。最终这个人没敢提，因为以吕叔湘的认真态度，这样只会让吕叔湘更生气。

成天和语法打交道的人，难免给人一种语言无味、面目可憎的错觉。语法有时候像一副铮铮发亮的手铐，锁住了写作者的手脚，而语言学家常常扮演恶婆婆的角色，动不动挑小媳妇的刺儿。吕叔湘的过人之处，在于他竟然把一门最枯燥的学问，做得绘声绘色，津津有味，从不让读者感觉到无味和可憎。吕叔湘先生在用匠心做这件事，既“斤斤计较”，又让人感觉趣味之极。

与“斤斤计较”相对应的是“差不多就行了”。为什么要对细节“斤斤计较”呢？俗话说，差之毫厘，失之千里。小问题会积聚成大问题，大问题会变得不可救药。一根小小火柴棒能摧毁一栋房子，一根过热的电线导致美洲大停电，一个马蹄铁松脱导致国家灭亡，小小的果子狸导致全球出现 SARS 浩劫。如此来说，“斤斤计较”还不够，要“丝丝计较”，差之毫厘也要计较。

“差之毫厘也要计较”是一种严谨的品质。德国人之所以把产品做得好，就是因为他们严守每一个标准，不放过任何一个细节，即使是像严守时间这样的细节工作。有个赴德考察团，在德国的重点行程是参观奔驰公司，在出国前就已经联系好了所有的事务。原计划是到达德国的第二天下午两点出发，德方的接待人员在下午一点半来接考察团成员。去参观的那天，德方的接待人员在约定时间前就已经到达了酒店，当大家在约定的时间里在酒店碰头的时候，发现还有三个人没有下楼。于是打电话去催，其中两个人表示马上下来，只有一个说要方便一下，不过很意外的是，这个人正是考察团的最高领导。

在等待了 5 分钟之后，德方的接待人员表示不能再等了，如果还要参观的话就得马上走。但是考察团成员表示，等到团长一来就马上走，而且不需要太久的时间。在这种情况下，德方代表非常抱歉地表示，这次的参观只能取消了。因为，在他们的眼中，方便的问题是属于个人问题，既然是个人问题就应该在属于自己的时间内解决，而不应该在约定好的时间里让大家都等待，这样浪费别人的时间。正是因为德国人这种“一丝一毫”也计较的做法，才可能保证工作万无一失，才可能做出满意的产品。

当然，“斤斤计较”不是针对个人得失，而是对工作细节的要求。这种做事的风格开始时可能不讨人喜欢，但时间久了，就会得到大家的敬佩。做事斤斤计较，做人大大方方，两者结合就完美了。

“差之毫厘也要计较”，意味着在质量上没有差不多这回事，不达标就不能交货，严守质量关；在管理上，对待违反公司制度的人，没有下不为例，严格按制度执行；在问题上，及时提出来，决不听之任之。这样的做法对企业执行力建设大有裨益，容易形成强大的执行文化，可以大大促进工作效率和品质的提升。

“差之毫厘也要计较”，意味着要严守时间观念，不浪费一分一秒。如果连守时这样简单的事情都不能严格做到，如何能让人信服呢？对于这一点，我深信不疑。在我十多年的职业教育和演讲生涯中，每每都是提前半小时到达，并严格按照议程进行，绝不拖堂。我特别欣赏那些开会守时的领导，他们准时参加会议，准时结束会议，绝不拖会。如果说讲 30 分钟，前后就不能相差 5 分钟。即使像与人约会这样平常不过的事，应提前 10 分钟到达，绝不能迟到。

“差之毫厘也要计较”，就是一种挑剔精神。所谓完美，不正是“斤斤计较”的结果吗？没有这种斤斤计较的精神，质量就会差人一等，效率就会低下，品味就会失去。我欣赏那些对工作挑剔的人，他们指出了他人工作中的不足，促进了他人的成长，提高了整体的工作水平。我很感谢对我工作“斤斤计较”的领导和同事，因为他们会为一个标点符号，一个文档版式而直言不讳。

我相信，**没有顽强的细心的劳动，即使是有才华的人也会变成绣花枕头似的无用之人。**

8. 用笨功夫练真本事

原以为中国京剧表演艺术大师梅兰芳应该是天才级别的“聪明人”，后来才得知，他的先天条件并不好：眼中没有灵气，眼神黯淡；

嗓子有问题，声音不亮堂；脑子不聪明，学东西慢。但他痴迷于京剧，舍得学。正常的一段唱，梅兰芳是一遍又一遍地记，揣摩唱法，再自己练个 30 遍。练的时候旁边放 30 个铜钱和一个碗，唱一遍扔一个铜钱，30 个扔完了才算数。

梅兰芳的嗓子上不去，师父就带着他每天早晨跑步，增加他的肺活量。舒筋活血后，再扬嗓子唱，天天如此，练了好多年。经过刻苦练习，他终于练出了圆润甜美的嗓子。最厉害的是眼神，梅兰芳是死鱼眼神，师父想了一个办法，就是白天晚上都在墙上挂个东西，让梅兰芳眼睛盯着不动，盯一会儿后师父会拉一下绳，让它来回晃，让梅兰芳死死地盯住，这样来练眼神。

为了练眼力，梅兰芳养了几只鸽子，鸽子停、落、飞、走，眼睛都必须盯着，他还常常注视水中的鱼儿。经过不懈地努力，渐渐地他那双眼睛变得灵活起来，眼神练出来了。后来，梅兰芳一上台，大家都会被他那双顾盼有神的眼睛所吸引。

湖南有一个以收银员名字命名的收银通道“杨佳快速收银通道”。从商品成堆的手推车里取货、打包、扫描价格、收银，杨佳的双手又快又准，整个过程犹如一场赏心悦目的表演。一次跟踪统计：从下午 4 时至 6 时，杨佳收银 107 笔 6 351.4 元，而与她相邻的一个收银员，一天 7 小时收银 115 笔 5 430.8 元。按每小时平均计算，杨佳收银 54 笔 3 176 元，而普通的收银员只能收 17 笔 776 元，她的速度是普通收银员的 3 到 4 倍。

在超市收银界，2 分钟录入 50 个 13 位数的编码曾被业内认为是极限，湖南家润多商业股份有限公司收银员杨佳，把这一项目的时间提高到了 1 分 50 秒。她还代表公司参加过全国首届“银联杯”收银员银行卡知识技能竞赛，夺得了全国冠军。

为了练就这双快手，杨佳付出了很多努力。刚当收银员时，看到顾客排长长的队付款，心情由轻松骤然变得不耐烦时，她在心里暗暗发誓，一定要苦练收银技能，给顾客以快捷而精准的服务。超市收银与百货收银完全不同，不仅需要全天站立，而且条码录入、敲击键盘、商品装袋、点钞找零等一连串动作，样样都需要眼明手快，并且不能出差错。

在超市，别人下班了，她却还在熟悉每件商品的条码位置，以便接到商品就能迅速找到条码。为加快点钞速度，她每天下班后主动留下来练习，还把练习钞带回家苦练技能。回到家，吃完饭就练，看电视时也练，甚至睡觉前坐在床上还要练几把。为了练习花样点钞，她的双手常常被划出一道道血印。

这个世界聪明人太多，肯下“笨功夫”的人太少。所以，成功者只是少数人。国学大师钱穆说，古往今来有大成就者，诀窍无他，都是能下笨劲。钱穆大师就是几十年如一日写读书笔记，一丝不苟地查抄资料，每日读书写作 10 多个小时。历史学家孙国栋说，钱先生研究、讲学、写书 80 年未曾中断，这番毅力旷古无两。

无数的事实证明，越是聪明人，越是懂得下笨功夫。所以，练就真本事，必须扔掉“花架子”。所谓花架子，就是形式主义，做表面文章，是当不了真、落不了实的“假模假样”。

电影《一代宗师》中有一句经典台词：功夫是什么？就是时间，即通过 1 000 次、10 000 次的练习与实践，突破了大脑的新皮质，实现潜意识的发挥。例如，司机开车遇到危险，脚踩刹车比大脑反应还快，这是潜意识里的超能力发挥，是 1 000 次、10 000 次实践的结果。

“用笨功夫练就真本事”，说明“能力是干出来的”，人本身并没有多少能力，而是干多了，实践多了，能力就有了。**与其说能力是培养出来的，不如说能力是干出来的——1 000 次、10 000 次实践的结果。**

所谓“台上一分钟，台下十年功”，演讲也要下“笨功夫”。演讲之前，除了要了解听课对象的行业、岗位、知识结构外，还要融入个人的经验与见解。准备讲义，做 PPT 要一个一个字地做，要经过多次增删与修改。做完讲义，还要在脑海中预演一遍，根本没有捷径可走。在我看来，演讲既是脑力活，更是体力活。例如，我时常在飞机、火车上做演讲 PPT，在睡觉前预演演讲的内容，在平时积累演讲的素材。欲想台下的人感到“滔滔不绝、口若悬河”，台上人就要“日积月累、10 年磨一剑”。

“用笨功夫练就真本事”，就是要拒绝浮躁，要静下心，沉住气，把工作做扎实，并不断精进。那些在学习上不求甚解，也坐不住、心不静、想不深的人便是浮躁之人。他们眼高手低，不刻苦、不投入；一旦去做，什么也做不好。而真正的大匠之人，脚踏实地，沉稳且坚定。

“用笨功夫练就真本事”，就是要量力而行，不好高骛远。如果脱离了现实，便只能生活在虚幻之中。如果脱离了自身，便只能见到一个无限夸大的“变形金刚”。好高骛远者大都懒惰，他们害怕吃苦、惧怕困难，贪图享受，打心眼里瞧不起吃苦耐劳的人。我从未见过这样的人能做出什么大事业来，相信你的看法和我一样。只有立足自己的实际，一步一步，踏踏实实为自己的工作努力，才能真正成就自己，成就事业。

9. 痛并快乐的奋斗者

让人敬佩的华为公司创始人任正非，出生于贵州普通人家，父亲是普通的学校教师，母亲也是普通人。因为家庭出身不好，从小吃不饱饭，还挨过斗。他和同时代的其他人一样，无任何突出的地方。他上学后，去当兵，转业后在电子公司工作。有一次被人骗了，被单位开除，离了婚，最后负债200万。但是，他一直实践着积极的人生观，凑了五万元钱创办了华为。赚到第一桶金，也绝不停留在倒卖交换机的层次上，而是有所积累后便开始自己研发，从来不是停留在原地。

任正非崇尚艰苦奋斗，即便今天华为已经成为中国最强大的企业之一，即便他已年过70，他还奔波在世界各地为企业发展而辛劳。他在公司倡导“以奋斗者为本”的企业价值观。**华为是一双芭蕾脚——痛，并快乐着。外表光鲜、优雅、美丽，实际上是那只脱下舞鞋的脚，艰苦奋斗，久经风霜。**去年，华为公司发布了“布鞋院士”李小文图片广告，借助李小文院士埋头做学问，不为金钱、名誉所动的朴素、严谨、认真的治学精神，在当下浮躁的社会风气中，传递华为脚踏实地，认真做实业的精神内涵。关于华为公司不上市的问题，原因之一是任正非不希望员工因为上市过早躺到“功劳簿”上，成为不用奋斗的富翁。

那些别人眼里的天才和看似不经意间的神作都是背后不为人所知的精雕细琢。可以说，他们是因为付出了不亚于任何人的努力，他们才成了人们眼中的天才。

我是“奋斗者”的粉丝。可能正因为如此，我长得有点急，除了脸部皮肤有点糙外，两鬓头发也白了不少。我没打算将其染黑，这是我10多年努力的“见证”，我把它看成是“光荣之发”。

大约在十八岁的时候，我便认为自己不是一个很聪明的人。读书时，有两件事情让我非常沮丧：每当熄灯之后，同学们除了讲笑话，就是脑筋急转弯，而我几乎没有一次得过第一名，这太让人绝望了，我对自己智商的清醒认识就是在那些伸手不见五指的夜晚形成的。还有，我多次参加学校的演讲比赛，没拿过一个名次。有一次在台上讲了大约三分钟，脑袋就一片空白，什么也说不出来，最后沮丧地走下讲台。那时的我认为，才华与我相差有十万八千里。

不知从何时起，我开始认识到，比天赋更重要的是规划、时间管理，以及足够的耐心和勤奋的积累。从 2005 年开始我从事管理研究与企业培训工作，2008 年我出版了自己的第一本书籍《为结果而战》。我虽然不是以写作为职业，但坚持写专栏文字，目前共计有 1 000 多篇。我每一年都要在全国各地从事演讲活动近 200 场次，跑遍了全国 300 多个城市，培训的企业超过 1 000 家。我会继续努力下去，我相信勤奋的人生是最有意义的。

圈子里除了少数几个特别聊得来的朋友，我很少安排时间搞一些社交活动。除了工作和生活，读书几乎是我的全部业余活动。在这个漫长而枯燥的过程中，我的“光荣之发”就是见证。**如果只是要一份工作，做到合格就可以了；但如果是要一份事业，那仅仅合格是远远不够的，要付出不亚于任何人的努力。**

“痛并快乐的奋斗者”，就是要付出不亚于任何人的努力。稻盛和夫先生认为，在经济不景气时，除了拼命工作之外，不存在第二条通向成功的路。稻盛和夫 27 岁时，开始经营企业，成立了“京瓷”公司。当时，连经营的“经”字都不识，但心里只有一个念头，不能让公司倒闭，不能让支持他、出钱帮他成立公司的人遭殃。为此，他拼命地工作，常常从清晨干到凌晨，正是因为这种勤奋，才有了“京瓷”今天的辉煌。

“痛并快乐的奋斗者”，就是要在某个领域至少花上一万个小时来练习。如果你想成功，那就必须得花一万个小时。如果你每天练习 2 小时，每周练习 6 天，那么你需要 16 年的时间才能达到一万个小时的练习量。人们将此做法定义为“一万小时天才理论”，天才也是靠勤奋浸泡出来的。

人是非常愿意偷懒的，人经常为了偷懒而想各种办法，但是你的手是骗不了人的，等做出来东西的时候，大家就知道是怎么回事了。所以，人不能欺骗自己的身体，不能欺骗自己的手。所有的成功者都是勤奋者，几乎没有听说谁可以不通过勤奋而成功。如果有，那也只是短暂的成功。

“痛并快乐的奋斗者”，就是穷尽一生磨练技能，用笨功夫练就真本事。居里夫人经过 3 年零 9 个月的艰苦努力，终于将镭提炼成功；曹雪芹“披阅十载、增删五次”，写成旷世巨作《红楼梦》；导演李安“十年磨一剑”，终于有所突破，《断背山》等经典电影问世。

10. 过“潜水”式的生活

在一个展览会里，800 多位工艺家的作品集中呈现，陶瓷、漆器、编织、金工、景泰蓝、玻璃……我惊讶的不是工艺家之多或者作品之多，而是每位工艺家的工龄，竟然普遍在 30 年以上。是啊，没有长年累月的沉淀就不可能有经典作品的问世。

一位漆器专家说，做漆器的人，因为经常用手去抛磨漆器，因此都没有指纹。要指纹做什么？他们的作品就是人类文明的指纹。想到这里，那一件件圆润的漆器作品背后，充满让人悸动的灵魂。这些有灵魂的作品都是工匠们潜心研修的结晶。就连我这个用一台电脑和一只麦克风行走大江南北的人，右手手腕处已留下了一块“光荣之茧”。

年轻时，我曾问一个技术专家：“你天天钻在屋子里没日没夜地鼓捣，你不觉得寂寞和无聊吗？”他却回答说：“寂寞？什么叫寂寞？我还真不知道，我觉得钻研这些东西挺有意思。”

在这一点上，我有同感。我常常要出差，一个人、一台笔记本电脑、一个拉杆箱，穿梭于大江南北。乘高铁、坐飞机如家常便饭；平时不是在讲课，就是在讲课的路上。即使呆在酒店的房间，也常常是一个人。听起来有点凄凉，但我主动选择了“孤独”。一个人的时候，我常常读书、写作，即使路程较远，因为可以交替进行，一点也感觉不到累。

乘飞机就更有乐趣了，机场书店琳琅满目，摆放着最新出版的书籍，光看各种新书名就是一种享受了。临走时，定会带上一本特别喜欢的书，一个来回的旅程就能把它“消化”掉。若是在一个没有主题的聚会上，大家东聊聊、西聊聊，东拉西扯的，这会让我很痛苦，还不如去读一本书，或写一篇文字。这当中的趣味，对于那些浮躁之人是无法感知和体会到的。

所有的人都希望自己出人头地，希望自己技高一筹，赢得公司、上司和同事的认可。问题是，鲜花与掌声的背后有没有努力的准备，有没有耐得住寂寞的毅力，有没有经得起诱惑的定力，有没有踏实肯干的决心。这些都是成功不可或缺的条件。

年轻人要过一段“潜水艇”似的生活，先短暂隐形，找寻目标，耐住寂寞，积蓄能量，日后方能毫无所惧，成功地“浮出水面”。

那些心中害怕孤独的人，总想找个人来打发时光，或找个地方来寄托无处悬挂的心。安徒生童话中的小女孩，她划完了最后一根火柴，风越来越大，雪淹没了整个城市，但上帝还是没有来。适度地吼几声摇滚乐发泄一下，无可厚非，但摇滚并不能解决你内心的茫然与无助——始终抓牢生命中那根向上的揽绳吧！

如果过早地“浮出水面”，到处是鲜花和掌声，那么，这些摧残人生的“陷阱”和“迷魂汤”会让人眼花缭乱。没有长年积累的真才实学，早早“浮出水面”，结果往往是“沉沦海底”。比如，那些早早成名的童星，今日还有几人活跃在舞台上？

“潜水”是QQ聊天中的热词。我欣赏那些“潜水”之人，不泡在QQ群和微信中，也不会因为有“风吹草动”就跳出来说两句。如果是这样，还能专心做好工作吗？还能潜心做好产品和服务吗？那些“活跃分子”的做法实在不值得效仿。“潜水”越久，积累就越丰富，沉淀就越厚实，最终光荣浮出，这是一种什么样的体验？一定很精彩！

一个胸无大志的人，是耐不住寂寞的，他们常常会被外面的花花世界所干扰，最后在朝三暮四的动摇与徘徊之中浪费了自己的大好时光。

一个有着自己的爱好，并执着于此的人，从来都不会孤独。他们透过自己的作品去告诉人家心里的想法、眼中世界的样子及所在意的、所珍惜的。

“过潜水艇似的生活”，就要立下长远目标，不受外界的干扰与诱惑，十年如一日地潜心研修，做一个工匠型人才。如果你有开创事业的远大志向，就要在浮躁的环境之中静下心来，踏踏实实，一步一个脚印，经得起诱惑，耐得住寂寞，他日一定能获得惊人的成就。

11. 人品比技术更重要

一流的匠人，人品比技术更重要。千古用人第一标准就是德才兼备，所强调的也是德在前，才在后。企业的用人标准，越是高端的人，越是注重胸怀与品德。

日本秋山木工学校一直遵循这样的理念。创始人秋山利辉，今年72岁，中学毕业后，就踏上了家具匠人之路。26岁开始接受为日本皇室制作家具的任务，27 岁创立“秋山木工”学校，其立下的《匠人须知 30 条》，被视为僧人修行般寡欲严苛，在日本家喻户晓。

他以高质量家具工艺闻名日本，从日本宫内厅、迎宾馆、议事堂、高级饭店、百货公司、高级品牌专卖店、美术馆、医院，乃至一般家庭，全由技术一流的工匠亲手打造，可使用一二百年，获得日本知名企业家稻盛和夫的推崇。

秋山木工制定出一套“八年育人制度”：年轻学徒必须在八年时间里，完成思想准备、生活态度、基本训练、方法技术等科目。整理出匠人须知 30 条法则，让大家反复背诵。所谓匠人须知 30 条法则，每一条都是貌似简单的基本道理。例如，“进入作业场所前，必须成为勤写书信的人”，透过文字表达感激之情，传达想法，有效地磨练心性和品格。

秋山先生认为，如果人品达不到一流，无论掌握了多么高超的技术，也算不得是一流工匠。在秋山木工，只要想当家具工匠，都要进秋山学校完成整整一年的学徒见习课程。一年结束后，才能被录用为正式学徒，然后开始为期 4 年的基本训练、工作规划和各种匠人须知的学习。之后再从第 6 年到第 8 年作为工匠，一面工作，一面继续精进。

秋山木工用 8 年时间，才算养成合格工匠所应具备的素质。针对所有见习者和学徒，还颁布了 10 条规则，严格执行。例如，被秋山木工学校录取的学徒，无论男女一律留光头；禁止使用手机，只许书信联系；在一年学习期间内，只有在 8 月盂兰盆节和正月假期才能见到家人；禁止接受父母汇寄的生活费和零用钱；研修期间，绝对禁止谈恋爱等。

在他的《匠人精神》一书中他这样描述自己的教学风格：“纠缠不休”“爱管闲事”“厚脸皮”，所谓“纠缠不休”指的是坚持不放弃；“爱管闲事”则是对别人的事情感兴趣、想让别人高兴；“厚脸皮”指的是正面的“贪心”之意。这种日渐式微的学徒制，透过集体生活、师徒传习的教育模式，将品行和技术传授给弟子，培养为人着想、关心他人以及感恩的情感。

秋山先生“工匠大师级挨骂哲学”令人印象深刻。他说，培养有用的年轻人是经营者的责任和义务。每一次他训斥弟子，都抱持“拼了命”的态度。在他眼中，这不只是为了培育一个工匠，更代表对对方的人生负责。

他要培养的不是“能干的工匠”,而是“有修为、素养高的工匠”，懂得关爱别人、尊重别人、替别人着想。在秋山先生看来，有了这种人性的东西，就会进入高峰，如果只是技能上的突破，没有德行，是没有神明帮助的，就会有局限。我常在《工匠精神》的课堂上，放映有关秋山木工的小视频。许多人看过后，表示感触很深，并希望将视频转给子女学习。在这一点上学员产生了共鸣，触碰到灵魂深处那个柔软处。

秋山先生之所以如此，他说这是“天命”。不同于我们所说的“使命”，与“天职”接近，是发自内心的接受，有“上天”赐予之意。曾有人问他，你的天命就是自己成为木工界的超级明星，然后培养更多的超级明星？秋山先生的回答是：把它当成天职来做，培养十个超过自己的人。秋山木工学校没有“铜钱味”，个个很纯粹——师父严教徒弟，徒弟敬畏师父，师父严于律己，徒弟日日精进，青出于蓝而胜于蓝。

作品就是人品，有什么样的人品就会有什么样的作品。无论是做出精致的工艺品，还是发明改变人类生活的新科技，人品最重要。

雕琢作品先雕琢人品，人品比技术更重要。培养一流的匠人，先培养一流的人品。没有一流的人品，哪有一流的作品？

误读1：慢工出细活

客观来说，我们工匠精神缺乏跟“快”不无关系，但传统的“慢工出细活”也要客观对待，“快”和“慢”是辩证的关系，是相互补充的。

例如，没有哪一款软件一开始就完美，连微软和苹果都是在不断升级，不断推出各类补丁，但能说这两家公司没有工匠精神吗？在大众创业、万众创新的浪潮中，产品是在市场的历练中不断臻于完美。

当然，“慢工出细活”的优势是显而易见的——沉下心对产品精雕细琢，做出极致的用户体验。但是，不合时宜地一味强调“慢工出细活”则会错失大好机会，丢掉市场，失去市场竞争资格。

建议不要总将“慢工出细活”挂在嘴边，更不要让它成为失去时机的借口。“慢工出细活”被有些人作为躲避工作的“护身符”“挡箭牌”，认为干活不能太快，干完这事还有那事。这种人做事拖沓，不讲效率，工作也是漏洞百出。

事实上，所谓快是响应市场需求快速发布产品和快速迭代。我们可以用四象限法则去理解：用最快的速度去处理紧急不重要的事情；用最谨慎的态度、最严密的思量做好重要不紧急的事情；而重要紧急的事情，必须如临大敌地去做。总之，抢占市场先机的事情必须要快，可以采取微创新、多频次、速迭代的逻辑。

能不能快，我觉得，第一，取决于负重，如果背着很沉重的包袱是跑不快的。第二，取决于肌肉，企业很强大，也是可以跑得很快的。如果跑道修得好，鞋子也准备得好，工具也很好，天气很好，我们跑起来自然会很快。

相对来说，“快”比较适合创业初期，特别是新产品的发布与推出。如果产品已经取得优势，功能已经胜任市场的要求，则可采用“慢工出细活”的策略，继续制造出亮点，保持竞争优势。微信一统江湖后，就表现得很保守也很慢，推出的新功能也绝对是精品；而刚进入市场时，他们采取的就是“唯快不破”的策略。

归纳来说，工匠精神的核心是追求完美，不是单纯的“快”，也不是一味地“慢”，而是如同人的双腿在交替前进：响应市场要快，一旦发现战略性机会要“快、准、狠”，千军万马地压上去，绝不优柔寡断；方向一旦明确，机会一旦抓住，则用“慢工出细活”的原则将产品和服务做到最好。

精益求精，并非要以慢为原则。小林研业打磨 iPod 后盖，其技艺绝对是一流的，也令人叹为观止，但 5 个工匠拼命打磨，一天也最多生产出 1 800 个后盖。后来，从发售初期 30 万台的出货量到 2005 年变成 2 249 万台，手工研磨的产能严重不足，苹果后来只得把订单收回，交给了流水线上的机器。日本作家根岸康雄在《工匠精神》一书中推崇了小林研业，但小林研业成为新工匠可以做得更好。

“匠造”11 条须知既是原则，也是方法论，关键看如何实践及应用。从过去培训的经验来看，不少人遵照这 11 条要求，并不断实践与强化，均取得了很好的成效。有的企业还把它张贴在公司文化墙上，目的是让员工牢牢记住，并内化到日常的行为中去。

他们能，你也能！经过“匠造”11 条须知的“打磨”，相当于为“匠品”的呈现开启了一道微弱之光。此时你可能迫不及待地想知道如何打磨“匠品”，那么，请翻开下一页。

第 5 章

匠品：美轮美奂

人类区别于其它的动物，最伟大的地方就是善于制造与发明，并将其尽善尽美。而要做出伟大的产品，你脑海中可能要记住 5000 件事情，把这些概念组合在一起，经过运作，达到你要的效果。需要注意的是，有好的点子并不能让你成功，好的想法要变成好的产品，需要做大量的工作。

乔布斯说，活着就要改变世界。靠什么改变世界？对企业来说，说一千道一万，最终靠明星产品获利。产品好一点点，价格可能增加一倍，用户还竞相购买，且常常是增加业务量，而不需要增加许多人手，用边际成本为零做相应的传播。对于个人来说，同样如此，千言万语不如用优质的作品说话。

有一次，虎嗅网 CEO 李岷针对互联网方面接连向雷军抛出 6 个问题，问雷军对此的看法，雷军的回答都是"我们只专心做出让用户尖叫的产品"。显然，如何构建好的产品体系，如何做出让用户尖叫的产品是小米公司经营的重中之重。

可以说，互联网时代的企业 CEO 必须是一位产品经理。产品经理首先得是一位成功的新工匠，用极致的产品去满足用户的需求。不断改善工艺，扎实做好技术与创新，用真正优质的产品打动消费者。

1. 匠品思维

让世界瞩目的 G20 峰会在人间天堂杭州召开时，我幸运地感受到了杭州诸多美好。当张艺谋导演的文艺晚会演出后，世界被中国惊艳到了，德国总理默克尔情不自禁地拿出手机拍下这美好瞬间——皎洁月光下，波光粼粼，乐者在水中悠悠地弹着琴，一把从水中伸起的折扇，幻化出青花的纹样，又幻化出细腻的花鸟画，灵动的蝶儿飞舞，将大美中国尽收眼底，这是张艺谋的套路与伟大。这更是张氏美学的匠心体现。

在我看来，这是一种匠品思维。因为不只是杭州G20晚会，张艺谋导演的北京奥运会文艺晚会早已让世人惊叹，包括看过《印象丽江》《印象刘三姐》的人都知道，张艺谋营造的那些山水画卷让人如痴如醉。相信每一个人都能感受到张艺谋的血液里流淌着的东西——所有的匠品呈现的是匠心供奉。商业世界更是如此。

为什么“德国制造”能享誉全球？深入研究发现，德国之所以成为制造强国，关键是产品，并非工人的严谨态度。他们的产品非常贴合人的需求，连你没有考虑到的细节都帮你提前想到了。当然，没有严谨的工作态度，也就无法考虑到用户需要的每一个细节。

匠品来自死磕产品的用户体验，来自一丝不苟地精雕细琢，来自能工巧匠的独创心思。从未听说过谁能“不费吹灰之力”就发明世界级产品，即使像乔布斯这样的天才也不能。这已经超出常规理解的产品思维，我要将它称为“匠品思维”。

然而，让人特别沮丧的是，有的企业习惯了生产“钻头”，想尽一切办法来提高“钻头”的质量和品种，或降低“钻头”的成本，然后，想方设法地把“钻头”卖给更多的人，却忘记自己生产“钻头”的目的。有趣的是，用户需要的是“孔”，不是“钻头”。

这种现象其实很普遍。那些费了九牛二虎之力的家伙茫然地说“我如此努力，为何用户不买账呢？”殊不知，这正是传统工匠落败的重要原因——为产品而产品，忽略现代感和实用性。他们往往在乎“生产者”的感受，常常沉浸在自我陶醉中，对用户真正在意的问题却考虑得不多。于是，常常闹出“用户需要孔，而不是钻头”的笑话。

我们必须明白一件事情：**产品不是用户的目的，而是用户用来完**

成某件事的手段。用户真正需要的是产品背后的那个隐性东西，如女生需要男生送的不是礼物，而是要被爱的感觉，需要某种仪式感，而有的男生不明其理，还埋怨对方太难侍候。有的企业不就是这类“傻”的男生吗？不了解用户的真正需求！

企业首先要思考用户到底要完成什么事情，而不是产品。用户的需求才是要考虑的关键，产品只不过是实现这个目的的媒介或手段而已。一篇名为《亚马逊最厉害：贝佐斯的偏执》[①]的文章提到，作者试图退掉在该网站购买的一条太大、价格13美元的运动裤时，结果收到了这样的一条惊人消息：作为一个重要顾客，无需退回该商品便可拿到退款。换句话说，在评估我作为一名顾客的重要性以及退货将令该公司支付的费用高于商品本身价值的可能性后，亚马逊公司愿意承担销售过程中的损失。

贝佐斯固执地坚守着“先创造用户价值，然后再产出商业价值”的商业理念，在长达十多年的时间里，贝佐斯不讲如何为股东创造最大价值，反而大讲如何创造最佳的用户体验。

用户体验不仅包括产品的功能属性，还包括感觉属性。例如，用户买的手机不是买手机的硬件，而是通过硬件使用软件带来的快感、美感。简单来说，做产品就是要让用户爽，而且一直要爽下去。这是企业真正需要长期关注的重要问题。何谓最好的用户体验呢？

乔布斯说：“很多人问我为什么苹果的顾客这么忠诚，这当然不是因为他们信了“苹果教”，太荒谬了。而是如果你买了我们的产品，三个月之后遇到了问题，你很快就可以找到解决问题的方法。然后，你会说，哇！苹果的人竟然已考虑到这一点了。”企业能不能在用户的前面考虑到更多的问题，这就考验新工匠的功力如何。这种功力需要新工匠匠心供奉，对用户虔诚、敬畏，深入用户的内心，全面考虑用户

① 2014年2月华尔街日报刊出的一篇文章。

需要的那个“孔”。

三只松鼠专精于用户的痛点问题，将用户体验打造到极致。例如，带有品牌卡通形象的包裹、开箱器、快递大哥寄语、坚果包装袋、封口夹、垃圾袋、传递品牌理念的微杂志、卡通钥匙链，还有湿巾。他们将行业习以为常的痛点问题从不可能变成可能。他们为什么要煞费苦心地做这些呢？不为别的，只想实现更好的用户体验。他们从细节开始，并贯穿于每一个环节，让用户感知，给用户带来惊喜。

正是因为将产品做到极致，这个 2012 年 6 月才在天猫平台上线的公司，65 天后成为中国网络坚果销售第一；2012 年“双十一”创造了日销售 766 万的奇迹，名列中国食品的电商第一名；2013 年 1 月单月销售额超过 2 200 万；2015 年营业额达 25 亿。

产品外观再花哨，若不能解决用户的刚性需求，有什么意义呢？作为新工匠要用放大镜将痛点放大 100 倍，让用户由开始的“痛”变成后来的“痛快”。将行业习以为常的痛点问题，从不可能变成可能，从用户想不到到发出尖叫声，如此你就成功了。

宁波方太厨具公司没有走传统创业者的模仿路线，而是深入到用户中间，找到用户的痛点问题，进行深度挖掘。他们喜欢找被多数人当作特例忽略的“极端”客户。例如，第一款产品就研发出“罩电分离，拆洗更易”的新型机，专门解决用户拆洗困难的痛点问题。后来，第一款产品被称为 A 型机。这一款产品历经 8 个月才被开发出来，通常情况下，开发一款产品仅需 3 个月左右的时间。A 型机一经推出，就引起市场的强烈反响。①

谁能解决用户的痛点问题，谁就能获得用户的青睐。如何发现用户的痛点呢？除了深入调查，对用户有全面认知外，就是要有前瞻性

① 《大道与匠心》是资深财经主笔王卜讲述了方太从创业到腾飞的历程，于 2016 年 1 月由中信出版社出版。

思维——你要不只一次地问：三年以后、五年以后，用户最关心什么问题？要是实在想不到，类似的问题用户能给予回答。伟大的领袖毛主席是这方面的鼻祖——群众路线：从群众中来，到群众中去。

另外，企业还要考虑用户的兴奋点。所谓兴奋点，指人在潜意识里所具有受到刺激极易引起兴奋的敏感区域，即让用户尖叫的那个关键点。这部分往往隐藏在用户的心里，一般不易发现。具体怎么做，除了自己用心体会、努力感知外，到用户那里去，他们会告诉你。

拥有匠品思维的新工匠绝不是“宅”在家里的技术男，而是通人性的“大牛”，远远超出用户的预期。他们有一种“物”不惊人誓不休的气概，有不让用户发出“哇噻”声绝不回头的钻劲。

产品是否能够博得消费者的青睐，取决于是否对消费者进行了细致的分析和研究。对他们了解多少，他们对某种商品做出购买决定的真正原因是什么？必须有效的运用“恰当并且出人意料”的利益定位的方法，在消费者的脑海中寻找他们对于产品的期望的核心要点在哪里。

除了痛点，兴奋点，还要考虑情怀问题。锤子手机创始人罗永浩一句“不为输赢，只为认真”的表白就俘虏了无数“罗粉”的心，无数“罗粉”喊出“你只管负责认真，我们帮你赢”的口号。他宣传的不再是一款产品，而是一种情怀。

我们正处在技术与人文的交叉点，新工匠既要懂技术，又要懂人文情怀——**功能是产品的必然属性，情感上升是一个优秀产品的标配。**当人们心甘情愿为苹果产品付出高溢价时，并非因为苹果手机比其它手机有更多的功能或更加优秀，而是因为人们寄托了对苹果产品的完美情怀。

面对产品类别越来越丰富的今天，80、90 后一代更向往价值层面的契合，给他带来的体验是否够酷、够爽、够炫耀。因此，新工匠需要为用户提供产品之外的人文价值和情感价值，需要考虑到用户心中那个柔软的点。

“情怀”对用户来说会越来越重要，而且会在未来数十年中持续增强。目前，我们还看不到任何阻止或削弱他的力量。这很有可能就是新工匠时代区别于以往任何时代的重要特征。

2. 关注极端用户

对于传统的美国家庭而言，咖啡是其每天必须消耗的重要饮料之一，但对于一些美国的家庭主妇来说，煮咖啡是每天最烦心的事。如果按照传统咖啡机操作手册上的提示，煮一壶咖啡需要先后完成 6 个步骤，其中还夹杂着非常具体的计算过程，比如多少调羹咖啡兑多少盎司的水，费时费心。

这在一般人看来，想享受美味就得付出一定的努力，这很正常。即便是行业内的高手也会说出“无能为力”之类的话。然而，绿山咖啡独辟蹊径，跳脱咖啡领域，通过一种名叫克里格的单杯咖啡机以及跟它配套的咖啡 K 杯成功赢得了美国家庭主妇的青睐。

再比如，方太厨具发现了一个以前被忽略的关键点，就是嗅觉上的感受。即便看上去油烟已经全部被吸进去了，厨房里也还有味道。他们将炒辣椒之后的呛鼻味道吸干净作为一种衡量标准。

在过去，极端用户往往被当作忽略不计的群体，被企业过滤掉，因为极端用户的要求苛刻，属于少数群体，一般企业认为重视与开发的价值不大，而解决极端用户的困难和难度却很大。

然而，别人都知道的没有价值，对手在做的事情不一定有“大油田”——可能是什么比真正是什么更重要。最容易被忽视的地方往往最有价值，最司空见惯的地方最有可能产生创新。

关注极端用户的需求有可能挖掘出巨大的价值，这种极端需求可能成为未来三五年后的刚需。十年前，我们都希望电脑系统安装可以简单容易些，最好是能一步到位，那时普遍认为这是不可能的，也没有人会去深挖这一极端需求。而今天，电脑“一键还原”功能是多么普遍的事啊！

别人都不愿意做的事，或者别人没有做的事，可能有更大的发展空间。而那些你知我知的事情，不但市场空间狭小，而且竞争也激烈。关注极端用户是一种逆向思维，是一种创新思维。关注极端用户意味未知领域的探索，它是产品创新的一种路径，很可能开发出一片蓝海。

“关注极端用户”是一种追求极致的精益思想，一种疯狂的完美主义。即便你已经做得很好了，仍然不能忽略那些极端用户的需求。总之，**关注极端用户的需求是挖掘引领市场的创新行为——与其在内部冥思苦想新点子，不如从极端用户那里获得灵感。**

问题是如何找到用户的极端需求。一般的市场调研方式很难找到极端用户的痛点，**比市场调研更高效的办法就是从一片骂声中找到灵感——越是激烈碰撞的地方，就越是能产生价值。**那些投诉、抱怨和留言就是最好的调研，因为它们能有效观察到事情的本质。对那些看似“极端”的用户不但要深入交流，而且要想办法找出深层次的问题。

极端用户既包括不喜欢公司产品的消费者，也包括极喜欢公司产品的消费者。他们会比较活跃地发表自己的意见，因此并不难找。

3. 简约就是美

1769 年，汽车刚刚问世时，车架前段放着一个大锅炉，这个复杂的怪东西走起来浓烟滚滚、蒸汽腾腾。如今的汽车外观线条感很强，操作也简单方便。例如，新上市的特斯拉汽车以简洁著称。

最早诞生的计算机是一个有 18 000 个电子管、1 500 个继电器、总体积 90 立方米、占地 170 平方米、耗电量为 140 千瓦的复杂的庞然大物。如今的笔记本电脑外观越来越轻薄，操作越来越容易，携带也极其方便。

初期的照相机体积庞大，笨重复杂，曝光所需的时间很长。照相时要选择好天气，且必须在晴天的中午，让照相的人在镜头前端端正正地坐半小时左右。如今，每个人手上都有一部“照相机”，随时随地可以拍照。十年前恐怕难以相象，“拍照”可以这样亲密地进入到每个人的生活。

亚里士多德曾说“自然界选择最短的路”。世界向着简单、简约、简化的方向演进，这种趋势越来越明显。外在极简，内涵丰富，这就是当今产品追求极致的体现。国外流传一句话：我们喜欢简单，因为上帝创造宇宙的时候，定下来的规则也非常简单。

“极简”是一项法则，它符合事物发展的客观规律。“极简”不是单纯无知，也不是头脑简单，而是经过复杂之后的高级简单，是一种人性化内在需求的体现。我几乎没有听说谁喜欢复杂，追求简单是人性的基本需求。

“极简”是一场革命，使复杂的事情简单明了。“极简”不是管理上的浅薄无知，而是经历复杂之后的升华，是一种化繁为简的智慧。通常大公司的品牌宣传用语就简单好记，切勿浪费较多东西去做用较少东西就可以做好的事情。

顶级工匠大师做出来的产品，去除了复杂与花俏，呈现的是一种简约风格。意大利知名设计师无不遵循这一准则，连绘画这样的艺术，大师们的经典作品都透露着极简主义风格。

第二次世界大战之后，20 世纪 60 年代兴起的一种艺术派系——极简主义，就是以简单到极致为追求的设计风格，在感官上简约整洁，在品味和思想上优雅大方。如今，网页的设计风格越来越简约，体验上却越来越好。网页上如果是密密麻麻的文字会让人窒息，把大量信息“塞”给用户的做法，就像玩“掩耳盗铃”的把戏，自欺欺人。

演讲用的 PPT，要“消灭”密密麻麻的“吸血”文字，得简约、大气，去除复杂冗余的部分。一个页面可能一句话或一个词，只要是经典，就能打动听众的心。万达公司就有规定，PPT 必须是极简风格，一般开会不许超过 10 张，给董事长、总裁汇报基本不许超过 3 张。当然，这 3 张必须是筋骨。如果领导问细节，后面有更细的链接。

微信刚推出时，为何可以迅速抢占大片市场，坐上移动社交的霸主位置？不只是有 QQ 这一“后台”支持，还有“摇一摇”，这一功能深得用户喜欢，没有任何菜单和按扭，只有一张图片，不用任何学习，也不用看任何的文字说明，做一个动作即可。说来说去，全是“简约”的功劳。

人性是比较懒的，能少走一步，绝不多走一步。如果还需要详细的文字说明，产品体验肯定打折扣。现在人们使用新手机时，根本不用看说明书，手机包装盒里也没有说明书了。这不是人变聪明了，而是手机软件越来越简单实用了。

所以，**产品设计必须做到“看起来简洁”“用起来简化”“说起来简单”。**“看起来简洁”即从视觉上看起简单、整洁。形式上简化，方法上简单，内涵上则要深刻和丰富。“用起来简化”即内在操作要简化，让产品用起来简单，操作流程简化，做到一看便知，一学便会。“说起来简单”即简单好记，一句话能说清楚的，绝不用两句话，往往能达到一传十、十传百的效果。

4. 打磨三字要诀

这个世界很奇妙，既要慢工出细活的精微，又要小步快跑的迭代，这就是新工匠时代与众不同的地方。对企业来说，一点也不轻松，充满无限挑战。不但要把产品做到极致，无可挑剔，还要“天下武功，唯快不破”抢占市场先机。

“微信之父”张小龙说：“产品是演化出来的，我们不可能知道半年后的产品形态，规划是骗人的”。今天，很难一次性将所有的问题想清楚、一次性解决用户所有的需求。我们过去热衷“十年磨一剑”“一炮而红”的产品执行理念，现已成为“明日黄花”，而代表当今最活跃的产品理念“微”“快”“渐”如三架马车奔袭而来。我把其称为匠品打磨三字要诀。

- 微，指微创新，从细微的需求出发，每一个细微的改进都是一次创新的机会；
- 快，指速迭代，快速出击，不断试错，在用户的帮助下改正错误；

✿ 渐，指多频次，进行 100 次甚至 1 000 次的更新，“完美”随之而来。

即使堪称经典的 iPhone 手机产品也遵循这一逻辑。乔布斯可不是灵光乍现发明了 iPhone 手机，而是在 2000 年时开发 iTunes 和 iPod，并不断更新与迭代，这为 iPhone 手机问世奠定了基础，直到 2007 年才有 iPhone 手机问世，之后到 2010 年发布第四代产品 iPhone4，引得了世界极大的追捧和销售热潮。目前，所有的手机软件开发都在遵循这一个逻辑。

传统的工匠没能驾驭“微、快、渐”这三架马车，所以落伍了。例如，魅族手机因此错失了过去五年手机市场的大好机会，能否追上过去错失的五年，就看其能否驾驭好这“三架马车”。

“微”即不以善小而不为，细微的进步总比没有进步强。有时候，就是那一点小小的改进打动了用户的心。“微创新”并不意味着能一炮而红，实现“一招制敌”的效果，而是需要持续不断地找到用户那个点（需求）。最终，当“微创新”出现叠加效应时，很可能就是革命性突破。

你的产品可以不完美，但是只要能打动用户心里最甜的那个点，把一个问题解决好，有时候就是四两拨千斤。当年所有播放器都没有歌词功能，千千静听就做了这一件事儿就成功了；另外，暴风影音就是把国外很多解码器打包在一起，让各种常见格式都能播放，靠这一件就火起来了。

如果想做到时时“微创新”、事事“微创新”，就得把握“小处着眼”的基本原则，零距离贴近用户，钻进用户的心里，把自己当成一个老大妈、大婶那样的普通用户去体验产品——无微不至地体验、“斤斤计较”地苛求、细致入微地延伸。这样就能在多方面进行产品的“微创新”。

有时手机上的软件更新时，并不是每一个用户都能感知到具体哪不一样了，但却感受到“他们一直在努力更新”。打动用户的并不是改进的“大”与“小”的问题，而是“有”与“无”的问题——让用户感受到那颗孜孜不倦的“匠心”。而那些不屑于做“微创新”的人，盲目追求大变革和大突破，结果什么也没做出来。所以，绝不能指望于做一个产品就名扬天下。

“快”即速迭代。为什么魅族手机的研发能力很强却输给了后起之秀的小米手机？过去这些年魅族手机款式少，更新也慢，主要是创始人黄章犯了一个浪漫主义的错误：他用三年时间将自己关在房间里，要研发一款超级极致的、领先市场的手机产品。结果，过去这些年来小米手机、华为手机的发展速度之快及用户对智能手机的需求远远超出黄章的想象。如今，黄章坦诚自己犯了“一炮而红”的严重错误，制约了魅族手机快速做大做强的机会。

在“微创新”的思维驱动下，有一种思维叫“精益创业”，其核心观念是“快速做出最小可行性产品”。什么是“做出最小可行性产品”？简单来说，就是做出一个产品雏形，用最简单的方式开发出来，体现了项目的创新，能够测试和演示，功能可能极简，但开发成本最低甚至是零成本。“精益创业”就是将产品的开发周期缩短，将每一次细微的创新快速推向市场，用很多的小胜赢得最终的大胜利。

《创新者的窘境》一书中提到，技术进步的步伐要快于市场需求增长的速度，并且“技术越进步，产品生命周期的更迭就越会缩短”，将这种逻辑推导到极致，产品周期会无限趋近于零。

所谓“速迭代”就是快速出击，不断试错，让用户帮助错误者改正错误。新工匠不追求一炮而红，也不独自闭门造车，他们在试错中不断更新与完善，从而帮助用户解决更多的问题。试图一步到位的人，研发速度永远也赶不上需求的变化。如果秉承完美之后再推出的心态，可能永远也推不出自己的核心产品，因为用户的需求日新月异，永远都没有最好，只有更好。

我把它称为“先开枪、再瞄准”。有人笑问：“不瞄准，咋发射？”我回答说：“先开枪，再瞄准，边走边打，只要方向没错就行”。即先做再说，边做边修改。最后，经过多频次地完善与改进，最终呈现给用户的是完美的体验。

传统的工匠就输在这里，他们处处都是“慢工出细活”，结果错失大好良机。所以，我们不能想当然以自我为中心进行闭门造车，也不要因为害怕犯错而固步自封，而要小步快走式的不断更新迭代。判断一个想法是否正确唯一的标准就是用户是否满意，即每一步小小的改进，立即让用户来给你打分，让用户来告诉你下一步前进的方向，然后迅速改进，并继续前行。

当然，不要乐观地以为有“微创新、速迭代”就够了，它就像你拿了半部“葵花宝典”一样，弄不好会让你“走火入魔”，前功尽弃。假如只关注到“细微”和“速度”，完美就很可能弃你而去。所以，不能单独运作，必须是“微、快、渐”三架马车并驾齐驱。

“渐”即多频次，循序渐进。所谓“多频次”就是你要不断地进行“微创新”和“速迭代”，永不止步；不追求“一炮而红”、不迷信“十年磨一剑”的大创意，而追求多频次的微创新——积累小胜，达到大胜。

互联网产品在这方面具有先天的优势，能够在线更新，及时调整，极易操作，使得“微创新”“速迭代”“多频次”的产品思维得到迅速的应用和推广。

一般的企业可能不具备这样的先天优势，但可以改变产品的更新周期。许多工匠型企业正朝着这个方向努力，将很快会达成共识。若能将传统制造的工艺流程接轨工业 4.0、3D 打印技术，就能让“微创新”“速迭代”“多频次”这三架马车跑得更快、更稳。

误读 2：极致主义

何谓工匠精神，无数次的在课堂上进行问答与验证，学员基本都会说出“精益求精、追求极致”这样的话。它确实是工匠精神的重要内涵之一。然而，古老文明中有不少的工艺品，如今只是躺在博物馆供人参观。虽然看起来很精致，但是没有生命，也没有未来。这种一味追求极致，忽略其它方面的要求，以偏概全的工匠精神要不得。

针对一些传统的工艺，复古主义的传统手艺人欲将其复制或还原，实在是不值得，也没必要提倡。但是如果能取其精华，去其糟粕，注入新元素，就会变得完美了。只有进入现实生活，将它们运用到现代人能使用的地方，让人们去爱它、穿它、用它，才有现实价值——从纯粹的工艺产品走向精致的商品。

目前，那些流传下来的工艺绝活，得到人们的喜欢与青睐，就是不断推陈出新、百般求变的结果。它们既不脱离“实用性”，又讲究“艺术性”，即实用性与艺术性不可分离，犹如“阴阳和合”一般如影相随。

今天，也有企业盲目追求某方面的极致。例如，曾有手机厂商盲目地追求轻薄，立志成为行业最薄的手机，甚至要创吉尼斯记录。问题是用户真的需要这么轻薄的产品吗？忽略消费层级的问题去追求所谓的极致，不过是以战术上的勤奋掩盖战略上的懒惰，最终会导致商业道路上的南辕北辙。真正的极致是以实用为前提，以美感为方向，不断精雕细琢。

有一句话说得好“爱到极致是盲目，痛到极致是麻目。”追求极致固然是好事，但要警惕陷入盲目中。假如失去实用性，一味追求极致，没有任何意义。很多城市喜欢构建标志性建筑物，往往追求外观奇特，形状迥异，如果失去实用性和长久性有多大的意义呢？有的物品外形美观奇特，内在质量却很糟糕，用不了几天就破损不堪，这种追求外形极致，却缺乏实用性的物品实在是要不得。

新工匠是那些瞄准人性的务实需求生产高性价比的产品，瞄准人性的虚荣需求选择生产奢侈品的人。绝对不会盲目追求某方面的极致，也不会用纯粹的个人情怀在某个点上追求极致，他们会以用户的实用性和美好体验为前提追求极致。我相信，这样的工匠精神才能发扬光大。

第 6 章

匠意：不破不立

“精华在笔端，咫尺匠心难”，既在于“匠”，更在于“心”。墨守成规之心不是匠心，生搬硬套之心不是匠心。匠心是独特的创造，即使很小的一片地方也需要别具一格的巧妙心思。从众之心只会与匠心南辕北辙，越行越远。

明代袁宏道留下《吼山观石壁》的诗文，曰：“知不是天造，良工匠意成。千年云气老，七日浑沌生。”所谓匠意，指巧妙的创作意念。如果说“匠造”需要坚守，那么“匠意”就要突破，不破则不立。

不破除旧的，就不能建立新的。在写作本书时，感觉有一种特殊的压力，要时时拷问自己：匠心在哪？如何能“匠心独运”起来？我尝试多种突破，难免存在些许的偏颇，但意在探寻更多未知的世界。

1. 突破匠心之枷锁

匠心难，难在“破”。虽然讨论有关工匠精神方面的书籍很多，但关于工匠的创新，则凤毛麟角。匠心的本意是能工巧匠的心思，常指创造性的构思，其核心是创新。而大多数人将匠心理解为对产品品质的死磕，这是不全面的。从某种意义上说，新工匠就是要回归工匠“创造”的本质。

工匠的核心是创新。所谓创新，是指为了发展的需要，运用已知的信息，不断突破常规，发现或产生某种新颖、独特的、有社会价值或个人价值的新事物、新思想的活动。

创新的本质是突破，突破旧的思维定势和旧的常规戒律，追求新异和独特，这有益于人类的幸福和社会的进步。创新的核心是新，它是产品的结构、性能和外部特征的变革，或者是造型的设计、内容的表现形式和手段的创造。

论创新，美国工匠优于德国工匠与日本工匠。美国工匠的骨子里流淌冒险的血液，他们的祖先开垦美洲大陆时，没有规矩的约束，也没有历史的包袱，只要有能力，敢于冒险，就能获得大量的财富。因此，创新与冒险成为美国工匠的主流文化，也一直沿袭到今天。

其实，我们有创新的基因。历史上，老祖宗崇尚创新，开创了灿烂的历史与文明。如何培养具备创新精神的新工匠，是本书的重要课题。

在现实生活中，许多因素阻碍了创新基因的发展。例如，工作场所常传来这样的声音：

"为什么要改？"

"以前运行得好好的！"

"我们从来没这么做过呀！"

"领导绝不会赞成的。"

"老狗学不来新把戏。"

"我们会变成别人的笑柄。"

……

你是否也经常听到这样的说法呢？这样的声音容易使新的想法被抹杀。本来可以让大脑多运动一下，结果嘎然而止。这些语言像"慢性毒药"一样，说的越多，对人的伤害就越大，无形中"毒杀"了我们的创新基因。这些语言折射出不愿革新和不愿承担风险的心理，长期以往不但不可能成为新工匠，也会阻碍企业的正常发展。企业可以禁止员工说类似的话，个人也可以从大脑词典中删除这样的话。

在传统工匠的眼里，师傅怎么说，徒弟就怎么做；原来怎么做，现在就怎么做。他们往往把心思花在"极致"上，或者达到师傅的标准就是他们梦寐以求的目标，创新往往很少。某些技艺失传或低于师傅的标准成了常态。

我在讲授创造力课程时，有这样一个练习：用一笔将九个点连接起来，而且只能出现四条直线，九个点分别在上、中、下三行，每行三个，点与点的间距一样。注意只能用一笔画出来，中间不能断线，否则就算两笔或两笔以上。各位读者，不妨先关上书，想一想，连一连。

假如是第一次做，很有可能做不出来，通常会多出一条线。那些画一个“米”字的人，就是没能理解练习题的意思，因为“米”字代表四笔了。大多数的人受制于定势思维或经验主义的影响，会局限在九个点里面。拥有创造性思维的人则会将线延长出去，就能将九个点用一笔四条直线连起来了。

创新无处不在，人人都可以创新。很多时候由于某些限制性思想的影响，导致无法走出一条新路来。目前，有关创新的重要性几乎无人不懂，但绝大多数人仍然止于创新，对创新似乎无计可施。其主要原因就是脑海中有太多的思维枷锁，这些枷锁将创新封印于某个角落，一时难以开启。它就像“花千骨”被“封印”于蛮荒之地，纵使有洪荒之力也无法施展。常见的枷锁有心理之墙、随大流、权威主义和自我设限，这些思维将人们禁锢在复制、抄袭的路子里。

枷锁 1：心理之墙

所谓心理之墙，指按照积累的思维活动经验教训和已有的思维规律，在反复使用中所形成的比较稳定的、定型化了的思维路线、方式、程序和模式。

举个简单的例子：如果给你看两张照片，一张照片上的人英俊、文雅；另一张照片上的人丑陋、粗俗。然后对你说，这两个人中有一个是全国通缉的罪犯，要指出谁是罪犯。你大概不会犹豫吧？可结果往往不一定。

对工作上的问题总以习惯性思维判断，形成所谓的定势思维。记得有一次，早过了下班时间，我突然想与一家公司谈合作。于是，就让助理打电话过去。助理跟我说，“老师，您看几点了，人家早下班了。”我说，“你不试一下怎么知道呢？我们可以加班，人家为什么不可以加班呢？”结果，电话打过去时，他们果然还在加班。可能因为彼此都在加班，有点惺惺相惜的感觉，双方很快达成了合作。后来，我的助理得到的启示是，绝对不要用昨天的习惯思维看待当前的事物。

按照传统的习惯，不愿意多想，原来是怎么做现在也怎么做，几乎不考虑另外一种解决方案，这种思维被称为“心理之墙”。这在工作和生活中很常见，例如，参加会议时，刚开始坐什么位置，之后就一直坐什么位置，不会考虑改变一下。再比如，很多人每天上下班走同一条路，十年下来从未改变过。这样的定势习惯越严重，“创新”就会离他越来越远，如何能看到他的匠心呢？

个别传统工匠除了在技艺上谋求登峰造极外，在其它方面则形成了固化模式——不愿在工艺流程上、产品种类上求新求变，只停留在个人主观的“极致”浪漫中，忽略产品的实用性和现代感。这种一成不变的思路及从不去换一种方式的行为会导致其陷入泥潭。

枷锁 2：随大流

你本来打算买件得体时尚的上衣，但当看见商店里人头攒动，在争相购买某种款式的衣服，你是否也跟着进了这家店？你也许不一定看得上，但买者都啧啧称赞，其观点和看问题的方法又和你有某种暗合，加上营业员的推销你就动心了，甚至砍价也不那么卖力了。这样的情形你有吗？

开会时，一看大家都这么认为，自己就不去想，也不愿想了，就表示和大家意见一样。即使有自己的看法，也不去表达及坚持，总是害怕自己说出来会成为大家的笑柄。

再比如，学生时代报考专业，你看什么专业热门就选什么专业，也不考虑自己是不是适合，是不是具备一些优势。这样的做法就是典型的“随大流”，也叫从众心理，与人的独立性相反。

“随大流”指个人受到外界人群行为的影响，而在自己的知觉、判断、认识上表现出符合公众舆论或多数人观点的行为方式。当别人这么认为时，也不假思索地认同，见风使舵，甘愿做跟随者。从众性强的人缺乏主见，易受暗示，容易不加分析地接受别人的意见并付诸行动。

有的人习惯于行业里的做法，也不愿多了解与借鉴其它行业的做法。特别是在商业领域，一旦某公司出现新款产品，大家就一窝蜂的跟上。这样做省成本，也没有风险，导致很多人不愿意自主创新。

不同类型的人，从众行为的程度也不一样。一般来说，女性多于男性；性格内向和有自卑感的人多于外向和自信的人；文化程度低的人多于文化程度高的人；年龄小的人多于年龄大的人；社会阅历浅的人多于社会阅历丰富的人。总之，“随大流”的思想占据不少人的脑海。如此，匠心何在？创造何在？

枷锁3：权威主义

所谓权威主义就是对权威的服从，对理想化的道德权威持不加批判的服从态度，反对主观、想象和空想，比较迷信旧框框，总是相信个人命运是由神秘的因素所决定的，倾向于按照僵硬的公式来思考问题。

受权威主义影响深的人，总念念不忘统治与从属、强大与弱小、领袖与追随者这类关系。他们以权威人物自居，过分强调自我的传统品质，甚至过分主张力量和强硬。

过去，传统工匠多是师徒制，对师傅的敬畏上升到“言听计从”。“师傅的标准是最高追求”是不少人难以逾越的鸿沟，尤其对行业里大师级人物更是如此。

有的人对上级说的话惟命是从，从来不会有自己的声音；还有的人对书上说的照搬照抄，认为书上说的一定是对的；更有甚者明明发现了问题，宁愿相信“领导肯定不会错”“书上肯定是对的”，也不去深究，听之任之，结果酿成大祸。

当然，我们要遵循原则，但不能一味地“言听计从”。俗话说，上帝也有犯错的时候。权威主义是新工匠的大敌。“领导总是对的”这种思想影响越深，就会越依赖领导——自己就不愿多思考，也不愿去创新。实际上，领导对现实情况的了解并不一定比下属多。

枷锁 4：自我设限

为什么有的传统工匠会固守于一事上？其中有一个原因是自我设限。他们对自己的能力认识不足，认为自己除了会干这个，干不了其它的，也不敢去突破与创新。

别人的失败令自己望而却步，对自己很没有信心，总觉得自己本来就不如人，他们都没有做到，自己又怎么会做到呢？这都是自卑心理在作怪。

之所以如此想，常常是由于过去的失败影响太深，活在过去的阴影中，忽略自身和环境的变化。总用过去的眼光和思维而不是用发展的眼光和思维看待今天的事物，忘记了“过去不等于未来”的道理。

有一只大象在动物园发生火灾时，没有挣脱拴住它的铁链而去逃命，原因是在它小的时候脑海中被植入了“无论怎么努力也摆脱不了铁链”的事实。这种自我设限如毒瘤一样，束缚人的一生。

所谓自我设限，就是在自己的心里面默认了一个“高度”，这个“高度”常常暗示自己：这么多困难，我不可能做得到，也无法做到，成功机会几乎是零。它像一块顽石阻碍着人们前进。

古人云：蜀道难，难于上青天。用今天的眼光看，这不过是方法、途径不对而已。虽然修炼匠心不易，但并不是无迹可循。研究发现，人人都可以成为创新之人，关键是如何突破创新的枷锁。我认为，最简单有效的办法就是质疑、好奇、敢想及训练。

方法 1：“非这样做不可吗”

在一艘轮船上，有四名乘客，医生、画家、物理学家、哲学家。突然，轮船出现问题，船长说，必须跳下去三个人，否则这艘轮船就会沉没，现在船长让四个人每人说一句话，证明自己的价值。

医生说：“我治病救人，其价值不言而喻。”画家说：“我创造艺术，给人们提供永恒的美学享受。”物理学家说：“我研究世界，这不仅满足人类的求知欲，也为人类的科技进步提供理论基础。”哲学家说：“哲学的价值，我三言两语说不清楚，但我能拆下船舱内的座椅，然后把它们扔掉，这样我们谁都不用跳下去了。”

哲学家不是在反思自己对社会的价值，而是在反思船长的话，船长为何要三个人跳海呢？因为轮船出了故障，要通过三个人跳海才能解决，否则大家都得死。

哲学家自然不懂轮船的机械结构，不清楚究竟是出了什么故障，但他能推理出一点，那就是这个故障是可以通过让三个人跳海来解决的。而让三个人跳海，实质就是减重。此时，哲学家就在想，有没有不用牺牲人员也能达到减重目的的方案呢？他看了看自己坐的座椅，立即想出了好点子。

这个故事给我们的启发是：打破思维定势，不拘泥于传统，谋求多方面的创新。即经常提醒自己有没有其它的做事方式，或问自己“非这样做不可吗”“说不定会有更好的办法”，没有必要总按过去的习惯做事。这样懂得适时质疑，常常会出现“柳暗花明又一村”的景象。

用质疑的眼光看待一切司空见惯的东西，哪怕是对自己的上级，也不妨问问自己：“上级的办法是否只是其中一种”“要想解决这个问题，我有没有更好的解决办法”。

胆怯是最危险的敌人，“进攻性”是新工匠必须具备的素质——对前人的成果大胆质疑，勇于超越。这种质疑的习惯刚开始需要刻意，一段时间后就会进入潜意识，久而久之，就能迸发出各种各样的创意。

方法 2：“为什么呢”

牛顿对一个苹果产生好奇，心想“为什么呢”，于是发现了万有引力。瓦特对烧水壶上冒出的蒸汽十分好奇，心想“为什么呢”，最后改良了蒸汽机。伽利略也是看见吊灯摇晃好奇进而发现了单摆。

几乎每一个科学家的事迹都可以告诉我们，他们的一生是对大自然充满了好奇的一生，正是这种好奇心引导他们一步步攀登科学的高峰。

心理学认为，好奇心是个体遇到新奇事物或处在新的外界条件下所产生的注意、操作、提问的心理倾向。好奇心是个体学习的内在动机之一，是个体寻求知识的动力，是创造性人才的重要特征。

人的天性就是好奇的，小时候表现得特别明显。不过，随着年龄的增长，受“心理之墙”和“随大流”等思想的影响，渐渐被磨灭了。准确来说，是人们将好奇心隐藏起来了。

越是好奇，越可能想到新点子。俗话说，好奇心会驱使人发现新大陆。许多科学发现往往是因为好奇心驱使。好奇心是人类进步的动力，很多发明创新都不是为了升官发财或满足自己的虚荣心，而是为了满足自己的好奇心。

好奇心能突破自我设限，能让自己不被“过去”限制，而用发展眼光看待今天和未来。这种好奇心，能让人诞生“初生牛犊不怕虎”的气概，让人迎难而上，不畏惧现在，也不畏惧将来。假如遇到有点奇怪的事，不妨自言自语地说“为什么呢”，要探个究竟，弄个明白；遇到有点挑战的事情，就跟自己说“试试看”，说不定就会有新的发现。

那么，如何提高自己的好奇心，并不断问为什么呢？

首先，保持好的阅读习惯，让自己每天可以获取新东西，发现更多未知的东西。英国剧作家萧伯纳说过：“好书读得越多越让人感到无知”。相反，读书少的人往往以为自己已经差不多了，自己懂的不少了，殊不知知识的海洋是无穷无尽的。

其次，就是激发兴趣。兴趣是最好的老师，没有兴趣再有问题也是不行的。只有对它感兴趣才可能激发探究的欲望，好奇心才会源源不断地产生。

然后，遇到自己不懂的地方，千万不要忽略它，要问问自己“为什么”。这样就能激发一个人的兴趣，并对问题产生疑惑，内心才会有解决疑惑的冲动。

最后，就是要注意细节。经常观察自己周围生活的变化，留心周围的人和事物的改变，这样容易发现原来我们身边时刻都在发生变化。

方法 3：“一切皆有可能”

一切皆有可能就是敢想。敢想，即要打破守旧思维，敢于创新。天才往往跟“异想天开”联系在一起。无论是早期的富兰克林，还是近期的埃隆·马斯克，他们都是一群“异想天开”的人，正是因为他们比常人敢于想象，所以才创造了超乎常人的成就。

《说文解字》曰：敢，进取也。意思是敢于冲破某种束缚去思考问题、发表见解并付诸于行动。可以说，敢想敢为是超越竞争对手，达成目的的关键所在，它能够帮助人们谱写精彩人生。

脑海里永远放着一句话：一切皆有可能。没有不可能，只是暂时还没有找到方法。所以，不怕冒风险，“大不了重新来过”“没有什么比尝试一样新事物更刺激，更让人充满干劲”。

一群有个性的新潮之人要避免“随大流”思想的影响。即使别人是对的，也可以逆向思考一下，问问自己能否反其道而行之。当自己有不同的意见时，要敢于表达出来，并坚持自己的意见。不要担心自己的新想法荒诞不经，给大家讲讲，如果大家听了神色困惑，甚至哄堂大笑，就有希望了。

方法 4：训练

任何事情都可以通过训练得到提高。当然，这会受到人的天赋及训练频次的影响，导致提高的程度有所不同。“匠心”也不例外，同样可以通过不断的训练得到提高。

我的方法是，坐车或看电视时，发现很多的广告，要琢磨这些广告是面向谁的，想告诉大家什么，“假如我是这家公司的业务经理，会做这样的广告吗？”或者站在广告公司的角度想“能不能写一条略有不同的广告语呢？”这种训练持续一周以后，就需要换车或换频道，因为你看到的都是同样的广告。

当这样的训练持续了 3 个月，你的大脑就会变得不再无精打采，而是跃跃欲试。以前的心理定势就会慢慢改变，大脑也会脱胎换骨。这种训练持续 1000 天的时候，就会进行高达 1 万多次的思考。每天脑海里如此波澜起伏，就会养成“独具匠心”的习惯。

也可以做有关创新方面的思考题和练习题，并在工作上进行不断实践与尝试。在时间允许的情况下，经常换一个思路或方法，试试能不能做得更好。即使领导给了方法和思路，不妨想“领导的办法只是其中的一种，有没有其它方法呢？”在这一点上，绝不能养成“领导怎么说就怎么做”的坏习惯。

最后，要多参加讨论。“独学无友，孤陋寡闻”。与同学们一起讨论、争辩，互相启发，碰撞灵感，可以获得更大的成效。总之，只要勤加练习，人人都可以创新，处处都可以创新。

2. 换一条路走走

假如有一个人往前往后都走不通，怎么办？乍一想，这叫无路可走。可仔细一想，答案却很多，可以往左走，可以往右走，还可以侧面走。条条大道通罗马，如果一条路被堵住了，就找另外一条路。没有走不通的路，只有不愿尝试的人。所谓创新，就是换一条路走，虽然会有风险，但机会也伴随其中。

创新有时需要离开常走的大道，潜入森林，你肯定会发现前所未见的东西。爱因斯坦说，在科学上，每一条道路都应该走一走。发现一条走不通的道路，就是对科学的一大贡献。

下面是一个感人的故事：

迈克在求学方面一直遭遇挫折，高中未毕业时，校长对他的母亲说："迈克或许并不适合读书，他的理解能力差得叫人无法接受，他甚至弄不懂两位数以上的计算。"他的母亲很伤心，决定自己教他。然而，无论迈克怎么努力，他也记不住那些需要记住的东西。迈克很伤心，他决定远走他乡。

许多年后，市政府为了纪念一位名人，决定公开征求设计名人雕像的雕塑师，众多雕塑大师纷纷献上自己的作品，最终一位远道而来的雕塑师被选中。开幕式上，他说："我想把这座雕像献给我的母亲，因为，我读书时没有获得她期望中的成功，现在我要告诉她，大学里没有我的位置，但生活中总会有我的一个位置。”这个人就是迈克。

人群中迈克的母亲喜极而泣，她知道迈克并不笨，当年只是没有把他放在对的位置而已。

所以，做事时要善于尝试新的方法和途径，如同人不能总穿同一件衣服，要适当换个款式，这会让人眼前一亮，说不定还会出现“柳暗花明又一村”的景象。俗话说，“树挪死，人挪活”，重复走在老路上，却妄想自己过得更好，怎么可能！

河水为什么最终能够流向大海？它知道转弯、绕过和迂回，不是一味地向前冲、向前闯。

做事需要勇往直前的闯劲、逆水行舟的拼劲、明知山有虎偏向虎山行的勇劲，但绝不是盲目地闯、不分青红皂白地拼、不动脑子地勇！要如“河水”一样灵活，在此路不通的情况下，及时、果断地调转，寻找另外一条路。

为什么很多人不去尝试呢？是缺乏勇气！是缺乏面对新事物和变革的勇气，而勇气往往决定了人的事业的大小。即使你的路暂时没有被堵住，也不妨尝试另外一条路，谁知道未来会发生什么？在时间允许的情况下，经常换一条路走，可能就会有惊喜出现。

或许有人会产生一个疑问，“换一条路走”与前面介绍的死磕会不会相左呢？当然不会！正如，成功的人总是改变方法而不改变目标，而失败的人总是改变目标而不改变方法。“换一条路走”是为达到目标而改变途径，“死磕”是对正确目标和价值观进行坚守，两者并不矛盾。所以，当一条路走不通时，请换一条路，别在死胡同里盲目“死磕”

“换一条路走”就是一种逆向思维。

以司马光砸缸救人为例，一般思维是“让人离开水”，而司马光的思维是“让水离开人”。“换一条路走”即倘若常规办法解决不了，就反其道行之。巴菲特有一句名言：别人贪婪时，我恐惧；别人恐惧时，我贪婪。常人思维是买涨不买跌，而巴菲特逆向思考与行动，所以世界上只有一个巴菲特。

当行业打价格战时，可以不降价，反而提高价格（前提是提高品质）；当竞争对手都来开发适合老年人的产品时，可以另辟路径开发适合年轻人的产品；当大家都来开发在线教育时，可以升级线下教育的优势。如果什么是主流就干什么，什么热闹就干什么，那对不起，成功根本轮不到你。相反，冷门的机会有可能会成就你。

“换一条路走”就是一种V形思维。

雷军在创办小米公司前，一直服务于金山软件公司。金山软件公司受制于微软公司的强大竞争力，一直不温不火。后来，360公司推出免费杀毒软件，“金山毒霸”遭遇灭顶之灾。最后，金山软件公司的负责人雷军停止“抱怨”，另辟途径，并结合软件的优势，从手机硬件领域杀入，成就今日小米的霸业。

这给我们的启发是：假如行业竞争惨烈或跌至低谷，只要停止抱怨，就有可能逆势上扬，出现一条新路——即勇敢地尝试，不止一次地尝试。这种思维称为V形思维，与“换一条路走”有异曲同工之妙。

“换一条路走”就是一种打破常规的思维。

“天下没有免费的午餐”，这是谁都清楚的商业逻辑。可是，谷歌、百度不遗余力地提供免费搜索，阿里巴巴免费为商家提供淘宝店，更奇葩的是打车软件还搞补贴模式。这种打破了传统的做法，结果赚得盆满钵满。“换一条路走”就是打破常规，不拘一格，不走寻常路。

“换一条路走”是一种战略性思维。

当拥有优势时，假想这一优势失效，哪条路会成为我们下一个战略性机会——不要等到无路可走，才去尝试换条路走。

当然，不能做盲目的机会主义者，要深思熟虑选择战略性机会。华为公司从通信服务商强势进入移动电子产品，就是把握战略性机会，“千军万马压上来”，一举夺得行业之冠。

3. 不让经验唱主角

我在北京给某陶瓷公司讲管理课程时，一位资深高管跟我抱怨：“现在的年轻人真不行，缺乏责任心，吃不了苦，无法担起公司的发展重任。”听了这样的反馈，我先表示理解，然后笑了，对他说：“您刚才的话，我好像从长辈那里听到过，他们也曾说咱们不行，而实际上，我们超越了他们，取得比他们更好的成果。”他想了想说也是。最后，他又提到了当前的年轻人没有经验的“缺点”。这位资深高管大概忘记了自己也是从没有经验到有经验的。

其实，持有类似观念的人很多。这都是没有正确看待年轻人，过于强调经验的价值。要知道，年轻人虽然存在些许不足，但社会发展的车轮终将驶向他们，他们定会超越上一代人。你除了接纳和认可他们，就是如何挖掘他们的价值了，应该没有第三种选项了。对于这一点，不管你是否理解，是否接受，其结果是毫无悬念的。这是历史发展规律，没有人可以违背。所以，与其抱怨他们，不如开发他们。另外，调整一下视角，当我们埋怨年轻人经验不足、不能吃苦时，为何不看到他们学习和接受新鲜事物的能力呢？他们容易培养，充满激情，有活力，特别在创新方面，年轻是一种无法比拟的优势。

俗话说，年轻就是资本。在创新层面，年轻通常有卓越不凡的表现。确实，**创新“偏袒”年轻人，有经验的人常被没有经验的人打败。**比如，在许多年前“年轻”的微软打败“古老”的 IBM，而后又被更年轻的谷歌超越了。如今，80 后的马克 · 扎克伯格创办的 Facebook 也正在超越 70 后的拉里 · 佩奇创办的谷歌。

被誉为 20 世纪最有影响的 20 本商业书籍之一的《创新者的窘境》指出：新兴公司如果掌握了某种打破现存经济模式的新发明，就几乎可以打败任何一家大公司，无论是 70 年代发明微处理器的英特尔公司，还是 90 年代掌握重新利用金属废料方法的纽科公司都证明了这一点。不仅如此，作者还预言，那些德高望重的公司注定要走向灭亡，因为它们一直在做被认为应该做的事情——取悦最有价值的顾客。

例如，李宁公司习惯于过去"李宁"品牌和门店的优势，习惯于 60、70 后对"李宁"民族品牌的认可，却忽视 90 后"不知李宁是谁"的尴尬现实，忽视电商迅猛发展的趋势，最终导致李宁公司连年亏损。而耐克、阿迪达斯这样的老牌体育运动鞋服品牌，紧跟年轻人的步伐，百般求变，推陈出新。

所以，企业不要一味地要求年轻人按前辈的经验行事。**经验由主角变配角了，越来越不值钱了。经验是负债，学习是资产。**经验是创新的绊脚石，是负担和约束。经验越多的人，思维越容易被束缚；经验越多的人，常被"框"在过去，忽略了时空背景的变化。

有一道关于创造力的思考题就是很好的例证。一位公安局局长和一位老人正在聊天，突然跑来一个小孩。小孩对公安局长说："你爸和我爸吵架了。"老人问公安局局长："这个小孩是谁？"公安局长说："这是我儿子"。那么，小孩说"你爸和我爸吵架了"的两个人是什么关系？是爷爷和爸爸么？仔细想想会发现这个答案从逻辑上说不通。

那他们到底是什么关系呢？先想一想。注意别被经验束缚了——不是所有的公安局长都是男的。正确答案是公安局长的丈夫和她的亲生父亲，即小孩爸爸和他的外公。如果你没有快速想到答案，那你也被"公安局长一般是男人"的常识性思维束缚了。

工作更是如此，不少人被经验所限。看看企业的招聘广告"有经验者优先录取"；提拔晋升时，经验丰富者得到更多的考虑。"老马"虽能识途，可是环境在变，人也在变，过去的解决方案未必是最佳的，可能还会是一种束缚。要知道，经验是对过去的总结，是过去某一特定时空背景下的产物，并不意味着仍能适合现在及将来。当然，若你只想按部就班，也许没什么，但想腾飞就不太可能了。

不让经验唱主角，让经验唱配角也许还行。有些传统匠人之所以成明日黄花，都是经验主义惹的祸。新工匠不迷恋经验，也不依赖经验，甚至把经验视为成长与发展的桎梏。“不让经验唱主角”可以成为一条做事的基本原则。具体可以从以下四个方面进行阐述：

“不让经验唱主角”，就是针对做过的事情，先想一想：以前是什么时候做的？以前的做法还适合现在吗？以前面对的是什么人？这当中发生了哪些变化？等。如果当中发生了很大的变化，就要考虑以前的办法是否还可行，就得找一个与当前环境相匹配的新方案。

“不让经验唱主角”，就是懂得：没有一个方法是永远有效的，没有一个产品功能和外观是亘古不变的，过去的成功只代表过去。那些总按经验行事，唯经验论的人，又怎能走出一条创新大道呢？

“不让经验唱主角”，就是要相信年轻人，相信他们的智慧，特别是他们的创造力。作为长辈别再说“我吃的盐比你吃的米还要多”的话了。

“不让经验唱主角”，是一种创新思维，是新工匠的基本工作准则。年轻人不要因为经验少而妄自菲薄，要看到自己不被经验所限带来的优势，多在创新层面做文章；更不要因为没有经验甘居人后，不敢挑战。

4. 投资“年轻人”

如果你有一笔丰厚的资金，但没有很好的创业项目，你会怎么处理这笔资金呢？

我的答案是投资给年轻的创业者。这是我在一次投资讨论会上得出的结论——没有比投资年轻创业者更好的回报了。理由是年轻人是未来之星，他们清楚未来，更懂得创新。例如：

- 1983 年出生的陈欧在 2014 年成功将聚美优品公司上市，在层层套利的化妆品市场上，生生开辟了全新的网上化妆品零售市场。四年创业，做成了一家市值近 20 亿美元的纳斯达克上市公司。
- 1983 年出生的郭敬明，从最热门的小说作家，变成了最具掘金价值的青年文学出版公司 CEO，继而拍摄了《小时代》系列电影，票房累计超过 13 亿人民币，最世文化公司的年收入也超过了 3 亿元人民币。
- 1983 年出生的陈一鸣于 2012 年 3 月创建今日头条，于 2012 年 8 月发布第一个版本，截止 2016 年 5 月，今日头条累计激活用户数已达 4.8 亿，日活跃人数超过 4 700 万，月活跃人数超过 1.25 亿。被称为下一个 BAT，是目前唯一使微信顾虑的一款内容产品。
- 2012 年成立的电商企业“三只松鼠”，目前年营业额 20 亿，1 600 名员工的平均年龄只有 24 岁。为了鼓励年轻人，公司选用了多名 90 后主管。一些工作时间短、能力突出的年轻人迅速走上领导岗位。
- Facebook 的员工平均年龄 28 岁，比谷歌的员工要年轻，而谷歌的员工又比微软、IBM 的员工年轻，他们的人均效益却成反比。IBM 创造 1 000 亿美元的收入，总共用了 43 万员工，而 Google 创造 500 亿美元收入只用了 53 000 多人。

无数事实证明，年轻人更能在创新领域获得成功。他们往往能创造出一条新路子，给传统行业带来摧枯拉朽式的巅覆，甚至撼动传统的巨头企业。我认为，新工匠将会越来越多地出现在年轻人中。

年轻人没有经验的束缚，自然少了创新的桎梏，从而多了打破常规的可能。

年轻人有初生牛犊不怕虎的勇气，他们不怕犯错，敢于试错，也勇于改错。

年轻人没有思想负担，不循规蹈矩，不固守传统思维，也不依赖昨天的解决方案。

记得诺基亚被微软收购时，其公司 CEO 在新闻发布会上说，我们并没做错什么，但不知为什么，我们输了。我认为，这个最具传统工匠精神的世界巨头，只因为太老了，不了解年轻人，被传统思维束缚，固守昨天的成功模式。

正如《创新者的窘境》作者克莱顿・克里斯坦森指出，就算我们把每一件事都做正确了，仍有可能错失城池，面对新技术和新市场，导致失败的往往恰好是完美无瑕的管理。他还说，管理层所做出的合乎逻辑的、强有力的决策，对企业的成功是至关重要的，然而也正是这些决策可能会成为他们失去领先地位的原因。

对此，巨人公司创始人史玉柱说："长江后浪推前浪，世界是属于年轻人的，不退休就会被拍昏在沙滩上"。结果，他提拔了一个 27 岁的年轻人做副总，主管巨人公司最重要的游戏业务。360 公司董事长周鸿祎说，一个互联网公司，应该有 80 后的高管，85 后的中层，90 后的产品负责人。

美国盖洛普公司曾做过一份调查，他们对 400 余家跨国企业的 80 000 多名经理人进行调查，发现优秀的经理人在选拔人才时，更注重才干，而不是经验、智力和决心。也就是说年龄和经验的占比会越来越少，年轻人成为人才选拔时的重点对象。对于一些开创性工作或创新项目，大胆启用年轻人会是一项最明智的决定。

作为企业领导人，要多倾听年轻人的意见，包括有点古怪的意见，乐于接受创新带来的种种不愉快。让年轻人参与决策并按各自的方式做事，因为年轻人更懂得追求有质感、个性化的生活，他们更懂得创新与创造。所以，不要再跟年轻人说“我吃的盐比你吃的米还多”，当年诸葛亮刚出山的时候，也没有什么经验，照样帮刘备打天下。

可以得出这样一个结论：企业若失去年轻人这股新生力量就会错失新工匠时代。日本企业的衰落与老龄化人口结构及企业实施年功序列制有很大的关系。

现在很多国家都在为自己的年轻人制定独特政策，在为自己的未来进行创新。因为未来世界的竞争是创新的竞争，是年轻人的竞争。所以，呼吁企业要为三十岁以下的年轻人制定独特的政策，为他们提供更好的发展平台。

5. 犯错、试错、改错

马云书架上的书并不多，有一本是吴晓波的《大败局》。他在一次演讲中说：“我花时间最多的是研究国内外企业是怎么失败的。这两年我给公司高管推荐的书，都是讲别人怎么失败的。我退休的那一天要写一本超级畅销书，书名叫做《阿里巴巴的一千零一个错误》。”

马云会不会写“一千零一个错误”，我不知道。但看过吴晓波写的《马云这些年犯过的错误》，得出一个判断，马云都犯了那么多错误，何况其他人呢？

我们是否可以断定，不犯错就难以成功？至少不犯错误就难有创新。360公司创始人周鸿祎认为：创新99%是会失败的，因为创新是在做他人没有做过的事情，在未来开出一条路，在黑暗中找到一个火种”。

在我的创业历程中，犯过许多的错误，有创业项目的错误，也有用人的错误。曾因害怕犯错而举棋不定，等事隔许久，一切都明朗起来，再来行动时，发现“轻舟已过万重山”，最佳的时机已错过。它给我深刻的教训：要相信自己的直觉，直觉告诉自己可以做，就要立即行动，即使犯了错，也是一种财富。

我发现，**最优秀的决策者并不是那些掌握最丰富信息资源的人，也不是那些殚精竭虑、终日冥思苦想的人，而是那些在转瞬之间便能做出决策的人。**所以，只要方向一旦明确，哪怕只有三分把握，也要敢去做。诚然，做他人没有做过的事，又无法准确预知结果，犯错确实会像家常便饭。

然而，普遍的思维是崇尚成功，鄙夷失败——把错误当成灾难，防止犯错是第一准则。于是，有人将这样的话挂在嘴边：不求大富大贵，但求平安无事；不求升官发财，但求不捅娄子。如此明哲保身可能不会犯什么错，但也不会有什么大成就。

错过要比过错更可怕，不犯错就会错过许多好机会。客观上来说，只有不干事的人，才不会犯错。要想成为新工匠就要敢于犯错，不要惧怕错误，不要因为害怕犯错而放弃行动。没有尝试就没有创新，失败一次就多一次积累，就多一次成功的可能。

“怕错”难免就不敢尝试。结果，不错的最好方法，就是公司领导说了算。只要领导满意了就没有问题。有的人怕犯错，事事请示领导，不主动拿主意、做决策，养成凡事依赖领导的毛病，这样的人不但能力得不到提升，而且让领导忙得没有价值，忙一些本该下属做的“小事”。领导也会错，但领导错了，没有人会批评他们。长此以往，公司便变得僵化与官僚。

所以，要鼓励尝试，要容忍创新犯的错。失败不可耻，无数个失败奠定最后的一次成功。**成功的人是英雄，失败的人也是英雄，同样值得尊敬。**以“成王败寇”论英雄已不符合当今的时代，没有前面失败的人，哪里会有后来的成功者？

不但要不怕犯错，而且要敢于试错，即在失败中找到新的途径，这是新工匠时代不可缺少的试错思维。西方有句谚语：最大的冒险就是不敢冒险。

明知不可为却为之，可能会有意外的收获。记得有一次，我与太太去吃日本料理，我想要一杯咖啡。太太说，这里是日本料理，不可能有咖啡。我说，不问一下怎么知道？后来，服务员端来了热腾腾的咖啡。太太追问服务员，上次特意要咖啡，你们说没有呀！服务员说，正是因为您上次要咖啡，我们认为会有很多这方面的需求，所以我们增加了一套煮咖啡机。是啊，不要以自己的过去来判断今天的事。

爱迪生发明灯泡失败了 1 000 多次，肯德基创始人哈兰德·桑德斯上校一生中经历了 1 009 次失败，但他却说，一次成功就够了。所以，要成为新工匠，就要为 1%的可能满怀热情、夜以继日……经过 100 次、1 000 次的尝试，最后修成正果。

当然，也有一直都不成功的。如果害怕犯错就会失去成功的机会，如果不试错就想不到最佳的方案。这就如同打仗，当敌情不明时，若不去尝试，不试探敌人，就找不到消灭敌人的最佳途径。

我认为，**试错的原理是：让购买的人来设计，让错误改变错误者，让行动提高行动力。什么叫购买的人来设计？因为犯错，客户给你教训，告诉你怎么让客户满意，这就不是自己在闭门造车、冥思苦想。让犯错来改变犯错者，在行动中改进往往是最有效率的。**

当然，我们更要懂得改错。失败并不可怕，可怕的是不总结失败。

要从试错中进行大量的创造，即通过试错，发现真理。

要想大量获得试错、改错的价值，就得深入用户，和用户交流，倾听他们的声音。京东创始人刘强东创业初期，每天至少花 1 小时看京东上的帖子，并亲自回复。重视用户的反馈，可以挖掘很多的价值。

如果有人胆敢说没有犯过错，要么是没有承认错误的胸襟与勇气，要么是没有好好总结自己犯的错误。如果你害怕倾听别人对你的评价，就是拒绝进步，将失去改进的机会。

所以，要让错误不再是灾难，要让犯错、试错、改错成为新工匠时代的创新路径和生存哲学，而互联网的发展为这一逻辑提供了发展土壤。

你今天犯错了吗？有没有试错和改错呢？毛主席说，从战争中学习战争。

6. 培育种子业务

为什么有的企业昙花一现，而有的企业却长盛不衰？

原因很多，有一点却是惊人的相似：长寿的企业总是在思考“失败”，即在拥有优势的时候，假想如果这一优势丧失该怎么办。在华为如日中天时，任正非却说“下一个倒下的会不会是华为”。这个世界变化太快，昨日的竞争优势可能会成为明日的发展桎梏。

人类从 250 万年前诞生，到 7 万年前的认知革命，到 1.2 万年前的农业革命，到 300 年前的工业革命，以及 100 年前的电气革命和 30 年前的信息技术革命，人类社会的进化速度越来越快。社会各种组织为跟上社会进步的速度必须加快步伐，企业必须呈几何级增长才能避免死亡。

在这个变化如此巨烈的时代，人们无法准确预测未来。原来热衷 10 年、20 年，甚至 50 年的企业战略规划，今天恐怕会变成一个笑话，甚至企业做 3 年、5 年规划都有点不现实。曾有企业家跟我说，他们目前只做年度规划，有时半年就要进行调整。《21 世纪商业评论》主编吴伯凡曾发出“在互联网时代谈战略已变得滑稽不堪”的感叹。

这个时代，混乱与变化加速，机会不断涌现，却又瞬息消失，上一个小时造就你的因素，下一个小时就颠覆你。无论是企业还是个人，都必须掌握这个发展节奏，否则就会遭受灭顶之灾。在创业的路上，我深刻感受到危机不断加剧，越成功，越能明显感知危机感。这是互联网时代的显著特点。

英特尔公司前任董事长安德鲁·格鲁夫将这个时代称为“十倍速时代”。他认为，在这样一个混乱与变化加速的时代，机会不断涌现，却又瞬息消失。

宝洁公司首席运营官罗伯特·麦克唐纳借用一个军事术语来描述这一新的商业格局：“这是一个 VUCA 的世界。”VUCA 指的是不稳定（Volatile）、不确定（Uncertain）、复杂（Complex）、模糊（Ambiguous）。

所以，必须不断实验，其目的是为未来培育“核心业务”。有很多的实验都会失败，但你必须不断地尝试，不断地培育。大企业的优势在于它们有资源来资助更多的实验，实验越多，找到价值的机会就会越大。亚马逊的 CEO 杰夫·贝佐斯说：“你必须设计好你的组织，让它能在单位时间内做尽量多的实验”。我的理解就是在你拥有优势时，要假想这一优势彻底消失，如何能持续地繁荣。

例如，人们广泛使用的微信，一开始并不是腾讯公司的战略性项目，只是公司邮箱事业部的一个尝试项目，公司并没有给予足够多的支持，直到这颗“种子”表现出惊人的市场活力，这才引起腾讯公司的高度重视，并进行战略性投入。之后，微信的迅猛发展是有目共睹的。

假如腾讯公司没有邮箱事业部张小龙做这样的尝试，没有播下这样的“种子”，腾讯公司哪里敢说拿到移动互联网最后一张船票？也许早已被一家新型的创业公司替代，这对腾讯公司来说绝对是灭顶之灾。

近年来，阿里、百度和腾讯等互联网巨头不断收购新型的互联网创业公司。除了整合资源外，最重要的一点，就是让这些新型的互联网创业公司的创业项目成为他们的试验业务。这些创业项目很有可能会成为未来的支柱产业。

任何成功都会引来模仿者，必须有某种机制来探索各种可能性，万一哪天破坏性创新真的来临，要确保你手上还有一些牌可以打。要想找这些牌，就必须先行动；等危机发生时，再行动就为时已晚了。

我们想成为一家不断自我革新的企业，要扔掉过去，迎接变化。当环境不断发生变化而又充满无穷的未知因素时，企业就不可能预先设置绩效目标，也无法得知学到了什么。所谓学习，就是多做实验，不断尝试新东西。

任正非表示，未来二、三十年，人类社会将演变成智能社会，没有文化不能驾驭，若同时发生大规模雇佣智能机器人，两极分化会更严重。西方制造业有可能借此重回低成本，产业将转移回西方，中国将空心化！这是一位年销售额608亿美元、在全球领先的IT巨头创始人对本企业的战略性思考，对未来的担忧。

2016年8月份的一次培训讨论会上，一位煤炭企业的负责人感慨地说，当初煤炭行业红火的时候，公司没能及时进行相应的转型与升级，也没有尝试开发种子业务。如今，煤炭行业江河日下，加上受制于国企相关包袱的影响，现在根本没有实力来做这方面的转型与升级。

所以，企业在战略制定中，要有“核心业务”和“增长业务”，还要有试验性的“种子业务”。

- 核心业务是直接影响近期业绩，是提供现金流和维持企业存在的基础。

- 增长业务是指正在崛起的业务，具有高成长性，具有成为第一层面业务的潜力，并最终成为第一层面的替代业务。它往往从种子业务产生出来的。
- 种子业务是一种试错业务，需要跟踪、投入、开发和培育。这些业务可能比较幼小，但数量相对较多，这个层面的业务为未来发展做准备。

培育种子业务需要具有敏锐的商业洞察力和坚忍不拔的意志力，需要有相对独立的工作空间及允许失败的创新文化，需要一批拓荒者的勇敢投入和对危机的重视。

培育种子业务就是在你拥有优势的时候，设想这一优势失效后，公司如何才能持续目前与未来的繁荣，或者在你没有明显优势的时候，设想如何获得核心竞争力来构筑未来的优势。

对于公司来说，培育种子业务意味着：

- 领导层是否足够地关心增长机遇和产业变革问题；
- 与过去两三年相比，这些待选种子项目是否有了大的不同；
- 是否找出了有效的办法将这些项目变成新业务；
- 是否有量化的、具体步骤来加速这些项目的应用。

当然，这样的“种子”项目要有很多，谁也不知道哪颗种子会长成参天大树。如果没有大量新的选择，就不可避免地会选择和以前没太多差别的战略。新的选择往往取决于企业创造和测试成百上千的新战略的能力。

在 1 000 个疯狂的点子中，只有 100 个能形成小规模试验；在这 100 个当中，只有 10 个值得投资；在这 10 个当中，只有一两个能变成新的业务，或者催生新的业务。这就是幂定律。

谷歌公司是这方面的先行军，它们有一个“70-20-10”的原则，70%的资源用于提高搜索和广告的质量，这是谷歌的主要收入来源，

20%的资源以自由时间的形式用于工程师自己的项目，10%的资源用于给那些从 20%的时间产生的有效项目。谷歌公司鼓励每一个员工每周花一天时间来做自己感兴趣的实验。

谷歌的成功给企业的启发是：不断地创造出各种假设，并用小规模实验来测试，然后淘汰失败的，培养成功的。**要想获得可持续的创新，手上必须有各种大小的牌，这意味着不同的团队，在各个时间点，都要做各种实验，这些实验形成了一个战略库存，供高层领导选用。**

总之，要想“任千花盛开”，就必须让人们可以很容易尝试新鲜事物。如果员工的利用率达到了 100%，员工就没有时间创新了。公司要允许员工花一定的时间来探索新的想法、项目、产品和提案。当门槛降低，自发性实验的数量就能上去。

7. 勤练“脑力操”

“匠心”能不能学会？它是不是少数人的专利？

“匠心”是可以学会的，人人都可以拥有匠心。其实，“匠心”是一种思维，也是一种活动。可以通过思维革命，突破思维桎梏，进行一系列地改变。

这需要反复进行六节“脑力操”运动，让匠心成为一种习惯，和吃饭、走路一样平常，从而使自己更具有创造力，最终做到能自然而然地以积极、富有建设性的方式去应对所发生的一切。

#第 1 节：积极主动

匠心和其它品质一样，从来都是一种主动行为。鸡蛋从内部打破重获新生，从外部打破变成食物。如果不主动追求创新，就不可能呈现“独具匠心”“别具一格”。主动本来就是人类所有的活动共同需要的基本品质，没有它几乎不可能做成功什么。

所有的创新活动看似是“灵光乍现”，其实是经过无数次主动思考和积极尝试的结果。“积极主动”这个词最早是由著名心理学家维克托·弗兰克推介给大众的。正是集中营里的恶劣环境让他猛然警醒：“在任何极端的环境里，人们总会拥有一种最后的自由，那就是选择自己的态度的自由。”

消极被动的人允许外部刺激（情绪、感受或环境）来决定自己应该如何回应，常将自己的态度及行为归因于他们认为无法控制的事情。而积极主动的人则审视自己的思想、情绪与行为，能明辨是非善恶，有超越当前现实设想的能力及不受外力影响、自行抉择的能力。

2014年，张瑞敏在美国沃顿商学院的论坛上语出惊人：自杀重生，他杀淘汰。众所周知，海尔企业的文化核心是创新，把创业创新的“双创精神”作为海尔文化不变的基因。海尔文化以观念创新为先导、以战略创新为方向、以组织创新为保障、以技术创新为手段、以市场创新为目标，伴随着海尔从无到有、从小到大、从大到强、从中国走向世界，海尔文化本身也在不断创新、发展。员工普遍认同：主动参与是海尔文化的最大特色。

近些年来，张瑞敏又一次抡起了大锤，这回砸的不是冰箱，而是组织，将金字塔式的组织结构变成倒金字塔式——让人人都成为CEO。海尔公司提出很多创新思维，如“世界就是我的人力资源部”“永远以用户为是，以自己为非”“员工从雇佣者、执行者变成创业者、动态合伙人”。这在一般人看来，不可思议。因此，吸引了全世界的管理学家来研究，并给予了高度的肯定。

正是因为海尔总是主动寻求突破，不断创新，才保持了行业高速发展的势头，成为全球大型家电第一品牌。与其形成鲜明对比的是，日本的家电产业固守原来的竞争优势，创新力相对不足，陷入被收购与被淘汰的局面。

如果不主动创新，沿着旧地图，就找不到新大陆。即使你现在还有一定的优势，也要主动去突破，去创新，探寻未来的新优势。所以，修炼匠心，成就匠品，永远是一项积极主动的活动。

#第 2 节：有点“二”的精神

《士兵突击》中由王宝强饰演的许三多有点“二”，别人没事就打牌喝酒，他却利用空闲一个人修了一条路；为进老 A 部队搞 PK 竞赛，别人争着要超越队友，他却始终帮扶队友，还说“不抛弃、不放弃”。正是因为这种“二”的精神，许三多赢得同仁们高度肯定。

互联网的免费模式、补贴模式在过去看来就是有点“二”；马云创办阿里电商平台时，很多人“看不起”，也“看不见”，后来有点“看不懂”，等一切“看懂了”，却“来不及”了。雷军做手机时，一开始也不被看好，认为一个搞软件的外行不可能做好硬件产品，可没想到这个有点“二”的外行竟然成功了，而且还不是一般地成功。

所以，匠心除了要积极主动外，还得有股傻劲，有点“二”的精神。有点“二”通常被认为是贬义词，但那些有卓越成就的人常常被世人认为不是天才就是疯子。

若无某种大胆放肆的猜想，一般是不可能进步的。那个蹲在鸡窝里孵小鸡、有点“二”的爱迪生，不就凭借那股傻劲成就非凡的吗？

为什么中国的创造与美国硅谷相比还是要少很多，一个很重要的原因就是我们太缺乏“二”的精神。创造不是“正常”人干的事，是干别人没干过的事。做别人没干过的事的是少数派，绝大多数人不看好，你非要坚持干一件大多数不看好、不赚钱的事，大家会觉得你很

“二”。要是没有这种不怕失败、不怕寂寞、不怕别人嘲笑的精神，就难以实现“独具匠心”。

在我看来，有点“二”的人就是那些不正常的偏执者，不走寻常路的人。人生若没有点“二”的精神，生活就会一个样，缺乏趣味与生机。有人说你“二”的时候，应该感到庆喜，因为你走在和别人不一样的道路上。若一切过于常规，反而是一种不正常的现象。

#第3节：“可能是什么”

你见过不尝试就创新成功的人吗？我不曾见过，很少会出现一次就创新成功的例子。成功是经过无数次的大胆设想，果敢尝试，最终呈现一次成功。

莎士比亚曾说：“本来无望的事，大胆地尝试，往往能成功。”**“可能是什么”比“是什么”更重要，未知的比已知的更有挖掘价值。**

“是什么”表示司空见惯、习以为常，价值往往不大。“可能是什么”一般人并不了解，往往需要验证，可能隐藏不可估量的价值。例如，人们对海洋和太空的探索就是基于“可能是什么”。

“是什么”是常识。如果常识是错误的，那“可能是什么”通过探索，挖掘其智慧，就有不可估量的价值。例如，哥白尼提出的“日心说”，有力地打破了长期以来居于宗教统治地位的“地心说”，实现了天文学的根本变革。

“是什么”是一种不思考的接受主义，是一种对传统的拿来主义。“可能是什么”是一种思考力和创造力，蕴含一种新事物的诞生。

“墨菲定律”告诉我们，任何一件事情，如果客观上存在着发生的可能性，不管这个可能性有多么小，但是如果反复去做，总会在某一时刻发生。

我在企业培训时，并不赞成一味地讲行业内的案例及经过验证的成功经验，因为模仿与跟随很难有突破。假如把其它行业的经验应用至本行业就可能是一种创新，可能产生意想不到的效果。福特汽车发明的流水线作业就是从屠宰场流水作业模式受到的启发。

所以，我们不要小看“可能是什么”，也别阻挠和抹杀“可能是什么”的思考。一旦发现“可能是什么”，要追根究底，因为它可能代表某一个新事物的诞生。

#第 4 节：深度挖掘

在很多人的眼里，创新源于“灵光乍现”或“突发奇想”。然而，如果没有长时间的积累与思考，像闪电一样的灵感就不可能从脑袋里迸射出，除非上天赐予你力量。

分众传媒董事长江南春说：“很多人把创意归结于偶然。其实创意的由来并非是大家所以为的‘灵光一现’，积累是非常重要的过程。做楼宇液晶电视前，我在广告产业摸索了十多年，积累了丰富的经验和知识，深知整个产业的运作过程，知道市场最需要什么，受众最喜欢什么，广告主最在意什么，正是这十年的积累才会有两年前的‘灵光一现’”。

灵感是知识、经验、追求、思索与智慧综合实践在一起而升华了的产物，是人脑理性思维活动和直觉思维活动共同的结果。**没有那99%的汗水，也就没有这 1%的灵感。**之所以有的人灵感多一些，有的人少一些，那只是他们各自的思维过程不同，专注程度，思考深度，思考广度，对信息的分支界定方法不一样而已。当然这也跟记忆力、思维敏捷程度等有关。总之，灵感来自于艰苦学习、长期实践，不断累积经验和知识而突然出现的富有创造力的思路。

就创新者而言，除受教育程度、知识结构、积累的经验和社会经历等基本因素外，还应有在艰难险阻中的勇气、毅力、决心、信心和意志，应有综合运用各方面知识、经验的能力，对事物想象、判断的能力，运用科学理论和方法把设想变为现实的能力。

所以，创新除了不走寻常路外，得对已知的领域深度挖掘。一个能在某领域有突破性发展的人，应该是深度挖掘的人。与其天天阅读碎片化的信息，不如认真读好一本专业书。一万小时天才法则说的就是这个道理。挖掘越深，研究越透，越能看到常人看不到的东西。

当前比较崇尚的 T 字形人才，他们能够很好地了解自己专业领域外的东西。所谓 T 字型人才就是横向知识广，并在某个领域能够纵深发展，其中，一竖代表在某个领域有深入的研究，一横表示能够与来自其它领域的专家合作。

#第 5 节：相信直觉

青年数学家阿普顿刚到爱迪生的研究所工作时，爱迪生想考考他的能力，于是给了他一只实验用的灯泡，叫他计算灯泡的容积。一个小时过去了，爱迪生回来检查，发现阿普顿忙着测量和计算。爱迪生说："要是我，就往灯泡里灌水，将水倒入量杯，就知道灯泡的容积了。"毫无疑问，身为数学家的阿普顿，他的计算才能及逻辑思维能力是令人钦佩的，然而，这个问题表明，他所缺少的恰恰是像爱迪生那样的直觉思维能力。

郭沫若认为，科学也需要创造，需要幻想，有幻想才能打破传统思维的束缚，才能发展科学。一个有天赋的人，常常不遵循常人的固有思维，而是通过普通人认为的幻想或直觉。

直觉是意识的本能反应，不是思考的结果。它比语言通过逻辑关系构建的反应系统要更加高效、更具准确性。人类在语言意识未建立前，依靠的就是这种本能反应——直觉。人类语言意识建立后，这种本能就逐渐退化。

所以，这种基于人类的职业、阅历、知识和本能的不以人类意志控制的思维方式，更具有迅捷性和直接性。这种直觉感观的威力很大，值得足够重视。

有形的判断通常是看得见的，无形的往往是过去不曾存在的。无形的直觉比有形的判断更有价值。**大多数人选择“眼见为实”作为衡量标准，而智者会以“直觉感观”为判断依据。**多数成功者在脑海中产生某种直觉，然后努力让其成为现实。

创新需要运用直觉，或某些无形的幻想，从看似不可能中找到发展的机遇。从无形发展到有形，待到以有形的状态出现在大众面前时，这一切可能已司空见惯了。没有淡季的市场，只有淡季的思想。让思想有一片飞翔的天空，决不让它受制于传统思维的约束。

#第 6 节：“莽撞一次又如何”

一个叫科莱特的青年，考入了美国哈佛大学，和他坐在一起听课的是一位 18 岁的美国小伙子。大学二年级那年，这位小伙子和科莱特商议，一起退学，去开发 32Bit 财务软件，因为新编教科书中已解决了进位制路径转换的问题。他非常惊讶，认为来这是求学的，不是来弄着玩的，再说对 Bit 系统，学校只教了点皮毛。他委婉地拒绝了那位小伙子的邀请。

十年后，科莱特成为哈佛大学计算机系 Bit 方面的博士研究生，认为自己已具备了足够的学识，可以研究和开发 32Bit 财务软件了；而那位小伙子则已绕过 Bit 系统，开发出 Eip 财务软件。再后来，这个退学的小伙子成了世界首富——比尔·盖茨。

中国有句古话：撑死胆大的，饿死胆小的。对于处在竞争中的弱势一方，“舍不得孩子套不住狼”，得有“亮剑”精神。创新风险虽然很大，成功率也比较低，但风险与回报往往成正比。

若一切按常理出牌，那只能得到类似的结果。勇敢往前踏上一步，它可能是万丈深渊，但也可能是新大陆。莽撞，可能使你后悔一阵子；怯懦，却可能使你后悔一辈子。瞻前顾后，前怕狼后怕虎，难以实现创新。

多玩网总裁李学凌说，凡是创新的时代总会有人死在半路上，但是这些失败或者遇到困难的公司并不代表他没有价值，他的价值就是告诉大家其实这个领域是可以一试的。

人生，莽撞一次又如何？创新从来不会青睐那些循规蹈矩的人。当然“胆子要大”肯定不是“攒鸡毛凑胆子”，也不是“吃了熊心豹子胆”，而是底气十足、敢于亮剑。“胆子大”或者说“莽撞一次”，并不是无原则的蛮干，而是基于详细科学的论证，敢于挑战极限，敢于第一个吃螃蟹。

“胆子大”的基础是“实力”，所谓“艺高人胆大”。**一个人的一生不能不莽撞一回，一次也不敢莽撞的人绝对成不了大事。这个社会如果没有莽撞至少会变得没有趣味。**

第7章

匠思：匠心独运

新工匠的最佳表现就是匠心独运。能工巧匠的心思，简称匠思。

在所有失误中，最大的失误就是决策的失误。绝不能做一个“还过得去”的决策，必须做正确的决策。只有投注匠心，才能做出正确的决策。要知道，“做正确的事”比“正确地做事”更重要。决策亦需要发挥工匠精神——匠心供奉，投注全部的心思。

事实上，有关决策本来就一点也不能含糊，需要投入大量精力，发挥高超智慧。决策考验一个人的能力，也是检验他是否拥有“匠心”的重要指标之一。决策是领导者的重要工作，领导并不需要做很多的决策，只要做少量的重要决策。

在我看来，做正确决策需要把握五个基本问题：

- 究竟该谁来做决策，是高层吗？
- 做决策的前提是什么？
- 是否善于发问，是否能倾听到有价值的反馈？
- 决策一般从哪里开始？
- 决策是大家都同意的吗？

建议读者朋友，不妨先认真思考这五个问题。然后，带着思考与理解往下阅读，这样才会收到意想不到的效果。

1. 应该由谁来做决策

一提到决策，人们脑海中容易联想到这是高层的“特权”，与一般人没多大的关系。可是，从某种意义上说，高层是最不能预测未来的人，他们往往对过去投入最多。战略管理大师加里•哈默也持同样的观念，他说：“不能让高层主导战略讨论，讨论接下来要做什么时，应该让对企业未来投入了感情的人来主导，而不是让那些对过去念念不忘的人来主导。”

很多高层除了对过去投入较多以外，并不了解现在用户的真实需求，他们常常喜欢坐在办公室里或者会议室里进行讨论。高层不是不能做决策，而是在高瞻远瞩时容易被经验牵绊，被现实的环境制约。也就是说，**高层不应该是决策的唯一人选。**

在这一点上，与新工匠的理念不谋而合。新工匠是注重未来的人，传统工匠则对历史人文抱有特殊情感，更加注重事物的传承。那么，究竟该谁来做决策呢？新工匠的回答是“让听得见炮声的人来做决策”。所谓“听得见炮声的人”必然是那些了解现实情况的人，他们更能做出客观公正的判断。

我在与华为公司的接触中，发现华为公司的员工到客户那里，通常由三个人组成团队，号称“铁三角”组织，其中有客户专员、解决方案专员和交付专员。他们可以在公司授权的范围内，直接向公司后端下达命令，进行产品推广和项目实施。这个“铁三角”组织必须是由训练有素，相互了解，能相互协同的人员组成。

据了解，华为的“铁三角”组织是根据对美国特种部队作战研究总结出来的。美军在阿富汗的特种部队分为多个作战小组，每个小组有三个人，一名战斗专家，一名信息专家和一名火力专家，他们互相了解，协同作战。这种方式有效地解决了“谁来呼唤炮火”的问题。

例如，一旦发现敌人，战斗专家负责警戒，保护小组成员的安全；信息专家快速确定敌人的数量、位置和装备；火力专家根据信息专家的反馈配置最合适的火力，按照规定直接向后方下达作战命令。命令下达后，美军飞机、导弹等炮火会覆盖目标区域，瞬间消灭掉敌人。其授权按照炮火的成本来定，一次作战的炮火成本低于 5000 万美元时，可不经上级批准，直接向后方下作战命令。

企业后方配备的先进设备、优质资源应该在前线——这样发现目标和机会时就能及时发挥作用，提供有效的支持，而不是让拥有资源的人来指挥，拥兵自重。通常高层有决策权，却对市场敏感度低，也不经常去一线，掌握的信息又不够及时，而基层员工对市场敏感度最高，却无决策权。

我服务过的一家企业，就曾出现这样的问题：销售人员明显感觉到市场的压力，发现市场占有率在下降。在向市场部提出加大经费的投入时，市场部部长却说没有经费了，只是小额下降，无伤大雅。结果，产品的市场占有率越来越低，公司老总和市场部部长开始紧张，准备采取措施的时候，公司的市场份额已经下降得很厉害了，已不是销售人员之前提到的小额经费就能解决的，即使付出更多的经费也未必能打下市场。

亚里士多德提出：实践的缺乏削弱了我们全面审视公认事物的能力。因此与大自然和自然现象进行密切接触的人，更能提出被人广泛认可的原理，这些原理被视为连贯一致的发展与进步；而那些致力于抽象讨论的人往往不注意观察事实，易于将自己少量的观察所得教条化。

“春江水暖鸭先知”。高层往往不是“先知先觉”，而是“后知后觉”，所做的决策容易慢半拍。“先知先觉”的往往是那些“听得见炮声”的人。

所以，高层要将权力下放。一个高管要将90%的权力下放。如果舍不得下放权力，就要扪心自问“是否听得见炮声”，不是听见一处的“炮声”，而是处处能听见“炮声”。

毛主席的军事才能没有人会置疑，当我们佩服毛主席的军事才能时，看看电影《建国大业》就知道了，毛主席可不是一个人在决策，而是和领导班子天天在一起，最常听到的话语是“主席，电报来了”。

稻盛和夫在早年创业的时候，既负责研发，又负责营销，当公司发展到100人以上时，觉得苦不堪言。于是，他把公司细分成所谓“阿米巴”的小集体，并委以经营重任，培育出许多具有经营者意识的领导者。

所以，决策既要懂得权力下放，让一线参与，又要让决策者听得见“炮声”，因为最接近正确的答案往往在一线。所谓“听得见炮声”的人，一是基层骨干人员，他们最了解现场和用户；二是领导者要听得见“炮声”，及时掌握现场情况，能快速做出判断。第二种情况对那些组织结构层级多，需层层上报和层层下达的组织就难以奏效了。除非砍掉多余的组织层级，推行扁平化管理，实施极简的组织结构。

有的人看似在授权，实则是在指挥。授权是将完成某项工作所必须的权力授给下属人员，即将处理用人、用钱、做事、交涉、协调等决策权移转给下属。若没有充分授予相应的决策权，那就是在指挥下属。要知道，谁都愿意接受他人的授权，而讨厌被呼来唤去。

最后，**重要的事情再说一遍：让“听得见炮声”的人做决策！**

2. 决策的前提是什么

我们是否常见到这样的场景：一位“大人物”来到工厂现场，和那里的员工进行交谈。他似乎为人和蔼，彬彬有礼，非常喜欢下属的孩子，他提出一些日常攀谈性的问题，“学习怎么样啊”“喜欢这里吗”。或者他和员工们谈谈NBA、世界杯或其他一些本地的体育赛事。他还可能会就企业的运行状况问一些简单的问题，比如“你们的收入水平如何”。

其实，这样的“大人物”并没有全身心地投入到企业当中，此类“走马观花”“蜻蜓点水”式的下基层有什么用？解决不了任何实际问题。

我还见到这样的场景：某些政府官员在植树节那天亲自到现场去植树，令人遗憾的是，他们的脚都套上了一次性鞋套。

原本这是一件值得称道的事，却与“心”入基层格格不入了。他们没有“心”入基层，又怎能发现实际问题呢？他们没有那份匠心，又怎能让百姓掏心窝子说话呢？我是不相信他们能做出什么高瞻远瞩而又落地有声的英明决策的。

不管是领导者自己做决策，还是将权力下放让下属自行决策，都需要对一线了解，对未来有准确判断。假如不让一线人员参与决策，也不倾听一线的“炮火声”，那么，距离“正确”就会有很大的差距。及时有效地倾听下属的意见，了解一线的动态，方能做出有效决策。这是决策的基本前提。

没有调查就没有发言权。欲做正确决策，落实时能掷地有声，就非深入基层不可了。如果只是身入而心未入基层，听不到真实的声音，了解不到实际的问题，自然达不到预期的效果。如果决策者到员工中间走马观花，只是简单地嘘寒问暖，又怎能做出有效的决策呢？如果没有投入匠心，如何能了解到真实情况呢？

清朝乾隆皇帝常下江南，虽是游戏人间，实则“心”入百姓，获得了“乾隆盛世”的繁荣景象；华为创始人任正非乘坐出租车，不要公司安排接送，和员工一起在食堂吃饭，也不开小灶。这种“心”入基层的做法，有力倡导了艰苦朴素的工作作风，弘扬了“以奋斗者为本”的企业精神，彰现了决策者孜孜不倦的匠心。

一般而言，极具匠心的领导者能做出高瞻远瞩而又落地有声的英明决策。可以确定的是，**决策的基本前提是心入基层，以匠心供奉听**

到真实声音和看到实际状况。那么，“心”入基层，具体应该怎么做？对此，我有三个心得体会。

#心得 1：

如果是参观一家工厂，通常是因为听到了一些关于工厂经理的议论，或者是新的设想需要亲自到现场验证一下。这时要深入基层，询问一线人员的意见，亲自考察实际情况，确认自己的想法与实际情况是否吻合。简单来说，就是深入基层，亲自验证。

如果大家认为现场主管是一位不合格的经理，就要亲自确认一下，他是否还应该继续待在现在的工作岗位上。看看他所组建的团队工作效能与效率如何，提出一些正确的问题，从而对他的能力有一个更清晰、更深入的了解，而不是光听一面之辞。

如果听到的是，他们的经理是一位非常讲求效率的人，就要设法进一步加强他在这方面的能力，和他进行一些比较深入的讨论，提出一些他根本没有想到的问题。当然，也要积极听取他的想法和建议。

#心得 2：

深入基层时，不要让人全程陪同，他们通常会带你去做得比较好的地方，让你发现不了真实的问题。我的做法是，一个人直接去现场，不跟他们的主管打招呼，并尽可能多会见一些员工。

之后，用半个小时时间告诉大家公司目前的发展情况，用一个小时时间回答大家的问题。从这些问题当中，可以推断出工厂经理平时和大家的交流情况，特别是公司的现状与大家的实际想法是否一致。如果根本没有人提出问题，这肯定不是一个开放的团体。如果大家不敢向你提出一些比较尖锐的问题，那么，所进行的沟通也不是一次自由的交流。

这么做，能发现平时没人会告诉你的真相，避免下属报喜不报忧的问题。这得缘于我过去的工作经历：曾经服务于一家为沃尔玛公司提供商品的制造企业，沃尔玛公司的质量检验员就经常搞这样的“突击”，他们事先不告知你。等你知晓时，他们已对现场考察了一番，常常比工厂经理还先发现问题。

对我有管理启蒙意义的蒋传台先生是高毓股份公司的总经理，他就是这方面的高手。他常常到各个分公司考察，来到工厂时“悄无声息”，到现场也不许有人跟着。如此，同事们都很紧张，工作不敢懈怠，兢兢业业。不过，当你与他工作沟通时，他留给人的印象是谦逊、平易近人。

现在，我专门从事管理培训工作，深入了解企业的实际问题也是我的一贯要求，“暗访”也是常用的方法之一。在没有向现场人员打招呼的情况下，一个人深入到要培训的企业中，虽然会遇到很多的“尴尬”，但这些“尴尬”就是重要的培训案例与素材。

#心得 3：

当决策困难时，不要在办公室里寻找答案，而要深入现场去接触员工，深入市场去接触客户，他们往往会给到你灵感和答案，因为“现场有神灵”“答案往往在一线”。而那些不能“心”入一线的管理者会食言，没有投入匠心的领导者其智慧也会输给员工。关于这一方面，我在最后的章节讨论匠心领导者时，会深入、具体地阐述。

所谓心入基层，就是以解决实际问题为目的，全身心地深入基层，发现真实的情况，听取客观的声音，采纳建设性的意见，从而做出客观有效的判断，绝不是“嘘寒问暖”式的形式主义。我相信，员工不要这种浮在表面的“关心”，而要能解决实际问题的“流程改善”“绩效办法”。总之，能让他们工作既轻松又高效是他们最希望得到的。唯有如此，才可能做出有能工巧匠般心思的决策。

3. 你会问对问题吗

“元芳，你怎么看”——这是曾经的网络流行语，而其背后蕴含着丰富的管理哲学，它应该成为决策时的常用语。为什么呢？

狄仁杰总问“元芳，此事你怎么看”，结果元芳不但把事给办漂亮了，而且还不离不弃，自始至终地追随；刘备总问诸葛亮“军师，可否有良策”，结果诸葛亮不但能掐会算，而且做到了“鞠躬尽瘁，死而后已”；然而，诸葛亮没有问团队“你们是怎么看的”，结果诸葛亮给活活累死了，而且蜀国无人能接班灭亡了；司马懿总问下属“如果你是诸葛亮，你会怎么做”，结果，司马家族人才辈出，夺得了三国之后的天下。

以史为镜，总结教训。在领导力日益重要的今天，“问对问题”同“心入基层”一样应该备受重视。它是决策者的一项基本技能，如果掌握不好，开展相关工作时会“困难重重”。

重大决策，特别考验决策者的匠心。例如，在召开会议讨论重大决策时，作为决策者是先表态还是后表态呢？我的建议是先将发言权交给参会者，而决策者只要说“大家的意见如何”“你们说怎么办”之类的话。

决策者一旦先表态，就会影响其它人的看法，左右其它意见的提出。通常他们会认为自己没有必要表态了，会堂而皇之相信“领导是对的”。此时，“凡事听领导的”这样的权威主义就开始发酵了。所以，有匠心的决策者不先表态，而是问对问题。

在三国故事中，有一回，丞相诸葛亮让马谡负责守街亭，其结果是马谡被围，街亭失守，诸葛亮不得不挥泪斩马谡。今天看来，街亭失守到底该谁负主要责任呢？很多人会认为诸葛亮用人失察，难辞其咎，他们的理由是刘备临死时特别告诫过诸葛亮，"马谡此人言过其实，不能重用"。而马谡在此役中的确如此，缺乏实战经验导致丢了街亭，尤其是马谡违背诸葛亮的指令，跑到山上安营扎寨，导致军队被围困，缺水断粮，最终不攻自破。

这个判断看起来似乎合情合理，实际上，仍然存在不少疑点和漏洞。其一、当时的蜀国已出现"蜀中无大将"的困境，无人可用怎么办？不得不用；其二、能力是干出来的，马谡需要在实践中培养，如果不给他机会如何能重用？其三、马谡是主动要求守街亭的，领导者是否会思考：作为文官的马谡为何主动请战呢？实则是马谡不服自己被同僚认为他是"纸上谈兵"，没有实战经验的原因。

所以，街亭失守不能认为主要问题是诸葛亮用人不当。当然，我们不排除诸葛亮在用人问题上有失察之责。

我认为，诸葛亮犯的最大错误是"不问马谡怎么办"。试想，当时诸葛亮在看到马谡主动提出请战的要求时，直接追问马谡："你打算怎么守街亭？"那会是怎样的情景？显然，诸葛亮可以了解到马谡脑海中根深蒂固的"占山安营扎寨"的布阵思维、对战事考虑不周全及盲目乐观的轻敌心态诸问题。

然而，实际情况是，诸葛亮按照他的一贯领导风格，直接命令马谡"当道扎寨"。当时，急于建功立业的马谡没有多想，直接领命出发了。

马谡到达街亭后，发现街亭有一座山。于是，他喜出望外，以为丞相诸葛亮不了解街亭的地形，毅然决然地跑到山上安营扎寨。即使副将王平多次提醒"这是违抗军令"，但还是被马谡"将在外军命有所不受"的回复所否定。诸葛亮这种"听话照做"的做法不适合刚愎自用的马谡，也不适合当下的年轻人，特别是知识工作者。

在三国故事中，诸葛亮是一位典型的只跟下属说方法或步骤而不讲缘由的领导者，他几乎从不用问的方式去了解和启发下属，他的口头禅是“天机不可泄露”“老夫自有妙计”“届时打开我给你的锦囊就可以了”等。此等不倾听与发问的决策方式是行不通的，它害人又害己，最直接后果就是“蜀中无大将”“姜维接不了班”。

日本经营之神松下幸之助说：“管理者，首先倾听下属的意见。”这句话对我的影响很深，“你的想法是什么”“为什么呢”“你为何会这样想呢”，我经常这样问别人。倾听下属的意见已成为我的习惯，我会从不同的角度询问他们的意见。这样一来我就可能听到不同的声音，还能提高下属的参与感，同时，能更好地了解下属的思维习惯和做事方式。其直接好处就是避免下属犯本不该犯的错误，这对工作的执行大有裨益。

倾听他人的意见应该成为新工匠的一种工作常态，它不只是决策时的需要。平时多问问他人的看法，既可以增进彼此的了解，又可以沟通相互的感情。那些在讨论重大问题时不能实现畅所欲言的团队，问题跟这有很大的关系。

我有一个习惯就是，每隔一段时间就从自己的办公室走进团队中间，到下属的工位边坐下，跟他们分享我最近读的书，然后问问他们“你怎么看”。很多时候，工作上的问题，我自己是有答案的，但还是会询问员工的看法。一是想表达对他们的关心和重视；二是了解他们的思维模式和做事方式；三是有可能听到不同的声音，以帮助我做出更加合理与正确的安排。这种习惯让我收获良多，我会一直这样做下去。

我发现一个有趣的现象：**管理者什么都“知道”，领导者有很多“不懂”。于是，管理者在工作时就陈述的多，而领导者问的多，倾听**

的多。长期以往，管理者的下属是“越来越不懂”，工作越来越依赖上级，而领导者的下属是“懂得越来越多”，凡事有自己的见解，也能主动突破重大挑战。这个现象其实就是管理者与领导者的明显特征，也是是否拥有匠心的重要标志之一。

从表面上看，领导者是一种示弱行为，实则有效激励与启发了下属。这种做法把他人和自己结成了伙伴关系、同志关系。我建议尽量让下属一边思考一边行动，绝不能让下属沦为做事的“机器”。事实上，没有人愿意像机器一样的工作。如果你的多数员工跟你说“没有想法”“不知道怎么办”，你可能认为他们是台“机器”，其实罪魁祸首不是别人，正是管理者本人。这是管理者平时倾听下属的意见太少了，或者彼此没有形成双向沟通的良好氛围。

那么，一个有匠心的领导者究竟应该怎么做呢？

我们仍然以三国演义中诸葛亮让马谡守街亭的故事为背景。当马谡站出来要求请战时，作为领导的诸葛亮首先应该问：“马谡，你勇气可嘉，那你打算怎么守住街亭呢？”接下来，马谡很有可能说出自己脑海中原本的想法：“……如果街亭有险要山地，我会首先占领制高点，让军队处于居高临下的有利地形地势……”

我们应该完全相信以诸葛亮的聪明才智是可以想到占领高地的一些不利的因素的。注意，有匠心的领导者通常不会立即否定下属的意见，而会用提问的方式与下属深度沟通，有效提醒下属。所以，诸葛亮的回答是，“马谡，如果你驻扎到山上，当敌人围而不攻，切断你的水源和粮草，你该如何是好？”这一个提醒很重要，特别是用问的方式，既不否定也不直接给方案，目的是启发下属进一步思考，这对培养下属很有帮助。所谓匠心，在此处就体现得淋漓尽致，三国故事中的司马懿在这方面的表现“独具匠心”，值得推崇。

假如马谡对以上诸葛亮的问题不以为然，那么，马谡就得有充分的理由说服诸葛亮及相关人员。否则，诸葛亮就有充分的理由不让马谡担当此任，至少马谡不是合适人选。

当然，以诸葛亮在军中的威望，马谡会恍然大悟，甚至说出这样的话来："根据丞相的提醒，我把大部分的军队驻扎到开阔地带，然后派一支小分队秘密埋伏山上……"此时的诸葛亮可以很欣慰地赞赏马谡说："马谡，此事就按你说的去做！好了是你的功劳，办不好就提人头来见。"相信，此等有匠心的决策方式既有利于做事，又有利于培养人才。

通过这样的问话方式，既体现了领导者愿意倾听下属意见的开明，同时，也彰现领导者懂得启发下属并由下属自行决策的高明。对领导者来说，可以发现下属的思维习惯和做事方式，从而及时提醒工作中的不足及可能的风险。这种方式既可以做出行之有效的决策，又可以使决策得到很好的落实；既可以实现"兼听则明"的效果，又能创造出下属的参与感。我认为，这是一种匠心独运的决策方式。匠心所致，不但能做出有效决策，还能培养一批主动思考的人才。

值得补充的是，所谓的倾听并非是要完全听从对方的意见，而是在"创造参与感"的基础上，倾听到不同的意见，从而引发更多的思考，能从某种可能的方案中发现背后的风险，以做出万无一失的决策。

4. 决策一般从哪里开始

决策应该从哪里开始？是收集事实，还是关注个人见解？从三国故事赤壁之战可以找到答案。

当东吴得到消息，曹操欲将率80万大军来攻打他们。孙权是如何决策的呢？孙权召集文武百官共商对策，没有表达自己的意见，先听取大家的见解。文武百官一番争吵后，最后的情形是，文官们主张投降，武将们表示要坚决抗曹。于是大家等待领导表态。可是，英明神武的孙权在认真听取了大家的意见后，却没有当即表态做出决策，而是宣布明天早朝再做定夺。此做法符合重大决策的“隔夜”原则。

值得一提的是，孙权还做了一件很重要的事情，就是单独和鲁肃、周瑜等人深入交换意见。孙权经过一番深思熟虑，最终的意见是“联刘抗曹”。尤其是，孙权在宣布自己的决策时，以“削砍桌角”为誓，表达“统一抗曹”的目的与坚决抗战的决心。不得不说，孙权是一个做决策的高手，凝聚匠心打造完美决策，既充分听取大家的见解，又深思熟虑地“独断专行”。

从孙权的做法中，不难看出，**决策首先是倾听大部分人的意见，然后和少数核心骨干人员进行商讨、碰撞和争论，最后以自己的意见为主。**没有商讨、碰撞和争论就很难产生出周全的正确决策——这个步骤在决策时不可或缺。

那么，决策应该从哪里开始？答案已很清晰，从个人的见解开始。这一点上，有些人的看法是从收集事实和数据开始，他们认为这样会比较客观些。这似乎是一个不错的想法，也符合很多人的思考习惯——常见到一些经理人在做工作规划时，首先是收集资料。其实，这是一种很糟糕的做法，容易落入“固步自封”“因循守旧”的陷阱中。

要知道，“事实”通常指过去已发生的情况，它并不能代表现在和将来，而“决策”是要为将来或未发生的事物做出判断及规划。若一味从历史数据中寻求答案，对未来的把握就会受到局限，无前瞻性可言。而每个人的见解则不同，它结合了过去，把握了现在，预判了未来。这是一种经过辩证思考和综合判断得出来的结论，更具有现实意义。

所以，**有效做法是鼓励大家提出自己的见解，并要求大家深思他人的见解，绝不能是先收集事实。**管理大师彼得·德鲁克在《卓有成效的管理者》书中也提到类似的做法。

在一次论坛上，有一位知名的企业家说“我是不太相信经济学家的判断，因为他们通常是对过去的数据进行理论分析，从而得出结论。企业家应该是创造者，是要对未来进行大胆创新、探索和预判的。”这句话虽然有些偏激，但是说明了个人见解在决策时的重要性。

我相信，一个没有见解的人是无法做出正确决策的。依赖过去的财务数据，一是步子会比较慢，二是财务数据有时会蒙蔽人——缺乏对当前环境的客观分析及对未来的有效预判，至少考虑问题不够全面。这种做法常常是过多关注已发生的事情，而忽略未发生的事情。然而，未发生的事情往往比已发生的事情更重要。

诚然，集思广益与畅所欲言是有效决策的先决条件。极具匠心的决策者常常善于用头脑风暴的形式以获取很多好的创意。他们并不只是在意能否得到独妙的创意，他们深深地知道，如此可以从人们的碰撞中捕捉到更多有用的信息与见解，从而引发出新的思虑与灵感。只有愚蠢的决策者才会说“听他们说这些没用的简直是浪费时间”之类的话。

极具匠心的决策者还十分清楚，头脑风暴这样获得创意的方式还不够，“权威主义”时常在他们当中作祟。一旦某个领导或专业人士发表看法后，很多人就会像“墙头草”一样附和。接着一些胆小的人，就将创意埋在心里，直至好的创意“死掉”和“腐烂”。

此时，极具匠心的决策者会采取另外一种产生创意的办法，那就是德尔菲法——即让每一个参与者将自己的看法匿名写下来，谁也不知这个意见是谁写的。然后，将所有人写的意见汇总到一起，并让所有人员看完其他人的意见，并思考他人的意见，最后再独自思考，写出自己的最终意见。此做法可以多次采取匿名的办法，进行多次的碰撞。

这种不受权威主义干扰的做法既可以得出个人的独到见解，又可以在他人意见的基础上，升华与拓展自己的见解。这的确不失为一种集思广益的好做法。

5. 是否需要寻求意见一致

决策究竟是要追求意见的一致，还是要有不同的声音呢？让我们先看看优秀决策者的做法。

一位公司的高管在讨论会上提出了一个大胆的设想，令他意外的是，所有人都赞成他的设想。一般而言，接下来的场景是，高管以胜利者姿态自信满满地说："既然大家一致同意我的设想，我看这件事就定下来，希望大家全力配合，届时我们搞庆功会。"然而，这是一位极具匠心的高管，他的回答出乎了所有人的意料，他说："既然大家都同意，没有问题，这个设想要缓一缓，等你们有了不同的意见，我再做定夺。"听到领导这样的回答，我们完全可以想象大家是你看我、我看你满脸狐疑的表情。

为什么呢？你可能会匪夷所思：这不是很符合"众望所归"的领导原则吗？

这位极具匠心的高管，回答大家的理由是："一个设想不可能没有问题""没有问题是最大的问题""就算是没有问题，人人都认为好的创意是平庸的"。极具匠心的决策者与一般人的不同之处就体现在这了。

这是一个很不错的决策理念。据了解，它最先出现在美国通用公司前总裁斯隆的身上。基于这样的决策理念，斯隆在通用公司独创了权力下放的事业部制。因为事业部制的灵活作用，通用公司一举击败曾经不可一世的福特汽车公司。要知道，那时候的福特汽车正处在“老板一人说了算”的独裁管理模式时期。毫无疑问，这个模式有利于发现各种可能性，有利于发现前瞻性的新事物。

有意思的是，在另外一次决策场景中，情况恰好相反。某公司的高管提出了一个比较奇葩的设想，在倾听大家的意见时，意外地遭到大家的集体反对。常规情况下，这种集体反对的设想是无法推行的。可谁也没想到，这位高管耐心听取大家反对的理由后，他说：“这个项目就按我的意见去实施。要是等你们个个都想明白了，到时候恐怕就没有机会了，黄花菜都凉了。”

不会吧？也许你的脑海此时已冒出“独断专行”这个词了。而我却认为，这个领导的做法是值得倡导的。为什么呢？

首先，**我们要做一个正确的决策，而不要做一个大家是否同意的决策。**无论是集体赞成还是集体反对都不是决策的依据，最有效的依据是正确性。其次，决策要倾听大家的意见，但不能被大家的意见左右。要能从不同的意见里，选择有效的意见，并敢于做出不受欢迎的决定。“独断专行”也不是不可行的，关键是要认真倾听他人意见，经过再三思考与权衡，最后做出正确判断。我认为，有时“独断专行”是一种睿智和担当。

所以，**决策绝不是要寻求意见的一致，而是以互相冲突的意见为基础。**那些总是要寻求意见一致的人，要么不敢担当，要么没有自己的见解，是很难成为新工匠的。

摩托罗拉公司前董事长盖瑞·托克说，有反对声的想法是健全的想法，因为这是真正有实力的想法，也因此值得我们尝试。如果大家都认同的创意，事实上并没有多大的机会。即使10个人中只有1个人赞同，看上去有点反常规，往往能一击即中。

的确，决策需要听到反对声音，反对声音的背后可能是某个风险的“另一个方案”。我相信，运用反面意见可以帮助决策者制定出正确的决策。我曾有一个下属，经常跟我的意见不一样，常常让我很不悦，我很少采纳他的意见，但有趣的是，他的反对意见总是起到了提醒与鞭策的作用。我曾经跟他说过这么一句话：你总是跟我唱反调，但这是你的价值，假如你的意见和我永远是一样的，那么，你对我可能就是多余的。

同时，要知道，反面意见可以保护决策者不致沦为组织的俘虏，其本身可能是正式决策所需的“另一方案”。有两个及两个以上的备选方案是决策的基本要求。只有一种方案，根本就不是决策。

大家都认为好的时候，未必是真的好——人人都说好的创意是平庸的。同样，当大家都认为不好的时候，可能蕴藏很大的机会。任何一次财富的缔造必将经历一个过程：先知先觉经营者，后知后觉跟随者，不知不觉消费者。历史上的朱元璋在陈友谅和张士诚，拿谁先开刀时，谋士将领普遍认为张士诚比较弱，希望先对付他，并因此可占据江浙一带的土地，扩张自己的势力，然后再与陈友谅决战。而朱元璋做出了他经典的判断：张士诚的性格是“器小”，陈友谅的性格是“志骄”，器小无远见，志骄必生事。如果我进攻陈友谅，张士诚必然不会救他；而进攻张士诚，陈友谅就一定会动员全国兵力来救，这时我们就要两线作战，到时战争结果就很难说了。事实证明，这是一个天才的判断。

最后，特别想表达一点，**在内部要大胆争论，要有不同的声音，然而一旦走出去就只有一个声音。**

第 8 章

匠道：专业主义

《庄子》云：技进乎道。成功人士总能在意想不到的地方发现价值，他们遵循的是“道”，而非秘籍。所谓道，就是万事万物的运行轨迹，事物发展生生不息的原则。

凡是历史上有作为的人，也许不知“道”为何物，但他的所作所为，一定符合大道。得道者昌，失道者亡。我们所要做的是：知道、明道、得道、守道。

屈原在《离骚》中第97句诗“路漫漫其修远兮，吾将上下而求索”，成为很多人用以自励的千古名句，意在追寻真理时，前方的道路虽然很漫长，但我将百折不挠，不遗余力地去追求和探索。

修炼匠心，就是需要这样“上下求索”的专业主义，如果你比对手更专注、更专业，你就能把他远远抛在身后。有的人似乎天生具有这样的远见卓识，不过后天也能培养。

1. 努力成为行业一根针

你是那只聪明的狐狸，还是那只“笨笨”的刺猬？相信很多人都不愿做“笨笨”的刺猬。

古希腊寓言《刺猬与狐狸》说，狐狸行动迅速，皮毛光滑，聪明灵活，看上去准是赢家。而刺猬看上去毫不起眼，走起路来一摇一摆，整天到处走动，寻觅食物和照料家庭。有趣的是，当狐狸狡猾地设计无数复杂的策略，向刺猬发动进攻时，刺猬每一次都蜷缩成一个圆球，浑身的尖刺指向四面八方。尽管狐狸比刺猬聪明，但屡战屡胜的却是刺猬。

诚然，狐狸追求着很多目标，把世界当作一个复杂的整体来看待。它的思维是凌乱或是扩散的，在多层次上发展，从来没有使它们的思想集中成为一个总体理论或统一观点，而是掌握了很多方法。而刺猬则把复杂的世界简化成单个有组织性的观点，一条基本原则或一个基本理念，发挥统帅和指导作用。

值得我们学习与借鉴的是，不管世界多么复杂，把所有的挑战和进退两难的局面压缩为简单的刺猬理念，强调深刻思想的本质是简单——专注自己的核心竞争能力，而不去轻易分散自己的精力和资源。**那些盲目“开枝散叶”的做法常让自己陷入困境，因为精力根本顾及不过来。**

工匠似乎天生具有刺猬的秉性，思维简单，定位明确，偏执地专注某一细分领域。他们常常说，“我们是这个行业的专家”“我们专注于自己的竞争力”“我们要成为小市场的主宰者”“我们要在小市场做出大成绩，而不是在大市场做凤尾”。他们用最简单的招式使自己成为行业中的“一根针”。

而有的企业一旦稍微做大就想多元化，但是工匠型企业绝不！例如，“螺丝大王”伍尔特的公司，1954 年创立时才几名员工，现在扩展到 6 万多名员工。它的成功在于，不受外界干扰，不受短期利益的诱惑，自始至终专注核心领域，坚持“单一”产品——螺丝，一心一意打造自己的核心竞争力。

那么，如何成为行业中的“一根针”？

第一，要有成为第一的雄心。大凡优秀的企业，特别是高瞻远瞩的企业，他们都有成为翘楚中的翘楚的愿景，表现得极具“野心”，正是这样的“野心”刺激着工匠们不断追求卓越。

日本树研工业株式会社董事长松浦元男说“小，我是故意的”[①]。

---

① 《小，我是故意的》作者：松浦元男，译者：李叶玲，出版时间：2011 年。

这家企业成为了日本中小企业中的明星和“隐形冠军”，其开发的粉末齿轮占全球超小齿轮市场的70%以上的份额。值得一提的是，树研工业于1998年成功研制出十万分之一克的齿轮，好评如潮。2002年又推出百万分之一克的齿轮，震惊了日本乃至全世界。

从树研工业身上可以看到激情燃烧的雄心。那么，对于立志成为工匠型的企业来说，可以借鉴的做法是，建立极具挑战的愿景。例如：

“我们的目标是做全球的老大，而且要永远霸占这个位置”；

“我们要在这个领域成为全世界最优秀的一员，不仅要占据最高的市场份额，而且要在技术和服务方面是最出色的”；

“我们要做市场的领袖，不作它想，第二我们都不做”；

“市场的游戏规则要由我们说了算，我们要成为这个市场的精神领袖”。

第二，专注某一细分领域，即使非常狭小的领域，因为全球化给这样的企业带来了契机，而且容易形成竞争力。德国能够保持所在领域出口世界第一，就是赢在这些具有“刺猬理念”的隐形冠军身上。他们有一个共同特点，专注某一细分领域，并拥有优秀的技术传承和创造。

浙江义乌有一家专门生产吸管的企业，名叫双童吸管。目前，双童吸管已经占领了国内70%以上的中高端吸管市场。双童吸管以其核心竞争力占据市场，不求量而求精，秉持情感化、功能化、娱乐化，受到了市场的广泛欢迎。其价格是市场上同类产品的10倍，却依旧供不应求。

董事长楼仲平曾发了一条微博：“很多发达国家都有这么一群商人，他们家族企业几百年只生产一种商品，但却能把这种商品做成艺术品。我就是要做这样的商人。”20多年来他一直孜孜以求，公司先后承担了《聚乳酸冷饮吸管》中国轻工业标准、《聚丙烯饮用吸管》中国国家标准和《食品用塑料吸管细则和规范》ISO国际标准的起草编制，全球塑料吸管行业国际标准的细则条文均来源于双童吸管提供的数据和验证支持。

第三，懂得做减法。就是缩减相关弱势业务，实施相对简化的经营理念，集中优势资源与精力进行重点突破。“做加法”令人欣喜，“做减法”可能令人痛苦，但是，不坚决砍掉某些非核心业务，最后什么也得不到。

我曾辅导过一个生产化妆品的企业，一开始他们的产品很广泛，有面膜、彩妆、洁面、爽肤水、BB 霜等，每一个方面都有一定的市场空间。随着行业竞争的加剧，企业相关资源捉襟见肘，企业经营越来越困难。我的建议是，砍掉其他相关领域，集中精力在某一两个优势领域。后来，这家企业果断砍掉其它相关领域，重点在彩妆方面发力，取得了前所未有的发展，赢得了更大的市场空间。

做减法比做加法更加重要，“少即是多”，专注某一细分领域往往会获得较大的市场份额。企业越专注，就越专业，用户就越青睐。所以，**要在非战略目标上拒绝客户的需求，专心致志地做好一款产品。**

在全球竞争激烈的市场中，只有领先对手才能立于不败之地，任何事业部门存在的条件就是在市场上“数一数二”，否则就要被砍掉、整顿、关闭或出售。这是杰克·韦尔奇任 GE 公司董事长时做得最正确的一件事，因此成就了他“全球第一 CEO”的光荣称号。

2. 牢牢攥紧你的用户

得用户者得天下，这恐怕是再熟悉不过的一句话了。可如何“掳获”用户的心呢？

美国英特尔公司专门生产与研发 IT 硬件的核心部件 CPU，这似乎已家喻户晓。要知道，它并不直接参与终端用户的销售和服务，但用户就是认可它。在购买电脑时，人们通常会确认是否为英特尔公司的 CPU。当然，电脑经销商也是极力宣传英特尔的 CPU。这就是典型的把用户牢牢攥紧在自己的手里。

如果能直接销售给用户，最好自己掌握用户，不在自己和用户间插入第三者。因为分销商可能跑掉，要把用户关系牢牢地掌握在自己手中。即使需要经销商，也要依靠品牌和技术的力量使公司能牢牢抓住用户，让用户认同的是产品，是品牌。

有了广大用户的认同，就如同命运掌握在了自己的手里。为摆脱大渠道商的依赖与控制，当年格力电器挑战渠道商国美电器，就充分体现了自身的实力与底气，但这一前提源于用户的认同。没有广大用户的认同，就很难摆脱被别人掌控的命运。

华为这些年的华丽转身也充分体现了这一点——在国内市场上，华为过去的命运就掌握在国有四大通讯运营商的手里。用户并不在意是华为还是中兴提供的设备。如今，华为的品牌影响力如日中天。

欲想牢牢“攥紧”用户，就要加大产品投入，把产品做到极致——好产品会说话。

过去，有了渠道就有了一切，就不愁产品卖不出去。今天，这个神话已被打破——有渠道未必能赢，没有渠道照样行走天下。如今“渠道为王”已让位于“产品为王”。企业可以省掉许多渠道开发与建设方面的成本，将这笔费用投入到产品的“匠造”上。

苹果手机之所以能够迅速获得大众的青睐，就是源于产品的“匠造”。不管是现在还是将来，企业都将赢在产品上，渠道会慢慢退出历史舞台。这是新工匠时代的发展趋势，它也符合“去中介化”的互联网思维。

这一思维的转变，让“酒香不怕巷子深”得以回归大众视野。企业建立将用户牢牢攥在自己手里的坚定想法，不断打造极致的产品。这是企业谋求用户离不开它的战略之道，也是成为工匠型企业的法门之一。

牢牢“攥紧”用户要明白：客户是上帝，还是用户是上帝？显然，没有用户的满意，就没有客户的持续买单。比如，你可能是微信的用户，但未必是微信的客户，但微信对用户的投入远远大于对客户的投入。

重点关注你的用户，让用户满意而不再只是围绕客户的满意。“用户第一”是一种长期发展的战略思维。让客户满意，而忽略用户满意，这只能获得短暂的繁荣。所以，不但要将产品做好，而且要好到超出用户的期望，让用户尖叫。

如果你想成为全球市场的领导者，那么你的用户也必须是全球顶级的。如果让一些庸庸碌碌的只需要便宜低质商品的用户成为你的目标用户，那你永远成不了气候。所以，企业不但要牢牢“攥紧”用户，还要牢牢锁定全球的顶级用户。

一般认为，最好把很多业务交给别人完成，自己只完成核心的部分。然而，你若想将用户能攥在自己手里，让他们拥有好的产品和服务，就得自己亲力亲为。如果你的资源是从市场买的，那么张三李四也可以买。你若想真正成为独一无二的领导者，很多东西必须从内部发掘。缺乏长期竞争力的企业，通常是“组装型”“加工型”企业。

特别是卓越的品质，要求在产品加工制造方面有特殊的造诣。所以，**企业不要热衷于业务外包，真正的竞争优势就在于有些事情只有自己才做得了，特别是独创性的东西。**

3. 无为而无不为的哲学

方太集团总裁茅忠群的办公室墙上悬挂“无为而无不为”的书法作品，最为吸引人。这幅书法不仅仅为了装饰，而且涵盖着他的经营管理哲学。

1994 年，上海交通大学电力自动化硕士毕业的茅忠群，选择回家帮扶家族企业，但他不愿意简单继承父业，而是要另辟蹊径。经过市场调研与考察，茅忠群出乎意料地选择相对成熟的厨房油烟机行业，且大胆定位高端市场，与国外知名品牌较高下。当时，国内做油烟机的企业只敢做中低端市场，高端市场基本被欧美的企业“霸占”。在一片反对声中，这个决定被他拍板而成，要知道连父亲茅理翔（已创办了慈溪无线电厂，被誉为“点火枪大王”）对此也持反对意见。

油烟机市场不是蓝海市场，国内已有 250 多家厂商，产地集中在珠三角和江浙地区。要介入这样一个红海市场，建立一个新品牌谈何容易，何况是高端品牌。方太之所以敢定位高端市场，并非盲目的胆大，而是经过深入分析和长远的谋划，预测到中产阶级的崛起，消费市场会走向高端化。方太公司始终坚守三大定位——行业定位专业化、市场定位高端化、质量定位精品化。在这一明确定位下，始终坚持自己的核心价值观，不盲目扩张，怀揣一颗匠心，对产品和服务孜孜不倦，极致追求。目前，方太已成为我国厨电领域的第一高端品牌。

1999 年，浙江有三十多家同业企业联合起来，掀起了猛烈的价格战，使得油烟机一度滑落到 200 元左右。在内外巨大压力的情况下，茅忠群拒不降价，死命坚守。方太不但不降价，在 2000 年还推出价格更高的新产品“T 型机”。即使 2003 年价格战狼烟再起，茅忠群也毫不犹豫地再次对价格战说“不”。从此，不打价格战成了方太的经营铁律。

方太不但不打价格战，还坚决不上市。对于大多数的企业来说，上市是成功路上最重要的里程碑，甚至是目标。有无数家的券商为方太出具上市方案，都被茅忠群拒绝。他认为，公司上市以后，就会掺杂很多财务方面的考虑，容易导致目标偏移。他不希望有太多的杂音来干扰企业。

茅忠群还拒绝“豪门”的绣球，即拒绝帮外企巨头贴牌代加工。当地政府建议整合当地的小家电企业成立多元化企业集团、有人建议考虑另建品牌做低端的市场，都被他一一否定。

我们从茅忠群身上看到了道家老子的无为哲学。道家所宣扬的“无为”是一种生存的大智慧，而不是终极目标。“无为”并非无所作为，什么事情都不做；而是按“道”行事，处世立命，必须摒弃妄自作为，远祸慎行，追求朴素节俭、清静寡欲的境界。

茅忠群深谙此道，他说不做 500 强，要做 500 年。见过茅忠群的人，都知道他是一个儒雅的人，骨子里透露无比坚强的一面。

诚然，“无为而无不为”不是不作为，而是不妄自作为、不乱为、顺应客观态势、尊重自然规律。世界上存在可以进行的竞争和不可以进行的竞争，中小企业不应该在“价格、规模、品种”上争胜负，而应重视“技术、品质、财务”。充分运用 SWOT 分析法，将自己的优势、劣势、机会、威胁进行系统分析，寻求适合自己发展的战略，不盲目地参与竞争。

选择不做什么比选择做什么更重要。**许多企业不成功不是因为没有机会，而是机会太多——经不起诱惑，什么都做，结果什么也没做好。**做战略很大程度上要懂得放弃，这是企业发展阶段必须承担的牺性，先做精和做强，再考虑做大。当别人抱怨没有机会时，成功者却主动选择放弃机会。

没有淡季的市场，只有淡季的思想。**所谓淡季市场，就是产品创新懒惰的结果，不在核心竞争力上下真功夫，而是进行类似价格战的做法。**然而，没有哪个品牌是靠“价格战”建立起来的，涨价反而更能树立品牌。发起多轮价格战的长虹、TCL如今已被不打价格战的海尔、格力和美的们远远甩在后面了。价格低就意味着利润低，利润低就无法保证研发的投入，产品只能用老技术，严重损害用户的信任感与忠诚度。

“无为而无不为”包含“有为有所不为”的意思，老子提出了无为思想，呼吁要“无为而治”恰恰是“有所作为”。总之，“无为而无不为”就是应该做的一定要做，不应该做的就坚决不要做。

4. 技术是1，营销是后面的0

近年来，转型升级是个非常热门的话题，是出现频次最多的字眼之一，也是目前企业思考最多的问题之一。但从字面来看，转型在前，升级在后，人们似乎更加重视转型，其次才是升级。

没有技术升级，转型将会是一场死亡之旅。技术是1，营销是后面的0。

记得有一次在互联网思维的课堂上，有一位企业负责人跟我说：“自从大家都在谈传统企业向互联网转型时，我们就与时俱进，生怕跟不上时代发展的步伐，于是计划从3亿的销售额中要让15%的销售额搬到网上去，3 年内要让 50%的销售额搬到网上去。但是，这一年下来，参加天猫、京东等各个平台的活动，3 亿的销售额中确实有 5 千万销售额在网上完成了，但我们却亏了 500 万。这不是自寻死路嘛。”

我说，现在的网店比店面的成本还要高，买直通车，买竞价排名，盈利都被电商赚走了。2014 年，阿里巴巴的净利润达 44.6%，而制造业利润不到 10%。为什么会这样呢？只是把产品搬到网上并不是互联网转型，必须在技术上进行升级，没有技术升级的互联网转型就是在“找死”。

盛田昭夫说，技术才是财富的真正源泉。谁控制了核心技术，谁就对产业价值有话语权，有支配力和影响力，有议价能力。简而言之，技术升级大于业务转型。

20 世纪 70 年代，同样以固执死磕、忠诚专注著称的日本人发明了石英手表，以超级廉价和轻便的优势，对传统的机械表构成致命的打击。一方面日本电子钟表便宜，质量也不错，而瑞士钟表价格昂贵，因为瑞士的人工成本非常高；另一方面日本的电子计时技术开始在全球盛行，严重冲击钟表市场。

在那六七年时间里，瑞士钟表遭遇了一场灭顶之灾，其产量在全球的比例从 45%陡降到 15%。超过 10 万钟表工人失业，可是，在经历了二十多年的艰难升级之后，瑞士手表居然奇迹般地走出了低谷，甚至迎来了前所未有的新繁荣时刻。

如今，瑞士钟表走出一条发展之路，其价值远高于黄金。市面上随便一块劳力士表的价格恐怕都不逊于同重量的黄金，而且随着手表的停产或限量发行，它们的价值只会“与日俱增”，因为它们凝聚了匠人大量的心血和情感，相比只有自然属性的黄金，更有着不可替代的人文底蕴和工艺价值。

那么，人们不禁会问：瑞士钟表业是如何做到的？

第一，瑞士钟表拒绝转型，专注升级，坚持制造手工机械表。

二十多年里，他们偏执地在机械表的功能上进行升级与创新，开发出诸多极其复杂的工艺。譬如，升级版的陀飞轮、卡罗素、万年历、月相、两地时，甚至还有中华年历表。在宝珀公司，有一款名为“1735”的机械表，内有 744 个零件，最小的细如毫发，一位顶级表匠全心投入，一年只能制造出一只。

当时，有人说，瑞士人工成本高，可以把生产外包，品牌还是用瑞士，也就是贴牌方式。但是，瑞士人并没有这样做。他们相信自己有几百年的钟表制作经验和更优秀的制表匠，是别人无法替代的。后来，他们把复杂的零部件做得更加极致，比如原来 300 个零部件，最后做成只有 100 个零部件，这样成本低了些，但质量更好。

第二，瑞士钟表强势并购，形成超大型钟表集团。

随着数以千计的中小型表厂的破产，瑞士人展开了大规模的同业并购。到今天，瑞士形成了斯沃琪、劳力士、Vendome 三大钟表集团，控制全球八成的豪华钟表品牌和生产能力。这样瑞士钟表的技术研发优势得到了进一步拓展与延伸。

第三，实施全球化品牌战略，引领世界奢侈品消费浪潮。

从 20 世纪 70 年代到 80 年代，在美国和日本的强力压迫之下，欧洲制造业在成本控制和效率提升两方面几乎完败，以至于众多行业分崩瓦解。相反钟表业守正出奇，背靠文化，走出一条高附加值的奢侈品牌之路。

从瑞士钟表发展轨迹，我们得到的启发是，虽然不能拒绝转型，但是技术升级是不可回避的。比较好的逻辑是，技术升级第一，业务转型第二——不要一遇到问题就考虑业务转型。

所以，专注技术升级，并不断向上“攀登”。它是匠道的核心，是成为工匠型企业的核心流程之一。

技术升级是指技术发展过程中技术的改进、更换。技术的改进包括改进产品设计，改进生产工艺和操作方法，改进设备和工艺装备，采用新材料和新燃料。技术的更换则是用新技术更换旧的技术，以提高产品质量，提高劳动生产率，节约原材料，降低产品成本，改善劳动条件等。

在技术方面进行一系列改进、更换，将不断地促进生产力的发展，提高经济效益，使企业能适应社会的变化。

然而，中国企业普遍存在的一个问题是，在营销上的投入大于产品研发与品质提升的投入。很多企业舍得花钱做广告，在渠道上大量投入资金，却舍不得在研发上大量投入。要知道，营销上的投入只可以获得短期利益，但技术上的投入可以获得长期利益。工匠型企业让“技术第一，产品为王”成为首要的经营法则，尽可能去掉中间渠道，减少推广上的投入。这是企业长远发展的硬道理。

我发现，一些心无旁骛看似有些笨拙的企业家绝不轻言转型，而是不断升级，在失去了许多看似诱人的机会之后，居然超过了那些一度绝顶聪明又“身段柔软”的企业家，成为行业的佼佼者。例如，我去嘉兴新凤鸣集团公司讲课，参观了他们的生产车间，自动化程度非常高，很多的工序已经智能化，原本 100 多个人的车间，只需要 10 个人就够了。这就是最近兴起的“黑灯车间”。

个人的成长亦如此。有的人只追求外在的风光，却不注重内在的修为，一旦遇到危机就跌入谷底，就无法再爬出来。而有的人，非常注重自身的不断升级，在危机面前临危不惧，从容应对。

对企业而言，所谓技术升级，就是要以“打造让用户尖叫”的产品为目的，以解决用户问题为原则，在产品、作业流程和管理上进行创新与发展。目前制造业的主要问题是先进工艺稀少、产业技术基础薄弱，低端产能过剩、高端产能缺乏，高精尖产品和重大技术装备生产不足。

不解决这些短板，中国将难以进入世界制造业强国行列。企业如果不进行技术升级，如何跟国外的同行竞争是个严重的问题。考虑到民众连马桶盖这类日常用品都要到海外抢购的事实，用技术升级“中国制造”更显刻不容缓。

技术层面的升级要远远大于业务层面的转型，除非是夕阳产业必须转型的。“打铁还需自身硬”，不在技术上进行升级的企业，转型可能会是自废武功。

5. 这些事应该“亲力亲为”

2015 年，李克强总理在山西太原主持召开了“钢铁煤炭行业化解产能过剩、实现脱困发展”座谈会，在这次会上，李克强总理透露了一个“秘密”——我国竟然连圆珠笔的“圆珠”都生产不了。这件事被媒体报道后，很多人大吃一惊，若不是总理说出来，简直难以置信。

八年前，我曾在浙江义乌做管理咨询服务，走访了那里的制笔企业，了解到圆珠笔的核心就是圆珠，每一个小小的偏差都会影响笔头书写的流畅和使用寿命。笔尖的开口厚度不到 0.1 毫米，要考虑到书写角度和压力，笔珠与墨水沟槽必须搭配得“天衣无缝”，其加工误差不能超过 0.003 毫米。

走访得知，义乌的制笔企业圆珠都是进口的，在义乌加工成成品再出口。那时听到一个说法，为解决圆珠笔的圆珠质量问题，将圆珠笔墨水容量减少，容量刚好与笔头会坏时保持一致。很多人为其点赞，称其为绝妙点子。当时我们和企业负责人讨论过自主研发的想法，企业负责人跟我们说，自主研发的成本远远大于去国外直接采购。不仅他们如此，整个行业的圆珠都是从国外直接采购，且省时、省力、省钱。

我国是制笔大国，有 3 000 多家企业，年产量已达 400 多亿支，笔头的“圆珠”掌握在瑞士和日本等国的手里。作为世界制造大国，我们无法完全自主研发和生产这么小小的东西。显然，这不是什么纯技术问题，而是自主研发理念方面的缺失。

自主研发是指在不侵犯他人（国）知识产权的前提下，依靠自己的科技知识进行的研究和发明。“自主研发”含自力更生的意思。而采取拿来主义，这是对工匠精神的亵渎。从表面上看，我们很精明，搞的是“借鸡生蛋”的策略，问题是生的“蛋”能变成“鸡”吗？未必！没有形成世界级竞争力，也没有做出影响世界的产品。

我曾在一家专门为汽车公司生产管路件、缸盖、滤清器、机油冷却器的公司服务。五年前公司的业务一直蒸蒸日上，而最近五年却江河日下，最根本的原因就是，行业竞争激烈，产品质量跟不上同行的先进企业。说白一点就是研发上投入过少，后续的竞争力严重不足。

2016 年联想电脑再次遭遇亏损。有人问“柳传志是否还会像上一次一样复出重新掌舵”，这让我联想到曾经的“柳倪之争”，究竟是走“技工贸”道路，还是走“贸工技”道路，如今答案已是不言而喻。虽然柳传志带领联想走“贸工技”的道路有其客观性，但是后期联想购买 IBM 个人电脑业务、摩托罗拉手机业务的做法，可以解读为自主研发力度不够。

这种看法或许有点片面，但有一点却是毫无疑问的，那就是联想每年的研发投入是华为公司的 1/5。联想欲摆脱今日之困境，绝非战术层面的问题，而是要在战略上加大研发投入，大步走自主研发的道路。

而国内新工匠企业典型代表华为公司，2015 年投入 92 亿美元进行新技术和新产品的研发，占销售额的15%，超过苹果的85亿美元。2014年的研究经费约64亿美元，已经追赶上亚马逊和IBM，是联想的5倍。未来几年，华为每年的研发经费会逐步提升到100～200亿美元。目前，即使苹果这样的高技术公司每年都要向华为支付不菲的专利费。

核心技术靠自己"亲力亲为"，委托不了别人。"买"可以增大公司的规模，但强化不了公司的竞争力，靠"买"不能让企业长治久安。以自动化设备为例，如果买国产设备，可能达不到高标准的技术要求；如果买进口设备，别人就会开高价赚取更多的利润。

核心技术如果不掌握，很容易被人拿住把柄。比如台湾的高铁技术看起来很发达，但因为不是自主研发，是买自日本的技术。每年被日本收取的维护费就完全抵消了收入，现在还在亏本运行。

国际对最新技术的封锁已经形成国际惯例，市场上买得到的，往往是生产国用剩的上个时代的产品。顶尖的最新技术是绝对不会卖的。用买回来的技术生产产品卖给别人，那不叫厉害。

"买来的技术"都是"暂时性"的，只能在某一时期带来一定绩效。它是一种缺乏远见的生意行为，很难成为企业长期发展的核心竞争力。如果不自主研发，那么永远不会拥有最先进的技术。

科学技术是第一生产力。我们不应该搞拿来主义，要争取独立创新。"亲力亲为"地自主研发形成企业的创新基因，其过程可能会很漫长，一旦形成竞争力将威力无比，所带来的效益是永久的。

宁可慢三年，也要走自主研发的道路。用自己的技术，生产改变世界的产品，这也是"中国制造2025"的基本要求。我认为，企业在研发上的投入至少要占到销售收入的5%以上（目前华为占到15%）。自主研发是企业打造核心竞争力，虽然投入比较大，但造福企业长远。这是一件关乎"企计民生"的大事。

误读3：一生只做一事

有一个人，以做马鞭为生。为了把马鞭做好，他终其一生研究马鞭的制作工艺，选用最上等的材料，坚持用自己的双手来完成每一条马鞭的制作。他的每一条鞭子都堪称艺术品，然而却无法赢得更多的客户，最后破产了——时代已不需要马鞭，人们开始开车了。

“终其一生，只为打磨一件传世的作品”“沉下心来，认认真真做产品”，这种情怀在浮躁和追逐快钱的时代太需要了，此等浪漫到骨子里的行为令人肃然起敬，其专注精神非常可贵，值得去推崇与学习。

然而，脱离现实环境和忽视产品对用户的实用性，把“工匠精神”刻板于“一件事”上，最后就很有可能演变成马鞭制作者那样的悲剧。“一生只做一件事”不能等同于工匠精神，更不能刻板、片面地理解为工匠精神的全部。

正如前面章节所提到的百鸟朝凤的故事，焦三爷固执地专注吹唢呐，却忽视人文环境的变化，这种盲目追求一事的行为，结局当然是悲情的。像此类传统手工艺和历史文化遗产，若只是进行保护无异于“以卵击石”，没有什么实际的作用。我们应该通过创新求变以适应社会的发展，这样传统手工艺和历史文化才能发扬光大。

“终其一生，只为打磨一件传世的作品”的日本新泻县的小林研业工匠们，为 iPod 手工打磨后盖，在这个工业社会到底胜算几何，人们可能无从猜测，但从苹果最终取消订单来看，其前景并不如人们想象的那样浪漫。

在这样浮躁的时代，固然要向“专注和专业”致敬，但科技时代的到来，盲目推崇一辈子只做一件事的“工匠精神”要不得。这种“复古式”的工匠精神并不“走心”，也很难让人们普遍接受。在原有的基础上进行更新与迭代，百般求变，才是正道。在这个日新月异的时代，很多工种被淘汰——不是所有人都能幸运地一生只做一事。

所以，与时俱进，跟上时代的步伐，不断地更新迭代，“工匠精神”才能走得更远，才能被广大人们拥抱。新工匠绝不会死守于传统的一事里，也不会固执于个人的浪漫情怀上，而是关注用户的体验，不断创新与求变；也绝不会固守在不合时宜的产品上精雕细琢，而是推陈出新，为用户提供具现代感的新产品。

第 9 章

匠魂：敬天爱人

“人在做，天在看”——小时候常听到老人说这句话。那时虽然不是很懂其内涵，但能隐隐约约感受到它那股无形的力量。后来，一天天的长大，慢慢明白其中的约束之意，须怀抱敬畏之心。

南宋著名理学家朱熹说，君子之心，常存敬畏。人要敬畏什么？孔子说：“君子有三畏：畏天命、畏大人、畏圣人之言”。古人尚且如此，何况今人呢？我们要敬畏自然、敬畏德律、敬畏用户。这种敬畏之心对做企业很重要，它是企业的生命线。有了它，才可能做出有匠心的产品。若没有这样的敬畏之心，想成为工匠型人才恐怕比登天还要难。

鲁迅先生说“人总得有一种精神”。这个精神就是对某些事物怀有敬畏之心，是它推动着人们向前走。今日若想成就一番大业，没有某种精神，成功会变得遥不可及。

1. 匠心供奉商业之美

长久以来，圆明园承载着中国人某些复杂的情绪，它代表着中国规模宏大、技艺超群的精美建筑，也暗指那段不堪回首的民族屈辱史。它涵盖着慢工出细活、十年磨一剑、追求极致的匠心——清朝 6 个皇帝，历时 150 年建造完工，占地 5 200 余亩，由圆明、长春、绮春三个园而组成的圆明园，被誉为“万园之园”。圆明园规模宏伟，运用了各种造园技巧，融会了各式园林风格，是中国园林艺术史上的顶峰作品。

然而，今日我们所能看到的是历史残痕。所以，除了珠海耗资 6 亿建成圆明园 40 景中的 18 景，横店集团徐文龙又投资 300 亿在浙江横店再造了一个“圆明园”，2012 年 5 月动工兴建，2016 年相继完工。试问，我们能否一模一样地复原“圆明园”？那些精雕细琢的古董收藏、鬼斧神工的建筑景群、杰出的营造技艺能否被现代科技手段与高科技设备复原？

准确来说，清王朝倾全国物力，集无数精工巧匠，填湖堆山，种植奇花异木，集国内外名胜 40 景，建成大型建筑物 145 处，内收有难以计数的艺术珍品和图书文物。在这些建筑中，除具有中国风格的庭院外，长春园内还有海晏堂、远瀛观等西洋风格的建筑群。

无独有偶，德国的科隆大教堂始建于 1248 年，直至 1880 年才由德皇威廉一世宣告完工，耗时超过 600 年——德国工匠的“慢功细活”打造了完美的哥特式教堂。

而 21 世纪，横店复原圆明园历时 4 年，占地约 7000 亩，由春、夏、秋、冬四个公园组成。当你走入其中，那些奇山异石和各类美妙建筑，确有置身于“圆明园”的感觉，美轮美奂，尽收眼底。当我们惊叹现代科技的高超与效率的同时，更会赞叹古代能工巧匠的智慧。我无法准确回答圆明新园是否达到历时 150 年建造的园明圆的真实水平，但从如今很多地方一些被翻新的“古迹”看，从外观上也许能“以假乱真”，但基本经不起岁月的考验。通常所谓的“古迹”，基本是追求商业变现而快速完工的仿制品。

有一位雕花师傅告诉我，古建筑修复忌快，雕花时需边做边琢磨，有时候雕一刀，就会坐下来到旁边喝茶想一想，人放空、心放空、手放空。一直想找到这样一个地方，可以慢慢做自己喜欢的事，没人催没人逼，工作节奏和自然时令合拍，不紧不慢地做出自己满意的东西。这是一种令人向往的工作场景，蕴含着用匠心打造匠品的美妙心思。

写到这，“你必须有一份不以此为生的职业”这句话立刻映入了我的脑海。对于个人来说，实现经济独立而自由创作，不紧也不慢，凭心劳作。这是一种人生之美，也是一种职业之美，应该成为新工匠时代每个人的基本追求。

同时，这也让我想起了李宗盛《致匠心》短片场景：在光线温暖的木工房里，李宗盛专注而陶醉地制作手中的木吉他，伴随着他自己写的脚本和配音——“世界再嘈杂，匠人的内心绝对是安静、安定的。面对大自然赠予的素材，我得成就它，它才有可能成就我。”那画面安静而有力量，感动了无数人。影响我最深的是那句“人生很多事急不得，你得等它慢慢熟。专注做点东西，至少对得起光阴岁月。”

声名卓著的音乐巨匠李宗盛近年来潜心于木吉他的制作，很少写歌，极少进入公众视野。在这期间，李宗盛做过一把叫“慎始”的吉他。他说，在制作过程中想起了年轻时，有那么多吉他少年，个个都说热爱音乐，然而几十年过去，还有几人在坚持？他想跟学吉他的年轻人说，每一个梦想都值得被慎重对待，不能轻易开始又轻易放弃。他还有一把琴，取名“蛰伏”，是想表达：在通往终点的道路上，诱惑和艰难一样多，这时候需要沉下心去蛰伏，不放弃，也不改变初心。李宗盛正是怀着匠心，在音乐领域取得卓越成就。他把人生之美、职业之美和商业之美融为一体，为音乐人树立了典范。

商业本不是生命的目的，只是获取生活资料的手段。若是在商业上融入“匠心”就不会有那么多的“铜臭味”——商业之美尽显，生命之花会含苞绽放。

这些思想也深刻地影响着我。我2008年出版了第一本书，之后并没有“乘胜追击”——接连出版相关书籍，以提高我的行业“地位”。即使出版社和图书策划机构数次主动找到我合作出书，都被我一一拒绝。其中关键原因是，要对读者怀有敬畏之心。目前，中国市面上有不少书籍，但真正的好书却很少，世界级的书籍就更少了。如果写不出好的东西来，就宁愿不写，否则就是对读书的一种亵渎。如今，虽然经过了八年的积累与沉淀，还是“顾虑”自己写不好。不过，不尝试又怎么知道呢？所以，在写这本书时，除了匠心供奉，别无其他——始终感觉“上天”在看着我。以惶恐之心，孜孜不倦，力求对得起读者朋友，愿能给读者带去些许价值，不枉费读者的时间与期待。正是写本书，让我更加深刻地理解唐代诗人张祜的诗句“精华在笔端，咫尺匠心难”。因此，将本书名定为《咫尺匠心》，也正是我们特别想表达的思想。

真正成功的商业遵循的是“得用户者得天下”的商业逻辑。复兴集团 CEO 梁信军说：“商业力量也应该致力于用公益的方式去改变社会，改变人心的距离。商业之美不仅仅是高效率的盈利，而是高效率地去改变那些社会的陋习，这也是商业应尽的责任。”[①]我相信，所有的成功背后一定有很多深层次的原因，但有一点可以肯定，需要怀着敬畏之心，用心对待用户，创造客户价值。

我深深地知道：唯有忽略纯粹的商业目的，用心思考客户的价值，方能成就商业之美。**所谓商业之美，就本质而言，就是人们对自然与物质的一种敬畏，并在这一敬畏之上，以自己的匠心为供奉，投注一生。**目前，讨论工匠精神的话题很多，认同工匠精神的声音也很普遍，可真正做出有匠心的产品并不多见。这是为什么？因为人们追求利益之心远胜过做出令人感动的产品之心。

商业之美的最佳体现是：把勤劳付出去，钱就来了，这叫“天道酬勤”；当有钱了，把钱付出去，人就来了，叫“财散人聚”。当有钱和人的时候，把爱散布出去，这叫“敬天爱人”，进而把自己的智慧播散出去，这叫“德行天下”。

---

① 2014 正和岛“岛邻大会”在北京隆重举行，复星集团 CEO 梁信军先生出席开幕式致辞。

2. 稻盛和夫的经营哲学

“敬天爱人”是京瓷的社训，是稻盛和夫先生一生最为信奉的经营哲学，他相信正直加正行即修成正果。“敬天爱人”有敬畏之心，感恩之心，利他之心！

正是因为遵循了这样的价值观，稻盛和夫先生从27岁开始创业，成功创办两家世界500强企业，两大事业皆以惊人的力道成长，并成功拯救日本航空公司，成为佳话。

稻盛和夫的“敬天爱人”的经营哲学影响了很多人。日本软银公司董事长孙正义说：“如果没有稻盛先生敬天爱人的思想和阿米巴经营方式，就没有软银的今天。从这点上讲，就是拿几百亿日元来，也报答不了稻盛先生的教诲。”

所谓“敬天”，就是按事物的本性做事。“天”指客观规律，也就是事物的本性。稻盛和夫坚持以将正确的事情用正确的方式贯彻到底为准则，提出了十二条经营原则。这十二条原则都是事物的本性要求，按这些本性要求去做事，则无往而不胜。

所谓“爱人”，就是按人的本性做人。“爱人”就是“利他”，“利他”是做人的基本出发点，利他者自利。要从“自我本位”转向“他人本位”，以“他人”为主体，自己是服务于他人，辅助于他人的。

对于企业来说就是“利他经营”，这个“他”是指客户。广义的客户包括顾客、员工、社会和利益相关者。要从“企业本位”转向“客户本位”，全心全意为客户服务。当然首先要为顾客服务，一切从顾客的角度考虑问题，满足顾客的要求。只要为客户创造了价值，企业也就可以从中分享价值。

稻盛和夫先生正是以“敬天爱人”这样的理念实践着，获得大家的敬重。当下属问某件事该不该做时，他的回答是以“敬天爱人”的原则作为决策标准。当日本首相邀请他拯救日航时，即使有人劝他可能会晚节不保，他也毫不犹豫地接受了。他的理由仍然是“敬天爱人”四个字。

2010 年 2 月，稻盛和夫临危受命，以 78 岁的高龄出任破产重组的日本航空公司董事长。到 2011 年 3 月底，共计 424 天。仅仅用了一年的时间，日航就做到了三个第一：利润世界第一；准点率世界第一；服务水平世界第一。2012 年 9 月，日本航空公司在东京证券交易所再次上市，宣告荣耀归来！

是什么让日本航空在短短的时间里凤凰涅槃获得重生？稻盛和夫先生曾言“所有的成功之道都敌不过八个字——敬天爱人，利他之心。”如果一定要说到秘密的话，稻盛和夫说有 5 个秘密。

第一，“我接受政府的邀请出任公司董事长时，已是快 80 岁的老人，在许多的员工眼里，我是他（她）们的爷爷、父亲或叔叔，我一生与日本航空公司没有什么关系，却愿意不领一分钱的工资为日本航空公司的重建奉献最后的力量，给了全体员工一个很好的榜样。”

第二，“我之所以答应政府的邀请到日本航空公司来担任董事长，是认识到不能让它倒闭，不能让它影响日本经济，尽可能地保住更多人的工作机会。”

第三，“这一做法，与我创建和经营京瓷公司、KDDI 公司一样。我觉得，只有把员工的幸福放在第一位，大家团结一心，经营者与员工的心灵产生共鸣，企业才能走出困境，才能获得健康发展。”

第四，“我首先对企业的经营服务意识进行了改革。制定了 40 个项目的服务内容，让员工和我一起拥有共同的价值观，拥有共同的经营理念，做到‘物心两面’一致，形成了日本航空公司新的企业理念。”

第五，“统计工作实施速报制，各个部门的数据做到即有即报，公司详尽的经营报告做到了一个月内完成，以便让经营班子随时掌握公司的经营实况。”

稻盛和夫先生的5个基本行动就是“敬天爱人，利他之心”的体现。稻盛和夫先生的“敬天爱人”是智慧的结晶，也是实践的真理。我相信，当你依靠天理而行的时候，自然得到天助，也会取得前所未有的成效。当你以利他之心去爱身边之人时，人恒爱之。正如《圣经》所说“你想别人怎样待你，你就要怎样去待别人。”

“敬天爱人”虽然是日本稻盛和夫先生提出来的，他也在致力于推动与传播这一思想，但这一文化思想符合中国的文化，也适合中国的企业，非常值得借鉴与推广。同时，“敬天爱人”与工匠的追求不谋而合。所以，我把“敬天爱人”这一条作为工匠的做事原则，也是成就商业之美的基本要素。

那么，我们该如何应用“敬天爱人”这条准则呢？

第一，**把“敬天爱人”作为商业决策的基准。**假如属下来请示：“这笔生意做不做？”“那个问题怎么办？”面对这些问题，我们拿什么作决断的基准呢？稻盛和夫说就是“作为人，何谓正确？”这么一句话。小时候父母、老师教导的原则不外乎“是非对错、好坏善恶”这类朴实的道理。这种从小就懂的道理，是人的良知，为每个人内心所共有。用这种良知去判断和应对，这就是天理。也就是说，做企业不拿“赚钱还是亏本”做基准，也不用所谓的常识、经验、流行的说法做基准，而是用“作为人，何谓正确？”这一原则作基准。

第二，**把员工利益放在第一位。**作为企业，“爱人”的实践就是始终把员工放在第一位，追求全体员工物质和精神两方面的幸福，因为每天负责企业生产经营的是包括经营者在内的全体员工。如果全体员工都很尽职尽责，每天都在各自的岗位上勤奋工作，发挥自己的智慧，众志成城，精益求精，那么企业就能凝聚巨大的合力，企业就能持续经营，长期发展。

当员工满意了，就能不断给客户提供满意的产品和服务，就能让股东获得稳定的回报，就能为社会做贡献。当企业为全体员工在物质和精神两方面谋取幸福时，全体员工的积极性和创造性就会释放出来，这样才能真正为人类和社会的进步做出贡献。

3. 上帝要你干的事

在一次记者招待会上，一位外国记者问彼得•冯•西门子："为什么一个 8 000 万人口的德国，竟然会有 2 300 多个世界名牌呢？"这位西门子公司的总裁是这样回答他的："这靠的是我们德国人的工作态度，是对每个生产技术细节的重视。我们德国的企业员工承担着要生产一流产品的义务，要提供良好售后服务的义务。"

当时那位记者反问他："企业的最终目标不就是利润的最大化吗？管它什么义务呢？"西门子总裁回答道，"不，那是英美的经济学，我们德国人有自己的经济学。我们德国人的经济学就追求两点：第一，生产过程的和谐与安全；第二，高科技产品的实用性。这才是企业生产的灵魂，而不是什么利润的最大化。企业运作不仅仅是为了经济利益，事实上，遵守企业道德、精益求精制造产品，更是我们德国企业与生俱来的天职和义务！"

“天职”是什么意思？就是“上帝要你干的事”，这符合前面讨论的“敬天爱人”的原则。一位大师级工匠曾跟我说，从拿到材料就开始敬畏，他们相信万物有灵——对材料运用慎重、负责。他还说，现在的人因为还没学到精髓，就很难领悟到敬畏感。怀抱敬畏之心，内心虔诚于上帝或上天，还有什么事做不好呢？

例如，任正非44岁创业时将公司取名“华为”意在“中华之作为”，结果孜孜不倦成就了一家伟大公司；董明珠高举“让格力掌握核心科技”“让世界爱上中国造”的大旗，结果成就新国货的典范。这些理念与行动的背后就是对自然、德律和用户的敬畏。

我相信，以信仰为底色的虔诚和敬畏之心恒在的话，人们就能热爱自己的工作，将对手艺和技术的陶醉、痴迷与精益求精倾注入产品和服务中，这样最能打动消费者的芳心。消费者在使用产品时，能感觉到企业有没有怀着敬畏之心，因为产品通常被融入这样的一份虔诚与敬畏，它包含对自然、德律和用户三个方面。

那么，企业如何理解与实践这种敬畏之心呢？

第一，所谓敬畏自然，就是顺天行事，绝不逆天而行。

敬畏自然，指按照自然规律行事，不要违背和破坏它。在旧石器时代，人们就敬畏太阳神；在新石器时代，人们敬畏自然神；在农耕时代，人们敬畏祖先神。这种对“神”的敬畏其实是一种原始的自然之敬，他们对此顶礼膜拜。在行业中，木匠们敬鲁班，造纸行业敬蔡伦，救死扶伤的医者敬华陀，从事教育的敬孔子——每个行业都有自己敬畏的“神”。有的人常把人与自然对立起来，宣称要征服自然。殊不知在大自然面前，人类永远只是一个天真幼稚的孩童。如果说自然的智慧是大海，那么，人类的智慧就只是大海中的一个小水滴。

做企业要遵循自然规律，要符合发展趋势，绝不能违背它。正所谓你可以和任何竞争对手打，但你一定打不过趋势，没有人能打得过趋势，这与“风口论”是一回事。故对趋势的来临要心怀敬畏之心。

第二，所谓敬畏德律，就是严格遵从道德与法律。

遵守德律是做人的基本要求，起码的责任心。《大国工匠》的高凤林就是这方面的典型。很多企业试图用高薪聘请他，甚至开出几倍工资加两套北京住房的诱人条件，但高凤林说：“每每看到我们生产的发动机把卫星送到太空，就有一种成功后的自豪感，这种自豪感金钱能买到吗？我被挖走了，我就得不到一种民族认可的满足感。”

脱离道德与法律的约束，背弃社会主义核心价值观，如诚信、公平、正义，就意味着脱离社会。事实上，没有人能脱离道德与法律的约束。一个违背道德与法律的企业或个人无法在当今社会立足。如果道德败坏了，趣味也必然会堕落。

第三，所谓敬畏用户，就是把用户当作企业的衣食父母，它是一切经营活动的原点。

海尔张瑞敏认为，一个企业如果没有对市场、对用户的敬畏，就不能真正的说“我就是完全在创造用户价值”，而只是为了利润，那么这个企业就做不下去。用户是企业的衣食父母，没有用户就没有企业存在的理由。

当企业敬畏用户，认认真真做好产品，对用户以严肃、谨慎的态度和敬畏之心对待之，企业的利润也随之而来。即当企业敬畏用户，用户回报企业；当企业欺骗用户，用户反噬企业。总之，对用户敬畏是企业持续发展的根本。

一味地追求利润，而忽视用户的价值，或者欺骗用户，利润也必将失去，甚至会遭受灭顶之灾。例如，三聚氰胺事件中的三鹿公司就是因为失去对用户敬畏而遭到恶报。

以上这些都是“上帝”让你干的事，谁能违背？

4. 困难的事，我来做

在日本有这样一家企业：他们的工作哲学是——太便宜别人不屑做的事、太困难没人做得到的事，他来做！他们的创始人常说的一句话是“困难的事，我来做”。连美国国防部也必须依赖他的技术，他可以说是“世界第一的黑手师傅”。

这家公司名字是冈野工业。创始人冈野 19 岁时开始帮忙家里的事业，22 岁成为独当一面的模具工匠。他常接冲压工厂不愿意接的高难业务，比如开发“无痛注射针头”。

“无痛注射针头”顶端小孔直径为 80 微米，外径 200 微米，底部小孔的直径为 250 微米，外径为 350 微米。这是医疗器械厂商 TERUMO 为糖尿病患者生产的减轻痛苦、几乎感觉不到疼痛的注射针头。TERUMO 走访了将近 100 家公司都被拒绝了，无法做到“顶端那么细、底部又偏粗”。

医疗器械厂商 TERUMO 的人对冈野说：“如果能将这种世界最细的针头生产出来，肯定会受到患者的欢迎，至少孩子们不会因为注射而害怕、啼哭。”冈野从对方的眼眸深处感觉到了强烈的光芒，他决定接受这一挑战。

冈野决定将金属板压卷成针，这对一般的技术人员来说是不可想象的，连他的搭档都认为这不可能。冈野说：“我是这家公司的社长，我就是独裁者。你按照我所说的去做就行。就算做不到，责任全部由社长我来承担。”

就这样，开发一年之后，针头的试制品才宣告完成，而离商品化还有很遥远的距离。做成真正的产品需要冲压机、油的质量、送油与油量的调节、模具等一切搭配得天衣无缝。历时五年无痛注射针头于2005年7月开始发售。

当冈野听到糖尿病患者们异口同声地感谢无痛注射针头时和孩子们说“一点都不疼”时，他默默地告诉自己，有责任一直这样制造下去。冈野，数十年如一日，不计较成本，苦心钻研。这种忽略了“价格”而专注于“价值”的孜孜以求，靠的是对自然、德律和用户的敬畏之心。

“困难的事，我来做！”这句话涵盖了匠人对价值的追求，也表达出工匠型企业对客户价值的不懈追求，这不是单单的价格所能衡量的。所谓的价值，就是看它能带来多少幸福。一个人对社会的价值首先取决于他的感情、思想和行动，对增进人类利益起多大作用，并不完全由价格决定。

价值虽然不能保证价格的增长，但价值提升是匠人永恒的追求。当价格和价值发生矛盾时，匠人仍然会选择价值。我认为，这样的矛盾也只是暂时的，迟早会有一个公正的体现。即使仍然无法公正体现，我依然相信，它会从别的方面给予福报。比如技术提升、用户认可、品牌延伸等方面。

价格是商品同货币交换比例的指数，或者说价格是价值的货币表现。由于商品的价格既是由商品本身的价值决定，也是由货币本身的价值决定，因而商品价格的变动不一定反映商品价值的变动，例如，在商品价值不变时，货币价值的变动就会引起商品价格的变动。

商品价值的变动也不一定就会引起商品价格的变动，例如，在商品价值和货币价值按同一方向发生相同比例变动时，商品价值的变动并不引起商品价格的变动。因此，商品的价格虽然是表现价值的，但是，仍然存在着商品价格和商品价值不相一致的情况。

由此看来，**价格的增长不能认为是价值的增长，价值的增长也不能完全反映价格的增长。但是，价值增长却是匠人永恒的追求。**冈野说“困难的事，我来做”，可能价格不一定增长，但价值增长却是肯定的、永远的。当然，企业若能实现价值与价格共同增长是最理想不过的。当价格增长，而价值并没有相应得到增长时，就应想尽一切办法来实现价值的增长。这也是新工匠对自己的要求。

我们在讨论“结束‘物美价廉’”的话题时，有提到过用提高价格的办法来实现价值的增长，那是因为没有好的利润，就难产生好的研发与产品品质的提升。所谓的增长应该是价值的增长，不是人口数量，也不是东西数量的增长。对于企业来说，追求用户价值的增长是永恒的追求。

那么，什么是用户价值呢？它是非业务价值；它是解决用户的实际问题，为用户创造的价值；它是执行的动力与方向。用户是企业的衣食父母，是越用越多的资源，是我们商业回报的来源。创造用户价值自然成了企业永恒的追求。德鲁克最伟大的地方是提出了“企业唯一目的是创造用户”的理念，没有对用户价值的不懈努力，就无法长期拥有用户；没有长期拥有用户，企业就无法长期生存，利润也就无从谈起。

怎么做用户价值呢？我认为，内心必须敬畏用户，并超越用户价值的期望，最后让用户感动。在保证公司基本利益的前提下，满足用户需求，超越用户期望。没有用户价值而摄取利润的商业行业最终会受到市场的惩处。哪些钱可以赚，怎么赚，关键时刻高管和员工如何选择，这些问题时刻考验着我们的商业道德和行为规范。**如果失去了用户的支持，失去了对价值观的坚守，即便像百度这样的企业离破产也只有 30 天。**

百度公司董事长兼 CEO 李彦宏在遭遇严重的信任危机时，向全体员工发布内部信，反思创业过程中，整个公司距离初心渐行渐远，以及在业绩主导下的价值扭曲。他说："这些天每当夜深人静的时候，我就会想：为什么很多每天都在使用百度的用户不再热爱我们？为什么我们不再为自己的产品感到骄傲了？每当回忆起当年的创业峥嵘岁月都仍然会哽咽。那时我们每个人每天都为自己做的事情感到特别自豪。"

5. 利润之上的追求

利润是企业经营不可回避的话题，也是企业值得慎重对待的问题。曾有企业家说，企业不赚钱就是犯罪。但我却要说，若企业赚取了不该赚的钱，就必将走向灭亡。

虽然利润是企业赖以生存的必要条件，但是经营者不能让利益蒙蔽双眼，不能屈服于"利"，更不能唯利是图。创造利润及实现利润最大化都必须建立在敬畏自然、德律和用户的基础上。

像莆田系租用医院房子和设备，临时聘用医生，大量做广告，造一些假信息，把主治医师说成是北京什么大医院的教授、专家的行为是违背天理，没有敬畏之心的。他们看的病，基本上是不孕不育、性病、皮肤病等。他们还向医疗产业的上游发展，生产医药、医疗仪器等，并多在莆田系医院内部以远高于市场均价的价格销售给患者，以达到谋取暴利的目的。如果医院牌子做响了，就立住脚，就扩大经营；如果办砸了，就再换个地方做。这种唯利是图、欺骗造假的做法，失去了基本的敬畏之道。

记得在给山东铝业公司医院（现改名为“北大医疗淄博医院”）做管理培训时，当时与院长曲勇讨论到莆田系对医疗行业的影响，并提出“医院不能以赢利润为目的，需要赚取合理的利润”。

医院不能以赢利润为目的，需要赚取合理的利润，台湾的“长庚医院”就是这一原则的守护者。长庚医院是王永庆以其父亲的名字“王长庚”命名而创建的。在王永庆还未发达时，父亲王长庚因没有好的医疗条件而病逝，他发誓有朝一日定当改善台湾的医疗条件，让人们可以更好治病就医。

王永庆先生通过采取医生与管理分治的运作办法，让医生专注医疗技术与服务工作，让管理者专门从事医院的各项管理工作，打破医院将临床工作、学术研究和行政管理工作结合的复合性做法。并提出患者为先，服务至上的理念，同时，医院可以合理地赚取良心钱，让医院更好地从事学术研究和各项教学工作，极大地带动了台湾的民营医院的发展。目前台湾的民营医院与公立医院的比例从原来的 2∶8 变成了 8∶2。

长庚医院推出以科室为单位的“利润中心”制、“三三三”制的个人绩效奖励制度，将医生的年资、教学贡献、研究贡献、承担的行政任务、已有职务归类统计，按各占 1/3 比例分为三部分进行奖励，通过这个制度，长庚医院的员工各司其职，一心一意为病人治病。

王永庆先生用一颗匠心经营长庚医院，不将利润追求作为核心目标，而是将客户价值放在利润追求之上。结果利润随之而来，也获得了社会的肯定。在王永庆的葬礼上，富士康董事长郭台铭带着儿子郭守正在他灵柩前三行跪拜大礼，这是除了父亲外，郭台铭第一次对长辈行跪拜礼。

从莆田系到长庚医院，我们不禁要问：何谓利润？

稻盛和夫先生对利润的理解是：在自由市场里，利润是社会给有功者的嘉许。

我认为，**利润如人体中的血液，不可或缺，且不能比例失调，但活着绝不是为了血液。**

利润不是企业成功的原因，而是结果。因为光看结果我们很难知道它是什么原因成功的，所以我们要弄清楚企业是怎样赚取这些利润的：是放眼长远，还是杀鸡取卵？如果一味关注投资回报、绩效工资这样的短期收益，受损的往往是长期价值和可持续发展的能力。

正确的逻辑应该是，先有用户价值，才有股东利润。很多企业将这个关系搞反了，结果以赚取利润为目的。以追求利润为目的的企业，最终会失去利润，而以追求用户价值为目的的企业，最终却会获得长期的利润。所谓用户价值是企业用匠心打造极致的用户体验，是"敬天爱人"的企业的价值追求，是敬畏自然、德律和用户基础上的一种福报。

对于利润，有好坏之分。为用户创造价值而取得的利润就是好利润。如果牺牲了用户满意度而持续赚取的利润，就是坏利润。如果被迫使用你的服务，觉得受了委屈和欺骗也没办法逃离的用户给你创造的利润，更是坏利润。不过，坏的利润容易让企业上瘾，一旦尝过甜头，就很难回头。为得到坏利润，做的坏事就会像癌细胞一样从内部腐蚀企业，伤害用户关系和企业的名誉。

我们必须明白的是，利润不是企业存在的理由，也不是企业发展的目的。利润是在满足客户价值的基础上所获得的奖励。正如杰克•韦尔奇所说，追求利润最大化是一个愚蠢的想法，它绝不能成为公司的价值观或目的。当通过自身的努力，满足用户价值而赚取的利润，除了回报股东，回报创造利润的员工外，还要回报为公司带来利润的用户。这就意味着加大产品研发力度和提高产品品质的标准，让用户享受更好的产品和服务。

需要注意的是，当投入和利润不成正比时，“工匠精神”的局面就容易失控。没有合理的利润，既无法打造极致的产品与服务，也无法实现长期的匠心经营。所以，利润如同血液一样，不是目的，但又不能失去它。

值得一提的是，**“工匠精神”不是万能药，要给“工匠精神”合理的位置。**即使像苹果这样的公司，围绕“工匠精神”对产品品质的追求，只是其中的一部分。关于钱投到何处，管理层会争论不休，有人强调专注品质，有人要求以产品为导向，有人要求以营销为目的，我的理解是，产品第一，营销第二，交替进行，不能顾此失彼。

总之，利润是企业生存的基本要素，但企业绝不能失去利润之上的追求。追求什么？追求用户价值——企业在这方面的追求永不止步，这样才能持续盈利，实现基业长青。

误读4：苦行僧

一次课堂上，一位工程师负责人说，我国企业很难倡导工匠精神，因为工匠没有地位，现在没有哪个家长愿意将子女培育成工匠。不少人认为，工匠是一种机械重复的工作者，像苦行僧一般承担“脏”“苦”“累”的活。

苦行僧则是指早期印度一些宗教中以“苦行”为修行手段的僧人，他们视自己的身体为罪孽的载体，是臭皮囊，必须劳其筋骨、饿其体肤、空乏其身，方能获得精神的自由和灵魂的解脱。现在一般比喻为实践某种信仰而实行自我节制、自我磨练、拒绝物质和肉体的引诱，忍受恶劣环境压迫的人。

如果一辈子固守一件事或一味地继承家业，而不创新求变，且跟不上时代的步伐，这可能会导致痛苦。特别是过去生活水平低下，人们处在温饱层面，加之工匠的社会地位不高，一度被认为是“老巷子中，残垣破壁，穿破褂子，埋头苦干，一声不吭”的人。

而新工匠不是单纯继承家业，也不是被动接受安排，而是考虑自己的兴趣与爱好，热情地主动拥抱。这当中有“苦”更有“乐”。他们是在灯红酒绿的诱惑中坚守“初心”，这是“走心”般地坚守，像田野一样安静，像诗歌一样平和。他们把更多的时间和精力投入到自己的创造中，拥有不知疲倦的技术性快乐。

诚然，新工匠绝不是“老巷子中，残垣破壁，穿破褂子，埋头苦干，一声不吭”的人，而是有绝活，追求精致生活，享受无限美好的“乐行僧”。新工匠即使外边的世界很热闹，自己也不会轻易盲从，其心境永远从容淡泊。随着中产阶级的崛起，工匠会越来越受人欢迎，特别是我国从国家层面倡导工匠精神，相信工匠的地位会日益提升。

所以，工匠精神不应该是“苦行僧”的状态。新工匠意味摒弃浮躁，宁静致远，代表着一个时代的气质，与坚定、踏实、精益求精相连，把所做的事看成有灵气的生命体。

在获得奥斯卡的日本影片《入殓师》①里，一个大提琴师失业后到葬仪馆当一名葬仪师，通过他出神入化的化妆技艺，一具具遗体被打扮装饰得就像活着睡着了一样。这就是真正的工匠，他的成功感言是：当你做某件事的时候，你就要跟它建立起一种难割难舍的情结，不要拒绝它，要把它看成是一个有生命、有灵气的生命体，要用心跟它进行交流。看过日本影片《入殓师》后，与其说主人公是一名“苦行僧”，不如说他是一名虔诚的“乐行僧”，他对工作的兴趣和庄敬成

① 影片《入殓师》根据日本作家青木新门的小说《门纳棺夫日记》改编而成，由泷田洋二郎执导。

就他的美好生活。

今日的新工匠尊重传统，却又不拘泥于传统。他们朝气蓬勃，志在创新，懂得通过日复一日的苦练，夯实技艺之基。他们是中国制造的未来之星，将创造更加灿烂的物质和文化。对此，我深信不疑——未来必是新工匠的时代。

在浙江乡土间，我看到有许多年轻人以他们的青春热情与无限创意，追逐着自己的手作之梦。90后小皮匠叶雯秉承精益求精的态度，凝聚经验，追寻匠心，为人们呈现手作之美。2012年，大学刚毕业的她放弃循规蹈矩的工作，回到建德开了家餐厅。经营餐饮之余，她在机缘巧合下接触到了一些手工缝制的皮具作品，一下子就喜欢上了这门手艺。她说："先当好小皮匠，下一步期待自己成长为皮具设计师，打造出中国特色的品牌。"她清楚地知道，如今孜孜不倦的坚持，是为了填补机械制造的空白，制造出更独具匠心的优秀作品。

3

第三部分

新工匠的孕育与生长

世界上的资源会枯竭，唯有文化可以生生不息。——任正非

第 10 章

为何“咫尺匠心难”

“一生能成为一‘匠’，这种浪漫到骨子里的情怀，的确让人很着迷。但令我沮丧的是，我暂时做不到，我目前的生活不允许这样，我的公司似乎也没有这样的环境。”

2014年，一次工匠精神培训的课堂上，一位不太“识趣”的学员这样分享他的感受。他的分享打破了培训现场的热闹，他的反馈与明亮的灯光显得那么格格不入。不过，他的分享触动了我，也让不少领导陷入了沉思。

泱泱大国，五千年的文明，我们是工匠精神的始祖。然而，工匠精神在我国近代竟然差点失传，以致我们需要重拾工匠精神。当我们从国家层面全力倡导工匠精神时，发现落实到基层是困难重重。“倡导工匠精神无非是领导强制下属，老板洗脑员工，自己忍受痛苦”——有人这样看待企业倡导工匠精神这件事。他们认为工匠精神有“强迫症”“苦行僧”的含义。有人甚至将工匠精神与工匠等同起来，认为提倡工匠精神便是鼓励大家去做工匠。他们心目中的工匠是不讨人喜欢的。

我曾让学员们闭上双眼，在脑海中想象匠人的形象。有人的描述是，“在一个残垣破壁的老巷子中，身穿破褂子的人，一声不吭地埋头苦干，还有些悠然自得。”年轻人确实没有兴趣，一点也不向往这样的场景。他们会津津乐道于“网红”，梦想自己一夜之间就红遍大江南北。他们脑海里的想法是：如果能靠脸吃饭，谁还去打拼？这与我国现阶段工匠的社会地位不高有很大关系，加上传统工匠有很多不合时宜的做法，导致人们在认知上有偏差，造成工匠不像“网红”那样受人追捧。

我们对工匠以及工匠精神的理解，从精英阶层到普通老百姓都缺乏客观公正的认识——我们并不缺少工匠，缺少的是对工匠的尊重。我们的教育、文化、制度及社会现实，从某种意义上“杀死”了真正的工匠，这是因为我们没有形成尊重工匠的文化氛围——工匠精神缺失的“罪魁祸首”是工匠文化的缺失。

培育工匠文化，“生产”新工匠是倡导工匠精神的重中之重。坦率来说，这正是我要写本书的初衷之一，本书不同于一般只讨论工匠精神内涵的书籍。塑造工匠文化是实现中华文明伟大复兴的重要举措，是我国企业实现永续经营，生产世界级产品的根本大计。现在，请和我一起走进培育新工匠的“熔炉”，探索熔炼新工匠的法门。

1. 工匠精神能否呼叫出来

自李克强总理在政府报告文件中提到工匠精神，目前已火爆到前所未有的程度。有关我提出的“新工匠精神”方面的话题也是汗牛充栋，不乏有知名专家学者妙语连珠。当然，这是好事。

可是，从近期为企业做工匠精神的培训来看，不少企业仍停留在思想灌输层面。有的企业纯粹是因为工匠精神是当下的热门话题，走走过场，做做秀，喊喊口号而已。特别让人不能苟同的是，将“工匠精神”印在营销海报上，自称产品为“匠品”，自诩怀揣“匠心”。这与“此地无银三百两”的做法并无区别，自欺欺人。

倘若如此，我们怎能实现李克强总理倡导的“开展个性化定制、柔性化生产，培育精益求精的工匠精神”？我们如何能实现“中国制造 2025”的战略目标？企业如何能实现长盛不衰呢？显然不能！

于是，有人把“工匠精神”的缺失归因于民族特性，但同为德意志民族，原民主德国的“工匠精神”就远不如联邦德国。浙江大学姚先国教授讲述自己在 1986 年第一次到当时东柏林考察时的情景：物资短缺，商品价格便宜但种类少，服务态度差，上饭馆要排长队。买了几本书想邮寄，在西柏林是很方便的事，在东柏林却很麻烦，要跑商店买邮寄的箱子、带子、胶水，自己包装。剩下的包装材料扔了可惜，带着累赘。在联邦德国随时可以体会到的“工匠精神”，在东德却难见踪影。[①]

姚先国教授还提到，柏林附近的波茨坦市是当年斯大林、丘吉尔、罗斯福签署《波茨坦公告》的地方。然而，这里道路坑坑洼洼，楼房破旧不堪。最能说明“工匠精神”差异的是该市的大剧院。据说，德国统一时，该剧院已经拆毁准备重修，地基已开始打桩了。但统一后的新政府认为，新剧院至少要达到使用百年的高标准，原设计太差，要推倒重来。新方案要 3 年设计、5 年建造，但老剧院已经拆了，居民 8 年内看不上戏，怎么行？市政府决定在新址旁搭一个临时剧院，以满足居民近 8 年的需要。结果是，临时大剧院功能齐备，舒适耐用，并非“临时”凑合。

我给德资企业博西华培训时，学员都是中国人，但做事的态度与行为与一般的企业就是不一样。例如，上课笔记工工整整，上课秩序井井有条，连布置的课后作业，都一丝不苟地呈现出来。这是什么力量导致的结果？制度的力量，文化的魅力！否则，不可能出现如此美丽的“景象”。我参观他们的生产车间，车间环境已无须多说，一个明显的特征是，他们制度和标准特别多，而且很明确，有预警性。执行起来也很严格，谁违反就处罚谁，且非常及时，也没有下不为例这样的说法。

从以上的事例不难看出，管理制度与治理机制是决定“工匠精神”的重要因素。现代人事管理之父、人本管理的先驱罗伯特·欧文认为，人是环境的产物。好的环境可以使人形成好的品行，坏的环境则使人

---

① 浙江大学社科学部主任、教授姚先国 2016-07-05 发表于《人民论坛》。

形成坏的品行，即什么样的环境造就什么样的人。当然，没有永远的好人，也没有永远的坏人，关键看有什么样的制度环境。

莫因“工匠精神”的浪漫，掩盖“工匠制度”的缺失。把工匠精神上升到一个人的境界和格局，这固然是好事，可是没有肥沃的工匠“土壤”，就不可能有工匠精神的“生根发芽”。例如，有的企业做了工匠精神培训，却没有推出相应的行动措施和工匠制度，自然没什么效果。同时，我发现一个现象：越是小公司越喜欢做心态方面的培训，越是大公司越崇尚做运营流程及制度建设方面的培训。

不少企业在做工匠精神方面的培训时，员工是听听感动，想想激动，回去却一动不动。也有些企业将工匠理念张贴得随处可见，甚至有“张灯结彩”之感，可一阵喧嚣之后，大家的工作依然如故，并没有什么起色。建立不起工匠制度，就难有工匠习惯，就不可能有工匠精神的产生。所以，我们真正要做的是构建工匠制度，用制度养成工匠习惯，产生工匠精神，形成工匠文化。

工匠精神不会凭空实现，不可能一蹴而就。工匠精神呈现于产品和服务中，存在于人们的行为和用户的口碑中。显然，一味灌输工匠精神的理念是远远不够的，得让理念从“墙上”跳到现实工作中去，让理念内化到全员的心里去。所以，工匠精神不是短期可以形成的，而是要通过长期的积累，内化为企业的一种文化。同时，它需要环境的滋养和组织整体能力的提升，从而沉淀深厚的工匠文化。

工匠精神不是口号，需在领导的倡导下，以执行文化为铺垫，以制度为措施，集天时、地利与人和等因素，真正培植好工匠成长的肥沃土壤。它需要匠心领导者像园丁一样松土、浇水、施肥、剪枝进行精心栽培，形成成熟的工匠文化，让匠心成为一种普遍景象。这就必须通过政策引导、机制建设等多方面的协同，建立适合工匠生长的文化土壤，持续累进而成。

工匠精神不是从头脑里“灌输”进去，而是从心里“长”出来的；不是从上往下“压”出来，而是从下面往上“高涨”起来的。如此，才能铸造出更多的新工匠。

所以，不要一味停留在喊口号、讲理念上。我相信，那些打着工匠精神的幌子，号称用工匠精神打造匠心独具的产品及做百年企业，却不懂得重点关注产品质量和技术研发的企业，市场不会给它过去那样好的机会——“玩弄”消费者的企业终将被消费者所玩弄。

2. 我们为何缺失工匠精神

我曾服务过浙江伟海拉链公司。公司创办人陶海弟和当时大多数义乌商人一样，在义乌马路边摆起杂货摊，兜售小商品。慢慢地，他发现拉链具有巨大优势，于是重点经销拉链，成为义乌最早的拉链经营者之一。完成原始积累后，陶海弟在义乌经济开发区征地 25 亩扩大生产规模。短短几年时间，公司就发展成为中国最大的拉链生产基地和出口基地之一，占据了 1/3 的国内出口份额。2001 年，公司再次扩张，征地 300 亩，发展目标是成为中国一流的拉链企业，公司的口号是“伟海拉链、拉遍全球”。

然而，当他看到身边的朋友都介入房地产业，于是，也将大量资金用于房地产投资。2008 年，在国际金融危机的影响下，陶海弟感到资金捉襟见肘，压力巨大。好在在政府相关部门的支持下，陶海弟度过了那场危机。2014 年，在房地产领域投入巨资的浙江伟海拉链公司再次遭遇危机，由于窟窿太大这次未能脱局。如今有的厂房设备被拍卖、租赁，陶海弟也被限制出入自由，昔日的风光不再。当年陶海弟的豪言壮语还在我的耳边萦绕，目前看来只是一个梦而已，没有现实意义了。

类似这样的公司很多，当他们做到一定规模后，就涉足像房地产等与主业无关的领域，盲目地多元化，缺乏工匠精神，缺乏将一件产品做好的长期战略思维，与我们之前讨论的隐形冠军企业的做法背道而驰。有的企业如此，有的个人也如此。那么，为什么我们缺乏工匠精神？具体来说，有以下相关的因素：

✍ 受儒家“万般皆下品，唯有读书高”的影响。

自古以来，儒家思想对我国的文化影响很深，受“劳心者治人，劳力者治于人”的思想影响。人们比较推崇劳心者而不是踏实的劳力者，那些耗费体力、重复劳动的工匠们与舞文弄墨的读书人相比较，地位卑微，很难出人头地。

另外，国企讲究行政级别和受官本位主义的影响，专业技术人员的地位不高，人们很难安心做个匠人。有一次在工匠精神的课堂上，就有人说“哪个父母愿意将子女送到技工学校当工匠呢？”

这完全是认识上的不足，观念上的偏差。实际上，工匠在整个社会中扮演着重要的角色，一切有关生产和服务都依靠工匠和熟练技术工人来实现。他们在工作中不断发现问题，改进生产工艺流程，提升生产质量和效益，他们创造了令人惊叹的物质文明。

✍ 受我国近代史发展的影响。

我国在明末清初时，工商业发达的江浙一带有大量中小企业拥有“工匠文化”。后来，由于连年的战争，温饱问题都得不到解决，谈何追求物美？谈何追求精致生活？

另外，“文革”也严重破坏了工匠文化。许多知识工作者、科技工作者和特殊手艺人被送到农村接受改造，致使许多技艺得不到传承，出现了断层的现象。

后来，自改革开放开始，机器化大生产代替了手工劳作，工匠一度被认为是被时代淘汰的职业，年轻人也不愿像父辈那样辛苦劳作，父辈也不想下一代那么辛苦。社会开始流行走捷径、图轻松的思想，更少了技艺的传承与精进。

如今，教育机构崇尚“精英教育”，似乎唯有培养“能干一番轰轰烈烈大事业的人”才算是成功的教育。于是，有些人趋之若鹜地想当大官、做老板、成为大明星等。

这样的发展路径及相关因素的影响，致使我国的工匠精神差点失传。让人欣慰的是，现在这些影响已开始逐渐消失。

✍ 受“物美价廉”观念的影响。

“物美价廉”思想在我国人民心中根深蒂固。好比买一个不锈钢碗，一种是对品质没有要求，去5元店买一个粗制滥造的碗，用一年就扔掉；另一种是买一个精钢的好碗，用十年。如果选择前者，就会刺激这个世界造出更多劣质的碗；如果选择后者，就会鼓励有工匠精神的企业。这种追求价廉的消费行为，使工匠精神失去了“消费市场”。

娃哈哈集团董事长宗庆后说：“我国制造业之所以大而不强，一方面是因为科技含量偏低，另一方面是因为缺少工匠精神。有些人认为东西越便宜越好卖，特别是同行间互相杀价、恶性竞争、偷工减料，造成恶性循环。”不论是个人还是企业都扼杀了工匠精神的发展。

如今，中国成为世界第二大经济体，人们生活水平日益提高，对品质的要求也越来越高。我们不但追求物质生活的满足，而且还开始追求有质感、个性化等精神生活。有了如此广阔的“消费市场”，何愁工匠精神不大放异彩？

✍ 受“经济利益至上”思潮的影响。

改革开放初期，我们的国家贫穷落后，企业效益低下，以经济建设为中心的发展思路被人歪曲理解为竭尽全力追求快速盈利，一切向

"钱"看，所以出现了急功近利和机会主义倾向，盲目追求规模与效益。结果企业不在产品制造、生产方式和经营管理上下硬功夫，却为了短期利益追求短平快，利润成了不少企业的首要指标，甚至唯一目标。

另外，过去我国供需不平衡，产品只要能生产出来，就不愁卖不出去。于是，企业在商业行为上喜欢跟风、山寨、造假，没有耐心在一个领域深入钻研下去，也没有耐心长时间播种，总是想着"马上来钱，快速来钱，不投入就来钱。"有人说，由于过去穷怕了，如今对钱的渴望大大超越了信仰。这种说法虽然有些武断，但很能说明这一社会现实。

这种思路在改革开放初级阶段也许行得通，但进入改革的深水区、转型升级的关键时期，继续抱着这种想法的企业是绝对没有前途的，未来的路只会越来越难走。

这一系列因素让工匠"土壤"变得贫瘠不堪，使人缺乏在平凡岗位上兢兢业业的工匠精神。企业是工匠精神集中体现的地方，受工匠"土壤贫瘠"的影响，不少企业偏离了正常的发展轨道。

当然，我们的企业并非完全丢失了工匠精神。海尔张瑞敏抡起大锤砸烂次品冰箱；76 岁的褚时健开山数年培育褚橙；董明珠"让格力掌握核心科技"；"微信之父"张小龙苛刻控制其封闭性等，这些都是企业工匠精神的很好体现。

第 11 章

生于制度，孕于文化

“野火烧不尽，春风吹又生”，当我们歌颂野草顽强的生命力时，别忘记孕育野草生长的土壤。工匠精神亦如此——生于制度，孕于文化。没有这个基础如同小草没有土壤一样，最终的结果是竹篮打水一场空。制度和文化就如同鱼和水的关系一样，互相依存，不可或缺。

如今，市面上有大量工匠精神的书籍，即使这些书籍受企业界欢迎，我仍然要疾呼：我们并不缺少工匠精神，缺少的是工匠制度和工匠文化。企业至少要明白的是，工匠精神生于工匠制度，孕于工匠文化。没有制度与文化的力量，工匠精神如同镜中花、水中月。

任正非认为，要逐步摆脱对技术的依赖，对人才的依赖，对资金的依赖，使企业从必然王国走向自由王国，建立起比较合理的管理机制。当我们还依赖于技术、人才和资金时，我们的思想是受束缚的，我们的价值评价与价值分配体系还存在某种程度的扭曲。企业最需要依赖的是机制，是文化，是核心价值观。企业的成功是一个系统的成功，而不是某个人或某项技术的成功。

所以，建设工匠制度，弘扬工匠文化是倡导工匠精神的核心——需要做好“顶层设计”。“顶层设计”原本是一个工程学术语，统筹考虑项目各层次和各要素，追根溯源，统揽全局，在最高层次上寻求问题的解决之道。这不同于初期阶段的自下而上“摸着石头过河”，而是自上而下的“系统谋划”。

1. 顶层设计之水到渠成

管理大师哈默说，很难用几根线织出一块美丽的波斯地毯。

任何伟大的成就都不是某一个因素的力量，而是系统的力量。弘扬工匠精神，需要一种自上而下的全体行动，需要顶层设计。**好的制度为工匠的发展提供“肥沃土壤”，好的价值观为工匠的茁壮成长提供“甘甜雨露”。在“土壤”与“雨露”的共同培育下，匠魂得以形成。**

所谓顶层设计就是对愿景、价值观与机制做全盘的考虑，从而让工匠精神自然生成。远景、使命和价值观是凝聚人心的重要武器，像灯塔一样给人们指引方向，提供动力。它是企业不可或缺的重要力量。工匠精神的形成也少不了它的作用力。

乔布斯“活着就要改变世界”的价值观激励了产品负责人乔纳森·伊夫。虽然乔纳森·伊夫对乔布斯也有些微词，但是他始终表示，没有乔布斯就没有他的今天。有了这样令人着迷的远景与价值观，才会影响身边更多的人。

华为公司“以客户为中心，以奋斗者为本”的企业价值观，聚焦客户关注的挑战和压力，提供有竞争力的通信解决方案和服务，持续为客户创造最大价值。

正是这样伟大的想法，他们为匠人提供了理想的栖息地。一个人若没有前进的方向，也没有事业感，就难专注于工作本身及技艺的提高。对工匠来说，了解用户需求，让用户认可，就是他们孜孜不倦的动力。

所以，倡导工匠精神首先要建立与工匠相吻合的远景、使命和价值观。读者朋友，不妨检验一下自己企业的远景、使命和价值观是否与工匠精神一致。

除了建立适合工匠发展的远景、使命和价值观外，还要充分发挥制度的力量，因为制度的力量是无穷的。制度可以让坏人变成好人，也可以让好人变成坏人，更可以让“差不多先生”变成新工匠。关于这一点，大量的管理理论都指向了这个方向。

关于制度的力量，有一个经典的故事：二战期间，美国空军降落伞的合格率为 99.9%，这就意味着从概率上来说，每一千个跳伞的士兵中会有一个因为降落伞不合格而丧命。军方要求厂家必须让合格率达到 100%才行。厂家负责人说他们竭尽全力了，99.9%已是极限，除非出现奇迹。于是，军方就改变了检查制度，每次交货前从降落伞中随机挑出几个，让厂家负责人亲自跳伞检测。从此，奇迹出现了，降落伞的合格率达到了 100%。

工匠制度是工匠精神的源泉，与其呼吁工匠精神，不如建立工匠制度。企业在这方面的付出所产生的价值，胜过口头呼吁百倍。所以，不妨建立适合工匠精神发展的工匠制度。

最后，就是注意发挥“地位”的力量。如何倡导工匠精神？中国建筑股份有限公司总经济师鲁贵卿认为，最紧要的是提高“工匠”的地位。加快提高工匠的社会地位、经济地位，形成尊重工匠的良好社会氛围，树立“技能光荣”的社会风尚。建立并完善“工匠制度”，形成工匠职级晋升、荣誉授予、国际交流的机制，收入分配要向能工巧匠倾斜，企业可以把工匠的发明多用他们的名字来命名，调动工匠“在车间完成创新”的积极性。

例如，日本有“人间国宝”认定制度，政府不定期地选拔和认定“人间国宝”，将那些大师级的艺人、工匠，经严格遴选确认后由国家保护起来，并予以雄厚资金投入，以防止手艺的流失。

在日本经常听到“经营之神”“经营之圣”“寿司之神”“销售之神”“学问之神”“首饰之神”的名字，这反映出对匠人的高度肯定与认可。从他们喜欢用“神”“圣”之类的尊称可以读出他们对工匠的顶礼膜拜。在日本和德国，真正的匠人与科学家齐名。

能工巧匠本来就不是简单重复的体力劳动者，而是社会价值的创造者，需要提升他们的待遇，肯定他们的社会地位，让他们时刻表现出自豪感和自信心。要让“工匠尊贵”成为社会共识，这是前提。当工匠的社会地位低下，职业只是一种谋生手段时，哪有心思去创造？哪能做出极致的产品与服务？

过去我们尊称人为“师傅”，现在称“老板”；过去几级技工很自豪，现在好技工很难找。这说明现在工匠的社会地位不高、收入不丰、作用不够，许多优秀人才不愿加入工匠群体。在瑞士、德国，做一个工匠是很多学生尤其是男孩子的梦想。在我国大学生被称为“天之骄子”之时，日本则把民间艺人奉为“国之瑰宝”。

从企业层面，要坚决破除官僚主义，将技术岗位在行政级别上和经营管理类等同。在芬兰，全社会都在保护“工匠精神”，他们有保护工程师的传统，是工程师而不是项目经理说了算，工程师和产业工人以产品好坏为出发点，而不是以公司领导喜好为出发点。

我相信，有了愿景、使命、价值观及制度的力量，弘扬工匠精神如同水到渠成，自然结果。

2. 环境适宜之师营匠造

当人们盛赞日本、德国、瑞士的工匠精神时，忘却了他们是经济发达国家和人均生活水平很高的事实。以日本为例，日本是世界上居民收入差距最小、中产阶级占主流、高福利的国家，个人的物质条件非常丰富，他们有愿意为工匠精神买单的消费市场。他们有能力、有意愿购买高品质的商品，他们渴望做出别具一格的产品。

日本企业普遍实行长期雇佣制和师徒制度，员工可以安稳地从事自己的工作，很少会有人跳槽，容易形成专一、稳定的工作氛围。同时，专业技术人员和现场技工的地位较高，这些人成为社长的现象也较为普遍。他们很重视知识产权的保护，为持续研发和专注技艺创造了良好的社会环境。

我培训服务过的某日资企业，他们公司完全由中方管理人员运营，日方基本不参与管理，但日本方很重视员工利益，要优先满足员工利益，他们会重点检查公司利润分配是否优先满足员工利益。日本多数企业受“家社会”文化的影响，把员工利益放在第一位，其次是企业利益，最后才是股东利益。这为工匠提供了赖以生存与发展的物质基础，也有利于技术进一步传承与升级。

不只是日本，德国也有类似相关规定。例如，禁止工人在节假日、休息日上班；员工工资只能加、不能减；每个工人全年可享受 6 周带薪休假；每个工人均可享受优质的培训服务和优越的社会医疗保障服务，一旦企业拖欠职工工资则由政府先垫付。这样的规定让人无后顾之忧，一心投入工作即可。在日本，不少地方还有这样的规定，假如你下岗了，可以参加政府的免费培训，而且可以申领基本生活费，直到你学好为止。

美国心理学家马斯洛认为，人类需求分为生理、安全、社交、尊重和自我实现五个层次。好的福利制度使劳动者无需为基本生存而烦恼，同时，可以充分享受自己的劳动成果。我们发现，当制度设计能满足人们多层次的需求时，才能匠心供奉，追求极致，发挥创造力。

俗话说，一流的企业需要一流的人才，一流的待遇吸引一流的人才。**用人单位应该为劳动者创造体面的工作和生活环境，使劳动者潜心工作，心无他物。**有了好的福利保障，才能吸引和留住优秀人才。可以说，好的福利制度是工匠成长的奠基石。

如果一个工厂连伙食都长期令人难以下咽，却声称要培育行业顶尖的工匠，恐怕无人会把此话当真。企业应努力营造培育、留住工匠的良好环境，提供必要的项目研究经费、加班津贴、工作伙伴、场所、设施仪器、实验材料等，让工匠可以尽情施展自己的才能。

然而，有的企业并非如此，工人收入太低、上升空间狭窄。如果没有一个平等、尊严、体面的就业环境和相对宽裕的收入，工匠精神从何谈起？如果企业不断更换员工，就很难培育工匠精神。历史记载，我国在唐宋时期，匠人的地位和收入都很高。比如，一个石匠打造一对石狮子需要一年时间，但回报足够供养一家子好些年，包括那些文人骚客，他们不但才华横溢，更是过着体面的生活。正因为如此，古代产生了很多能工巧匠和奇珍异宝。

留得住人，提高待遇是一方面，更重要的是企业文化。如果环境适宜，即使收入低一点，员工愿意为提升产品品质而努力。**匠人的孕育与生长，需企业“师营匠造”，让员工没有后顾之忧，一心跟随企业，提高技艺，尽好本份。**

正如“师营匠造”一词的本义，建筑应该先“营”后“造”。作为“师”者，应该先知道如何营建，然后如何建造；作为“匠”者，则只管建造。二者有本质的区别。

3. 组织驱动之天然结果

企业提倡什么，就要奖励什么；企业反对什么，就要惩罚什么。对工匠进行奖励是提高工匠地位的重要举措——实实在在地告诉员工公司重视什么和鼓励什么。这不但可以明确表达企业的价值取向，而且可以激励公司员工。

哈佛大学的威廉·詹姆士教授研究发现，按时计酬的职工仅能发挥其能力的 20%～30%，若受到充分的激励，能力可以发挥到 80%～90%，甚至更高。这其中 50%～60%的差距系激励所致。一个人在通过充分激励后所发挥的能力相当于激励前的 3～4 倍，由此可以得出一个公式：工作绩效=能力×动机激发。

一个人真实而无限的生命是从何而来，它来自被挑战、鼓舞和激励的队伍，来自组织每个动人而又有魅力的想法。领导者希望下属付出最大的努力，就应该通过自己的激励来满足员工的需求和愿望。通过物质奖励和精神鼓励等手段，可以培养一批有创新思维、潜心研修的专精人才。

中石化巴陵石化炼油事业部的油化实验室主任、高级炼油工程师杜建文，被列入该公司 2015 年度特人特薪工匠名单，获得 3.6 万元奖金。2015 年，该公司像杜建文这样被嘉奖的“工匠”共有 350 名。据介绍，“特人特薪”激励性年金评选向掌握公司核心技术的研发人才倾斜，注重能力、突出实际业绩和贡献；科研开发人员、专业技术骨干以及高级人才比例不低于 80%。这个做法值得借鉴，有利于工匠人才的培养与选拔。

宁波鄞州区的做法也值得借鉴。该区于 2016 年 4 月底出台《企业实用人才评价暂行办法》，把工作在一线、实际能力强、贡献较大但学历和职称不高的“工匠”纳入人才评价培养体系，设立“鄞州金匠”“鄞州银匠”两大荣誉称号，打破了唯学历、唯职称、唯论文、唯资历论才的限制，弥补了传统人才评价体系的一块短板。

关于激励所带来的价值，已无须置疑。现在的关键问题是，企业要如何操作实现这一价值，如何通过各种各样的激励方式提升工匠型人才的地位，驱动工匠型人才的积极性。具体来说，建议从以下五个方面入手：

一是重视技术人才，放宽对文化学历的要求，以技术考核为主，以文化考核为辅，制定针对技术工人的考核评价体系和技工晋升级别评估制度，让老一辈技师得到应有的待遇和尊重。在这方面，讲文凭更要讲水平，讲职称更要讲称职，讲阅历更要讲能力，讲资历更要讲奉献，讲道德更要讲风格。

二是实施师徒制。唤回以前“师傅带徒弟，徒弟敬师傅”的传统，让“严师出高徒，青出于蓝而胜于蓝”成为亮丽的风景线，让更多的老技工成为技术精英，并带动新技工，将工匠精神代代相传，让技术承前启后。

三是建立创新失败补偿机制。破除在科技创新上存在的“只许成功，不许失败”的老观念，营造宽容失败的文化环境，真正让“工匠”专心于技术创新，促进创新创业“幼苗”成长为一望无际的“森林”。

四是专门成立技术研究组织，加大研发投入的力度，并举办多种技术交流、技术 PK 活动。如果做出独具匠心的产品，提出别具一格的创意，给予既有精神层面的，也有物质层面的特别奖励。

五是公司每年举行“最佳匠人”的评选活动，像央视拍摄的《大国工匠》一样，进行广泛地传播，并大力倡导全公司向他们学习。

同样，企业匠心的凝结亦系组织激励之自然结果。企业希望获得多少员工的匠心，领导就应该用多少匠心来驱动这一结果。昔人所谓“水到渠成”，所谓“天然结果”，都是有了充分准备以后的亲切写真。

4. 工艺流程之瓜熟蒂落

初进企业时，对我启蒙意义最深的一句话是“产品是设计出来的”。我的第一份职业是在台资企业度过的，台资企业受日本企业管理思想影响颇深。所以，难免对日本企业非常推崇的丰田管理模式会情有独钟。

诚然，丰田公司经过多年实践摸索出的精益化生产方式对日本企业的工匠精神的体现有不可估量的价值。精益生产又称精良生产，其中“精”表示精良、精确、精美；“益”表示利益、效益等。它是利用杜绝浪费和无间断的作业流程，而非用分批次和排队的办法等候的一种生产方式。它可以确保企业及时制造，消灭故障，消除一切浪费，向零缺陷、零库存进军。与之相对应的，海尔 OEC 管理法倡导“日事日毕、日清日高”，也是一套打造“匠品”的流程管理模式。

若理念不落实到流程上，那就是纸上谈兵。流程是支撑企业高品质、高标准运营的根本。以制造业为例，从实验研发、工艺设计，到生产制造、设备供应、施工作业、客户服务，每一环节都要有完善的制度流程，为客户创造更大价值，持续地生产高质量产品。

十多年前，我曾专门为企业建设标准化体系，每一道工序都要撰写作业标准。同样的产品，不同客户，作业标准也会不一样，要随时进行更新。我记得拟定好作业标准要挂在员工作业的机台上，还要对作业标准的掌握情况进行定期与不定期的检查。通过这段工作经历，我深刻体会到“产品是设计出来的”。这些是实现产品高质量的根本保证，是倡导工匠精神不可或缺的工作，是管理者“咫尺匠心”的体现。

做好这些工作需要加强工艺创新，提高工艺在产品贡献方面的显现度。如果企业只关注产品创新，忽视工艺创新，那么就会造成，一方面企业过于追求产品的更新换代，而忽视对产品品质的追求；另一方面产品工艺提升也很难在消费者所使用的产品中体现出来。产品被消费者认可，很大程度上体现在其细微的工艺上。也只有产品工艺的贡献度显现出来，工匠的贡献才能真正显现出来，他们的收入提高也才有真正的基础。

例如，我去龙记集团讲课。他们始终坚持“质量第一，服务至上，团队精神，精益求精”的务实态度。当我走进龙记的车间时，看到他们生产出来的模具产品，打磨得特别光滑，其精细程度完全超出了我的想象，不是亲眼所见，很难相信这是国内工厂生产出来的。他们工人的素质，特别是他们的学习热情、学习氛围令我特别感动。这一切源于工艺流程的不断创新。

可以肯定地说，**流程与制度可以为工匠精神保驾护航，为“产品是设计出来的”提供基本条件，**否则，这句话会显得多么苍白无力啊！

德国提出的“工业 4.0”，为企业制造“匠品”提供完美保障。德国学术界和产业界认为，“工业 4.0”概念是以智能制造为主导的第四次工业革命，或革命性的生产方法。该战略旨在通过充分利用信息通信技术和网络空间虚拟系统——信息物理系统相结合的手段，将制造业向智能化转型。“工业 4.0”主要分为三大主题：

一是“智能工厂”，重点研究智能化生产系统及过程，以及网络化分布式生产设施的实现；

二是“智能生产”，主要涉及整个企业的生产物流管理、人机互动以及 3D 打印技术在工业生产过程中的应用等。该计划将特别注重吸引中小企业参与，力图使中小企业成为新一代智能化生产技术的使用者和受益者，同时也成为先进工业生产技术的创造者和供应者；

三是“智能物流”，主要通过互联网、物联网、物流网，整合物流资源，充分发挥现有物流资源供应方的效率，而需求方，则能够快速获得服务匹配，得到物流支持。

我相信，企业通过学习与借鉴德国“工业 4.0”及我国提出的“中国制造 2025”，未来会越来越多地生产出高质量、高体验的产品来。**只要相关时机和条件成熟，“产品就是设计出来的”即所谓“瓜熟蒂落”。**作为企业，你准备好了吗？

5. 教育训练之娃娃抓起

“哪个父母愿意将子女送到技工学校当工匠呢？”这句话时常在我耳边萦绕。

然而，众所周知，德国双元制职业教育被人们视为德国经济发展的“秘密武器”。在德国，不到一半的中学生选择上大学，而一半多的中学生会选择接受职业教育，其中不乏大量完全能被大学录取，却依然选择接受职业教育的学生。所谓“双元”指职业培训须经过两个场所的培训，“一元”是指职业学校，另“一元”是企业或公共事业单位等校外实训场所。目前，德国可以系统培训 350 多种工匠。

德国双元制职业教育下，所有学生必须了解，质量永远要摆在第一位。如果学生在培训企业表现欠佳，那就会收到来自企业的警告，并承担相应后果。德国职业教育的一个基本职业精神就是：一丝不苟、照操作规程办事。它培养了学生们严谨、负责的态度，为“德国制造”的质量做好了铺垫。职业教育之所以吸引人，在于德国技师的收入可观，其社会地位也与学士相等，同样受人尊重。

从 2010 年公布的《国家竞争力蓝皮书》来看，中国凭借庞大的人口数量，在劳动力的数量上一直遥遥领先于其他国家，这也构成了中国劳动力价格低廉的主要原因；但是，从劳动力素质层面看，中国只能排在 G20 国家的第 18 位，所公布的指数值仅为美国的 1/12，日本的 1/10。概而言之，中国劳动力的整体工业技能，还有相当大的提高空间。

自李克强总理倡导工匠精神以来，国家与地方政府陆续推出了许多培育工匠的举措。国家人力资源和社会保障部门要求，从2017年起，要将工匠精神教育课作为新生入学第一学期的德育必修课程，纳入各专业教学计划，利用学习高技能人才楷模专题教育模块、入学教育等学时，安排教学一般10课时左右。

据悉，国家人力资源和社会保障部门根据《技工院校工匠精神教育课教学大纲（试行）》组织编写了《工匠精神读本》，将于近期出版发行。各技工院校要积极使用《工匠精神读本》开展教学。

企业内部更要加强对工匠的培育，开展有关“工匠精神”的讨论，让“技不如人”成为一种耻辱，让精益求精成为一种基本行为准则。特别是加强技能层面的培训，让工匠成为企业的中坚力量。

三一重工公司就专门成立了湖南三一工业职业技术学院。根据三一集团各事业部、子公司的用人需求，对学生进行定向培养。着力打造“工学交替”“项目导向”“顶岗实习”等特色教学模式，实现了学习与岗位的“零距离”无缝对接。让学生在学校就能学到工程机械领域最先进的技术和管理知识。凡是成绩优秀、身体健康、认同三一文化的毕业生均可在三一就业。年收入一般在5万～10万元，部分优秀毕业生年收入可达12万～20万元。

落实到操作层面，可以从以下三个方面着手：

首先，在培育内容上，可以从品德、敬业度、严谨性、岗位理论知识、岗位技能(含法定要求)、创新能力等方面着手。采用企业挑选、个人自荐等途径，结合国家与地方政府针对工匠(技能人才)出台的评审要求、本企业的愿望，合理划分工匠培育的层次，并界定各层次的细化要求。

其次，要考虑到我国技能人才学历普遍不高的现实，不要唯学历论，而应不拘一格选人才；同时，应确保过程的公正性与透明度。培育工匠的名单确定后，高层可召开“工匠培育工程”启动会议，其内容可包括：宣布培育对象名单、公布培育目标与计划、公布激励机制、签订工匠培育协议书、培育对象发言等。

最后，在培育方式上，采取理论与实践相结合的办法，既有严谨的理论知识讲授，也要有高标准的实践操作，对于表现优秀的学员应予以重用与奖励。可以举行各类技能比赛，以赛促教，可以把比赛中的这种精度标准和职业规范贯穿到平时的职业培训中，引入到平时的课堂里。

人们什么时候对技工院校、对工匠职业痴迷了，我们的工匠精神也就大放异彩了。我们期待这一天的到来，相信用不了多久。

6. 工匠文化之肥沃土壤

谈及以严谨著称的德国工匠文化，有一个人不能不提，他就是著名的思想家康德。康德调和了勒内·笛卡儿的理性主义与弗朗西斯·培根的经验主义，被认为是继苏格拉底、柏拉图和亚里士多德后，西方最具影响力的思想家之一。他深居简出，终身未娶，一辈子过着简单的学者生活。至 1804 年去世，他从未踏出过出生地。因此诗人海涅说，康德是没有什么生平可说的。

康德生活中的每一项活动，如起床、喝咖啡、写作、讲学、进餐、散步，时间几乎从未有过变化，就像机器那么准确。每天下午 3 点半，工作了一天的康德先生便会踱出家门，开始他那著名的散步，邻居们纷纷以此来校对时间，而教堂的钟声也同时响起。

有趣的是，当他读到法国浪漫主义作家卢梭的名著《爱弥儿》时，深为所动，为了能一口气看完它，不得不放弃每天例行的散步。这是唯一的一次例外，使得他的邻居们竟一时搞不清是否该以教堂的钟声来对自己的表。

康德的语言当中最让我心动的是“那最神圣恒久而又日新月异的，那最使我们感到惊奇和震撼的两件东西，是天上的星空和我们心中的道德律。”

康德以他的批判性哲学为基础，提出了人是目的而非手段的思想，实现了将人从单纯因果必然性的束缚下解放出来，完成古典哲学向现代哲学的转变。每当人们谈及德国文化的严谨特点，常会与康德钟表般的作息规律相关联，康德思想对德国人的影响至深。

一个拥有伟大思想的民族，才能拥有不断前进的动力。德国工匠文化浓烈，不仅有康德的思想影响，还有尼采、黑格尔等著名哲学家的思想洗礼，以及巴赫、贝多芬、舒曼等卓越艺术家的熏陶。

不仅在德国，整个欧洲都产生了很多影响人类进程的哲学思想和人文艺术。以苏格拉底、柏拉图、亚里士多德、卢梭等为代表的巨匠们，他们思想影响深远，被人们广为传播，不少仍然是今日的主流思想。

做过一个有关工匠精神的主题讨论：为什么欧洲有肥沃的工匠“土壤”？得到的答案是，文艺复兴给欧洲灌溉了肥沃的养料。有人问：为什么欧洲能产生那么多的著名思想家和艺术家？因素可能很多，有一点是肯定的，欧洲诸侯国众多，没有真正做到统一，如德国历史上就一直处于四分五裂的状态。这种分裂状态有利于思想的孕育、碰撞，容易产生新思想，这也是我国春秋战国时期呈现出百家争鸣、百花齐放的原因。

具体来说，欧洲产生了古典主义、浪漫主义、理性主义及实用主义，同时，有浓烈的宗教信仰和健全的制度体系，受哲学、文学、音乐、美术等多方面的熏陶与升华，这些文化相互碰撞、相互熔炼，为工匠的集体出现提供了肥沃的土壤。

工匠文化本身是许多文化的集合，涉及物理学、美学、人文学、社会学、历史学等。日本也表现出这一特点。日本有茶道、花道、书道，这些思想融入日本人的骨髓，为工匠精神形成了理想的“消费市场”。

日本茶道作为一种美感仪式受到上流阶层的无比喜爱。由中国唐朝贞观年间传到日本，后来，茶道被用作训练集中精神，用于培养礼仪举止，为一般民众所广泛地接受。书道也一样，在日本不仅盛行，更是人们修心养性的方式之一。

由此可以断定，丰富的文化内涵是工匠发展的殿堂。倡导工匠精神要从文化内涵方面着手，只有如此，工匠精神才能永远存在于该民族。因为思想、艺术的力量是巨大的，可以洗涤人的心灵，武装人的头脑。

可以说，生活之美、文化之美、产品之美是形成工匠精神的“肥沃土壤”。

从国家层面上，引导人们树立为工匠精神“买单”的观念，建立物美价不廉的消费文化，营造追求精致生活的氛围。没有工匠精神的“消费市场”，哪有愿意为工匠精神输出的“供应商”？

从企业层面上，倡导精致生活的理念，利润之上的价值追求，人文情怀的精神寄托等。这一切需要高层的推动、思想的洗礼及文化的熏陶，无法让它一蹴而就。

落实到操作层面，就要为人们提供丰富的文化生活及精神大餐。一个没有精神层面陶冶的人，哪会有创造力的诞生，哪会有将产品做到极致的追求。

美国的企业为什么能够创造性地做出影响世界的产品，与他们丰富的精神生活有很大的关系。他们反对员工加班和不休年假，他们希望员工充满乐趣地做出有创意的产品。在他们看来，不应该把员工的时间排得满满的。

最后，需要注意的是，倡导工匠精神不是要让员工吃苦，而是让员工创造更大价值。可以通过办读书会、外出旅游等相关活动创造一个有利于工匠成长的环境。让人们乐意接受工匠精神的洗礼，愿意精益求精地做产品与服务。

总之，没有灵魂的寄托就没有工匠精神的孕育。因为文化让人产生情怀，情怀推动作品诞生。

第 12 章

匠人部落：新工匠的摇篮

新工匠时代，匠人不是以个体形式存在的，而是以集体形式存在的。他们各有各的绝活，既能独当一面，也可以集体创造，共同开发。他们时而直言相对，争得面红耳赤；时而委婉表达，相互勉励。这与平常所说的团队虽然是一回事，但它不同于一般团队。

会制造噪声的团队，才会磨出美丽的石头。好的想法是需要争论的，就像石头需要经过摩擦、磨砺、打磨，最后才能变得美丽光滑。所以，要集合一群才华横溢的伙伴，让他们相互碰撞、争执，甚至大叫，还会制造一些噪声，在这个过程中，他们会让对方变得更棒，也让点子变得更棒。

但这一切需要有卓有成效的领导者，形成部落的力量方能发生。如何促成部落形成，如何能让工匠以集体形式创造非凡的产品是这一章讨论的话题。

1. 部落的力量是无穷的

如今崇尚自然气息的游客特别热衷于住民宿，因为每间民宿都有一个故事，每个民宿的主人，都设计了一种别样的生活。主人用心地为每个房间都起了个好听的名字，装修清新自然，充满田园乡村风情与浓郁的自然气息，让人仿佛已身处深山之中，远离了尘世喧嚣。

更重要的是主人带给客人的人文气息及住宿体验。这种气息与体验不是靠硬件设施，而是源于主人的人文修养，匠心供奉。曾有人说，为什么要住民宿，而不住酒店？因为酒店只是某段旅程的落脚点，睡一夜就走，难有什么牵绊。但民宿却是有温度的他乡，让路过成为相逢，让心灵有了真正的休憩。

当然，民宿的主人不是一个人，而是一个群体。与其说他们是一个团队，不如称其为部落更为合适。有的可以让你现场感受到书法的魅力，聆听富有哲理的小故事，欣赏一曲动人心弦的古曲。细致入微的服务，别具一格的陈列，处处彰显一种匠心感。

当然，我并不是说所有民宿都能带给你如此的感受，必须是怀抱匠心的主人所形成的部落。他们用心、用情地做好每一个细微。赢利只是一方面，他们更多的是在意工作本身的感受。有的民宿主人本身就是艺术爱好者，他们边工作，边创作，边陶冶情操。他们不是一个人如此，而是一个群体，大部分都是被吸引过来的。这就是部落的力量。

众所周知，部落是一个极为古老的概念。由于每天面对相同的环境、相对固定的同事，自然就会形成一个群落。当这个群落产生了某些固定的话题或者语言风格，部落就产生了。他的明显特征就是有共同的追求和价值观，既能相互促进，又能相得益彰。

任何一个部落，本质上是一套语言系统。语言可以判断某人是否属于某个部落。一个人想融入某个部落，首先要能听得懂部落相关人在说什么。就个人而言，语言反映着每个人的心理，所有人的真实想法和感受，都会透过语言表露出来。另一方面，部落的语言环境又总在影响着他们。这些共同语言就是他们的追求与价值观的一种体现。

也许你已产生了一个问题：部落跟团队有何不同？团队的构建是着眼于任务，而部落是着眼于某一个理念或产品，自然形成所占比重更大。通常一个部落的规模在 20～150 人，这也是我们平时能够用语言接触到的人。如果舍弃部落，一个天才可能会创造出经典的文学作品，却不能创造出整个产业。不过，我确信，一个超级强大的执行力团队一定是以一个高层次部落为基础的。也就是说部落比普通团队的层次更高。

新工匠时代，产品既要有慢工出细活的精细，又要有快速更新的“迭代”。而部落的力量容易使这一切发生。在我看来，部落是新工匠成长的摇篮，它为新工匠提供了充分的养料，使之能茁壮成长。

马歇尔商学院资深教授戴维·洛根等人耗时十年，深入全球各大企事业机构，从中总结出了部落的五个阶段。它们也同样代表着五种占主流地位的心态：

① 人生即炼狱（流行词汇：人生糟透了）

② 没办法通过自己的能力改变自己的生活（流行词汇：我的生活糟透了）

③ 有能力改变自己的生活，却没办法改变社会（流行词汇：我很牛，但你不）

④ 不断寻找对手，证明自己可以无比强大（流行词汇：我们很牛，但你们不）

⑤ 无敌于天下，探索让世界变好的各种可能性（流行词汇：人生真美好）

显然，部落所处的阶段越高，它的自我激励的水平就越高，其所释放的能量就越强大。当部落处于第五阶段的时候，他们往往能够创造历史。比如创造 iPhone 的苹果手机部门，开发微信的张小龙团队。

把一群人凝聚成一个整体，再带领这个整体去完成看似不可能完成的任务，是每一个管理者最重要的责任。不过同样是管理，其效果却有着天壤之别。有的人特别努力，不断寻找各种管理新方法去刺激员工的工作热情，不过收效甚微，员工还抱怨“事真多”。另一些人似乎毫不费力，他的想法和措施就能获得全体人员的认同，并迅速贯彻到具体细节之中去。显然，后一类人不仅仅是管理者，他们更是领导者。

那么，如何使这样的部落得以形成，并能够茁壮成长呢？对此，我将从七个方面进行阐述，尽量用通俗易懂的语言去达到高屋建瓴的效果。暂且称之为“七步成诗法”。

2. 领导第一要务：选匠

如果你问我：“形成匠人部落的首要工作是什么”，我的回答是招才选“匠”；如果你问我“如何能够持续地产出世界级产品”，我的回答仍然是招才选“匠”。没有什么比这个更重要的了，因为此事在为匠人部落的形成播洒“种子”。即使在制定战略这种事上，也要根据有什么样的人才确定“打什么仗”这样的思维。一句话，战略的好坏关键看是否有合适的执行人才。

匠人部落虽然是自然形成的，但在初期阶段，其核心成员的影响力是最重要的。这就需要领导者不遗余力地千挑万选，所挑选的核心人员必须为行业内最优秀的匠人。五年前，小米能够迅速崛起，与其找到了七个重量级的联合创始人是密不可分的，他们有谷歌（中国）工程研究院原副院长林斌担任公司总裁、原微软中国工程院开发总监黄江吉、原北京科技大学工业设计系主任刘德担任副总裁等，他们都是互联网软、硬件行业内数一数二的匠人。当年创始人雷军在挑选核心合伙人时，是想尽了一切办法让他们加盟的，他和他们每个人至少是聊了 10 个小时的。就这件事，充分展现了雷军的匠心领导力。

形成一个匠人部落首先是物色优秀的核心成员，它就像一支球队必须找到顶级的主力队员一样。真正的“匠才”是最贵的，也是最“便宜”的，因为他们创造的价值对企业来说是无法衡量的。杰克·韦尔奇说：“我们所能做的一切就是把赌注押在我们所挑选的人的身上。”

现任全国人大环境与资源保护委员会副主任委员卫留成曾问杰克·韦尔奇平时主要工作在干什么，韦尔奇说 80%的时间是看人。

选人的好坏关乎一个单位的生死存亡。在各种失误中，决策失误是最大的，在决策失误中最大的失误是用人的失误，其代价也是最大的。越优秀的公司越在选人上要求严格，通过层层关口确保选择最优秀的人才。一般求职者要“过五关斩六将”才能被他们录取。

一般的管理者在人才选拔问题上，重视程度远远不够。他们误以为“员工只要听话照做，能力就可以培养出来”。要知道，培养固然重要，但真正的人才特别是“匠”才并不是靠公司培养出来的，而是他首先要有这方面的潜质和天赋。难怪三星公司创始人李秉吉说：“我从来不亲自在支票或传票上签字或盖章，也不亲自买东西。我的任务是选拔和教育那些替我签字或盖章、替我做买卖的人。所以我大部分精力放在选贤育人上。”

选拔人才比培养人才更重要。可以说，选拔“匠”才是可以不计代价的。美国福特汽车公司当年就不惜一切代价“连锅端才”。事情发生在 1923 年，美国福特汽车公司有一台发动机坏了，所有的技术人员都未能修好。正焦急万分时，有人推荐了思坦因曼思，美国福特汽车公司就派人请他来。他来之后，要了一张席子铺。在电机旁，聚精会神地听了三天，然后又要了梯子，爬上爬下忙了多时，最后他在电机的一个部位用粉笔画了一道线，写上“这儿的线圈多绕了 16 圈”几个字。美国福特汽车公司的技术人员按照思坦因曼思的建议，拆开电机把多余的线圈取走，结果电机正常运转了。

总裁福特先生得知后，对这位德国技术员十分欣赏，先是给了他一万美元的酬金，然后又亲自邀请思坦因曼思加盟福特公司。但思坦因曼思却向福特先生说，他不能离开那家小工厂，因为那家小工厂的老板在他最困难的时候帮助了他。

福特先生先是觉得遗憾万分，继而又感慨不已。福特公司在美国是实力雄厚的大公司，人们都以进福特公司为荣，而他却为了报恩而舍弃如此好的机会。不久，福特先生做出一个决定，收购思坦因曼思所在的那家小工厂。董事会的成员都觉得不可思议：这样一家小工厂怎么会进入福特先生的视野？福特先生说："人才难得，因为那里有思坦因曼思。"

我很坚定地认为，不遗余力地选拔人才，是打造匠人部落的首要工作。除了兼并购买企业、连锅端才外，有的企业雇佣猎头搜索，专猎英才；有的在国外设立机构，就地取才；有的修改移民法规，开门迎才；有的高层出国访问，顺手牵才；有的合作办学设奖，养育人才。这些企业都是想尽一切办法地选拔各类人才。

另外，在选拔人才上有三个重要问题，值得讨论清楚。

#问题 1：三个臭皮匠顶过一个诸葛亮

雷军在创业初期不遗余力地招聘"匠"才，他坦言是受了乔布斯的影响。乔布斯说："我过去认为一位出色的人才能顶两名平庸的员工，现在我认为能顶 50 名。"必须承认的是，我也是这一观点的忠实信徒。二八法则也告诉我们，20%的优秀人才创造 80%的业绩。

乔布斯深谙此理。当乔布斯回归苹果公司，拿回了统治权，他迅速重整公司，大刀阔斧地将苹果公司的 60 多个产品削减到只剩 4 个，并在全世界奔走以寻求一位真正的超级设计明星。他曾经向 IBM 的设计师萨帕，以及几位卓越的建筑师、汽车设计师发出过邀请，但当乔纳森·伊夫的简历被重新从灰尘中翻出来后，乔布斯意识到他已经找到了他想要的人。

这一决定对后来的苹果公司起到至关重要的作用，除了乔布斯，乔纳森·伊夫是对苹果那些著名的产品最有影响力的人。后来，史蒂夫·乔布斯明确表示，在苹果除我之外，他比所有人管理权都大，没人能指使他或干预他做任何事。时势造英雄，英雄推进发展进程。没有乔布斯、乔纳森他们，苹果公司的历史肯定会被改写。

在人才问题上，一点也马虎不得。关于这方面的事情最值得用匠心来成就，其益永久。

在过去，很多人会大言不惭地讲“三个臭皮匠顶过一个诸葛亮”，实际上这是一个天大的谎言。这句话顶多说明多了彼此讨论、相互碰撞的机会，并不能说明人多就力量大，而我却认为，真正的“大匠”远远胜过一堆的普通人才。在我国历史上，历代思想家、政治家都认识到“为政之要，惟在得人”，发出了“千军易得，一将难求”的感叹。

#问题 2：“匠”才的标准是什么

蒙牛乳业公司创始人牛根生曾说：“胡锦涛总书记说‘聚精会神搞建设，一心一意谋发展’。落实到企业就是聚精会神搞生产，一心一意做营销。一个做生产的人，他的人才标准就是把产品做得让全国消费者都喜欢，如果他一会关心亚非拉黑奴的解放，一会儿分析伊拉克战争的动态，一会研究太平洋的地壳运动……惟独做出来的雪糕没有人喜欢吃，那他绝不是合适的岗位人才。所谓人才就是合适时间合适地点的合适人选，离开岗位谈人才，就像离开矛谈盾，离开船谈帆，并无意义。”这段话道出了“匠”才的基本要求。

关于衡量人才的具体标准，人们一致推崇德才兼备，它被誉为是“千古用人第一标准”。其本质是员工的一切行为都要做到有德、有才，两者兼备，不可缺少，且是德在前，才在后。魏征则强调，如果在战乱期间不能过多考虑“德”，那么“丧乱既平，则非德才兼备不可用也。”

唐太宗又增加了“学识”一条，说：“今所任用，必须以德行、学识为本。”明代刘斌认为，担任重要职务的人不仅要德才兼备，还必须有器量，“所谓量者，能受善言，能容贤才，非包藏隐忍，持禄保位而已。”王夫之则在才能、器量之外，加上了“意志”，认为成就大小看才能，才能发挥如何看器量，器量大小“视其志之所持”，志不坚定终将一事无成。

根据古今中外选拔人才的标准，结合新工匠的特质，“匠”才可以概括如下五个方面：

- 有个性、有造诣，爱走别人不走的路，爱思考如何做出独特的新物品（创造之人）。
- 以专业为生，但不为钱而放弃标准，祈望自己所为和作品能比寿命更长（作品心）。
- 热爱自己的工作，绝无高低贵贱之虑，一心想探寻此业精髓，力达更高境界（手艺人）。
- 每临工作现场，必有庄敬之意，一旦结识高手，必敬慕之，学习之（修行者）。
- 对自己的手艺有超乎寻常甚至近乎神经质般的艺术追求；对细节“斤斤计较”，有问题绝不轻言放过（偏执狂）。

通常情况下，我们把“创造之人”放在第一位，它是核心中的核心。除此以外，高端的人，应考察其胸怀；中端的人，应考察其品德；低端的人，应考察其才能。

#问题 3：如何挑选到“匠”才

这是一个千古难题，可即便是难于上青天，领导者也要迎难而上。谁让它对匠人部落如此重要呢？我们除了不遗余力，别无他法。惠普公司认为：选人就如同是选钻石。在这个问题上，用“不遗余力”一点也不为过——领导者的精力在哪里，成果就在哪里。因为“匠”才是公司最重要的资产，一家公司要想持续健康地发展，在选拔人才方面就必须下大力气。

我甚至认为，**招到真正的匠才比找到大客户更重要。招不到匠才，**

除了提供的条件不够好外，就是投入的精力不够。小米公司雷军创业第一年大部分的精力都放在招人上，苹果乔布斯大约把四分之一的时间用于招募人才，其直接面试人员超过 5000 人。如果领导者不“亲力亲为”找优秀的“匠”才，就会努力地“亲力亲为”做具体事务——即使你有三头六臂，也无法完成所有的工作，可见匠才是多么的重要。

关于挑选匠才，可以写成一本书。在此，我简明扼要地表达我所理解的三个关键词：

✍ 关键词 1：观其成果

我在面试新人时，首先问求职者“成功做过什么”，然后是“为什么能成功”，很少只问“做过什么”“如何做”之类的问题。为什么呢？因为考察“匠”才的核心指标是，是否拥有匠心，而匠心最终体现在其成果上。

所以，挑选“匠”才要了解其做成功过什么，而不是他知道什么及会做些什么。即便是刚毕业的大学生，也要了解他在学校时的成果。我深信，有突出成果的人胜过那些拥有较丰富行业经验的人，即我们选择那些用结果说话的人。

✍ 关键词 2：观其创业心

创业心和匠心一样重要。愿意为梦想来做点事的人，就能克服一切困难，能付出不亚于任何人的努力。那些一味追求稳定的人是不太可能干出伟大的事业的。

观察其创业心，最好的办法就是看他是否对公司的项目有热情，是否愿意接受当前的“辛苦”，是否有过创业的冲动与准备。我的经验是，可以通过九型人格[①]测试进行验证。一般来说，九型中的 3 号人物比较有挑战的特质，他们的行动力比较强，创业心也比较强。

✍ 关键词 3：观其擅长点

成功需要努力，但是努力不一定成功，这当中其实是天赋与岗位

---

① 九型人格又名性格形态学，是近年来倍受美国斯坦福大学等国际著名大学 MBA 推崇的热门课程之一，应用范围广，包括个人成长、人际关系处理、夫妻关系及亲子关系。

匹配的问题。爱迪生说，成功是99%的努力+1%的天赋。其实，后面还有一句话，99%的人成功都是靠那1%的天赋。后面这句话不太鼓舞人，常常被人们忽略掉。

勤奋与天赋对成功来说相辅相成，不能割裂分开。想取得较大的成功，就要寻找那些与岗位相匹配的有天赋之人。让每个人从事其所长，让每个岗位用其所长，是匠人部落一个重要特征，是领导者关注的重点问题。

除了以上三个关键词，最值得补充的，就是亲自考察。《史记•五帝本纪》记载，尧要大臣举荐继任者，四岳（即四个部落首领）推荐舜。舜20岁时，就以孝而闻名天下，尽管舜享有好名声，但尧本人对此并不放心，表示“吾其试哉”，再确定其继承人地位。

尧的主要做法是：第一，把自己的两个女儿嫁给舜为妻，通过舜对待妻子的态度来考查其德行；第二，使九位男子与舜相处，以观察其如何对待别人；第三，使舜“慎和五典”，管理阴阳术数天文历法官员，说其管理有方，“五典能从”；第四，管理有才德的百官，结果“百官时序”；第五，让舜铲除当时的四大劣迹昭著者，舜也做到了，远近诸侯闻风而敬舜；第六，入山林川泽、经受暴风雷雨，“舜行不迷”。

像尧这般匠心选人法，怎能选不出德才兼备的人才？

3. 匠人需要这样“安置”

招才选“匠”这一步落实好，并不代表就可以万事大吉了。没有合理的分工和有效的领导，仍不能创造出一流产品或一流服务。有时还会适得其反，因为匠人们通常有不同的脾性，且某些脾性表现得异常固执。在一般人眼里，匠人属于比较难领导的一类，而对于匠心的领导者来说，如同烹饪一样得心应手。

匠人部落最早出现在爱迪生的发明团队里，这也是爱迪生的另一大贡献。当年爱迪生的科研团队，个个都称得上科学家，爱迪生一个个“奇异”的想法就是由他的科学家团队一一实现的。他们要求极高，像疯子一样做着人类从未有过的科学研究与实验，很多的发明创造，就是以爱迪生为首的匠人团队共同发明的。当然，假如没有像爱迪生这样的巨匠是很难实现的。这就是匠心领导力的优势。

匠人部落不同于一般的团队，无法仅用业绩指标来促成合力。它往往会因为一个动人而有魅力的想法，或做出一个影响人们生活的产品，从而形成强大的部落凝聚力。在这一点上，他们表现出自发性与天然性的特点。那么，如何有效领导“匠”才呢？

有效领导“匠”才就是要把合适的人放到合适岗位上。部落里的成员有不同的个性和特长，若能够充分地发挥各自的优势，可以实现取长补短和 1+1＞2 的效果。比如，有人善于提出建设性意见，有人可能会“泼冷水”认为不够完美，有人会极力构思、催促赶快行动等。

不管是哪一类人，他们目的一致，故能集思广义，发挥所长，共同打造出让人称奇的匠品。他们有一个共同的特点：对完美执着追求，绝不说“差不多”“还可以”之类的话。他们相互推进，彼此监督；他们不做到极致绝不善罢甘休。

可以打造完美的团队，也可以打造出完美的产品，但无法造就完美的个人。对于众多不完美的人来说，如何成功实现完美领导呢？

大凡去过寺庙的人大概都会注意到，一进庙门，便看见弥勒佛乐呵呵笑脸迎客。在他后面，则是黑脸的韦陀。默契的红脸黑脸，绝妙的珠联璧合。

其实，早先庙堂里的人事安排，可不是这样的。相传在很久以前，他们并不在同一座庙堂里供职，而是各自分别掌管着不同的庙宇。

弥勒佛热情好客，很有亲和力和感染力，自然来庙里的人非常多，善男信女络绎不绝。但他原则性不强，没有好好管理账务，虽然庙里进项不少，依然入不敷出。而韦陀虽然严谨细致，但成天阴沉着脸，太过严肃，搞得大家很拘谨，到后来香火差点断绝。

佛祖在检查香火时及时发现了这两座庙堂里的问题，将他俩安排在同一座庙里，由弥勒佛负责公关，笑迎八方客，宾至如归，香火大旺；而韦陀铁面无私，精于理财，严格把关，避免了胡乱花销和舞弊现象发生。庙里人气财气两旺，历久不衰。善于把合适的人放到合适的岗位，这就是佛祖领导的高明之处。

值得注意的是，一般管理者习惯于帮助下属改进其不足，让弥勒佛"铁面无私"，让韦陀"笑脸相迎"，这种做法的结果往往是费力不讨好。人才问题的正确做法是重在扬长避短，而不是"补短"。

要知道，**人是很难改变的，即使能改变某些缺点，其代价也是巨大的，所以，与其把"铁棒"磨成"绣花针"，不如用匠心找到理想的"绣花针"。**在过去，我们倡导"干一行，爱一行"，今天要推崇"爱一行，干一行"，从喜欢到热爱，从热爱到挚爱，从挚爱到穷尽一生去追求，让人全身心地投入。

西方有句谚语，做自己擅长的，上帝会帮助你成功。体育明星刘翔一开始并不成功，这是因为他在从事自己并不擅长的跳高项目。直到他的教练和他讨论做哪个项目更擅长后，最终确定到跨栏这一项目上。之后一发不可收拾，一举成为世界级冠军。

诚然，内心的喜爱和做其擅长的是推动事业进步的最大动力。它能帮人们克服困难，让人更加热爱自己的工作，这样就越能投入其中，越容易实现成就感与获得感。

4. 部落首领回归的时代

新工匠时代有一种现象，叫“返祖”。这不只表现在“量身定做”的生活层面，也表现在组织的管理领域。比如“回归本源、重返领导”。领导这一思想在原始社会体现得很明显，像尧、舜、禹是非常优秀的部落首领，他们得到了人们普遍的尊敬和拥戴。而原始社会之后，管理开始大行其道。如今，信息革命之后，对领导力的呼声越来越高。

听说过“部落首领”，没听说过“部落管理者”的说法。在匠人部落里，除了进行领导，比较少用管理。没有“匠”才愿意总被他人管着，就像无法逼着马儿去喝水一样，他们愿意接受他人的领导。一味地管理会越来越难，领导则会越来越受人追棒与青睐，连杰克・韦尔奇这样强势之人都在说“我喜欢领导，讨厌管理”。

那么，领导和管理有什么区别呢？领导与管理不是从职位高低上来区分，从某种意义上讲，领导与职位没有直接关联。有的人职务很高，但领导力匮乏；有的人职务不高，却深得大家信任与爱戴，人们心甘情愿地跟随他。总之，**判断一个人是不是领导，关键看他的身后有没有心甘情愿的追随者**。

管理者试图控制事物，甚至控制人，而领导者努力解放人及释放能量。管理者通过计划、预算、组织、配置、控制等实现战略目标，而领导者通过确定方向、制定战略、鼓舞员工，带领全员创造更大的绩效。显然，领导比管理更能得到人们的推崇与拥护。

海尔的张瑞敏在 2013 年全球管理界顶级盛会——美国管理学会

的第73届年会上说：“传统的管理模式都不奏效了，必须去打造新的。这其实是个机遇也是挑战。没有成功的企业，只有时代的企业。”我认为，那些依靠职务权力进行压制和命令的管理者很难在新工匠时代立足，更不会出现在匠人部落里。

今天谈“去管理”已不是一句口号了，是时候付诸行动了，因为工业时代的管理付出了惨重代价——**传统的管理模式是建立在泰勒或韦伯的思维之上，形成纪律、精准、经济、理性和秩序，抹杀了艺术、创意、勇敢与锐气，员工禁锢在“半专制组织”内，丧失了想象力、开创性和灵活变通的能力。传统的管理可以让员工更服从、更勤奋，但不能让员工更创新、更忠诚。**

人类永恒追求自由与平等，不要指望“机器人”能成为充满激情的人，责任感也无法靠打字机制造出来。可以说，没有管理就是最好的管理，这一美好理想将在新工匠时代成为现实。最好的人才能找到最棒的答案，但他们是最难管理的人，你不得不容忍他们。“会找答案”就是好产品的关键因素——不在于管理流程。请适时“去管理”吧！

那么，究竟如何“去管理”呢？我发现有五个方面需要改进。

第一，需要调动员工的积极性，而不是施加官僚压制。职权压制和任务要求无法激发部落成员的创造力。一般来说，创造力常基于组织的使命与价值观，来驱动自身的潜力得以激发。企业所能做的，就是多一点领导，少一点管理。

第二，需要适当地控制成本和进行风险管控，不要一味要求成员按部就班、听话照做，否则，容易抑制人们的想象力，这与对待机器人无异。要知道，企业不只是雇佣了员工的手和脚，而是雇佣整个人，特别是大脑。过度控制成本和害怕风险，让人循规蹈矩，必成为创新的绊脚石。

第三，需要建立一个纪律和自由能相互包容的组织。纪律的存在是基于客户价值的创造，而不是基于管理上的方便。即对客户价值有用的就应该推崇，否则，就会损害部落成员的工作体验。当然，所谓自由是建立在相应纪律范围内，并不是“泛滥”与“纵容”。

第四，需要允许“黑客”存在的自由民主对话。黑客并不一定都是起破坏性作用，当今世界，黑客推动了互联网的进程。所以，让部落成员挑战部落首领的权威，并且发出自己的声音，即使是强烈的反对声，也要让这种声音得到尊重与反馈。当代企业组织应具备这种包容性，否则，难生存。

第五，需要组织结构从原来的“金字塔”走向“扁平化”。原来是分工加标准化的傻瓜式体系，纯粹是一个萝卜一个坑的模式。如今，扁平式组织结构实现成员之间可以互联互通，采取的是智慧式的执行模式。在这一扁平的模式里，领导经常倾听专家下属的，长辈也主动向晚辈学习，并且让那些“听得见炮声”的人做决策，这些将会成为一种新常态。

总之，尽快抛弃管理，实现全面的领导，这才是匠人部落发展之道。

5. 新工匠时代执行力建设

我们已然知晓，互联网让商业模式发生了瞬变，生态链亦随之改变。这种改变不是在小范围内进行，而是全方位的改变，甚至是颠覆。管理也不例外，特别是在执行力建设上，许多习以为常的执行法则突然变得不适用了。其中，有一个重要的因素就是执行主者从 60、70 后群体，转变为 80、90 后甚至 00 后这一群体。对于匠人部落来说更是如此，这种变化将有利于匠人部落的形成。

在执行力建设上，企业管理要有哪些改变呢？结合我对执行力的研究，从四个方面进行阐述。

注意 1　多强调员工智慧，少强调绝对服从。

在过去，我们的企业多数属于 OEM 模式，即代加工型。那时特别崇尚标准化作业，一个萝卜一个坑，一个人一道工序，把员工等同机器在使用。也就是说，员工只要按照工作的标准或上级的指令一丝不苟地执行就 OK 了。看看喜剧演员卓别林饰演小胡子工人的场景，会对此的理解更加直观与深刻。

网上曾有一段子："老板说，要的是你的手和脚，并没有要你的脑袋，听话照做就行。"像这种强调绝对服从的执行，所拼的就是体力，所讲究的就是无条件服从。这是把人和机器看作是一样的生产资料，从某方面来说，人还不如机器，机器根本不需要休息，可以持续地运转。此时，管理者只需要跟员工说清楚操作的步骤就可以了。这样的工作模式直接导致人们变成了机械式、被动式的执行者，而对工作最终的结果并不会在意。今天有很多年轻人，特别是有学历的人之所以不愿意进工厂工作，与这不无关系，因为他们希望公司使用他们的大脑，而不是他们的手和脚。

注重创造力的新工匠时代，就是要发挥员工的大脑。过去那种听话照做和作业标准化的模式很难产生创新，所以，企业不应该用太多框框约束人的思维。有一种成功，叫小米模式，他们就是极大地发挥员工的智慧，包括用户的智慧。他们打破了员工与用户的边界，即员工是用户，用户也是员工。

若要更好地发挥员工的主观能动性，就必须强调智慧执行，拼的是智力，讲究的是自主性操作。作为领导者，要界定正确的结果，而非具体的操作步骤。即明确目标，尽量让员工自主性发挥，让他们创造性地工作。总是规定操作步骤的结果是，员工不动脑，上级怎么说就怎么做，当发生意外与变化时，也不会主动地思考与调整。一句话，多授权、少指挥；多讲目标、少讲步骤。

当然，必要的服从还是不可少的。需要明白的是，企业不是军队，过于强调服从就要不得了；把服从当天职，是指对正确的理念与原则的坚守与尊崇，而不是对某个人的“施令”无条件服从。

注意 2　多强调快乐工作，少强调物质奖励

在过去，所谓工作就是一种谋生的手段。那个时候，人们为了更好地生存，工作的目的就是为了满足自身物质层面的需要。工作时，人们自然会因为多了些收入，放弃自我的工作感受，降低对工作体验的追求。言外之意，就是将精神层面的需求忽略不计。

当工作成了必须完成的任务时，在人们的眼里，只要注重工作的服从性就够了，创造性、追求完美自然次之。因为他们执行的是上级的目标，并不是自己的目标，这就可以想象了——匠心和匠品与他们有多远。而匠心源于人们的自动自发，源于人们内心对价值的不懈追求。

现如今，物质条件丰富了，人们需要的是更加良好的工作体验，工作必须是快乐的。许久以前有人梦想此生不工作，照样衣食无忧。如今，你试试不工作会是怎样的一种体验？痛苦、无聊、不充实，人脉圈子变窄，跟不上这个时代……这是一件恐怖的事情。也许你仍然会说，当今社会也有这样的人，但他们快乐、充实吗？答案是否定的。

显然，今天的工作不只是为了谋生，而是美好生活的一部分。所以，有不少的人开始抱怨员工的服从性变差了。要知道，员工要的不只是通过一个任务的完成而获得物质回报，他们更需要的是参与感、成就感和尊重感。

在本书的第二部分，我们着重讨论了新工匠时代要特别重视用户的体验。这对领导者来说，最直接的用户就是员工，如何让员工有好的工作体验不能不成为领导者的重要工作。互联网企业巨头之所以能到处“攻城掠地”，除拥有强大的用户资源外，比较重要的原因就是他们有超强的执行力；而他们之所以有超强的执行力，是因为他们拥有扁平化的组织结构及良好的工作体验，以至员工总是可以发自内心地用匠心来完成创造性的工作。

那种绝对服从，只重结果的做法，对今天的员工，尤其是年轻的员工，怎么会有好的工作体验呢？而没有好的工作体验就难以实现创造性的执行。所以，企业在执行力建设时，要让企业和员工有共同的目标，并围绕共同目标能快乐工作，至少让员工实现：工作是生活的一部分，工作不再只是为了生存。值得一提的是，物质奖励是基础，工作体验是升华，是员工创造力的源泉。

注意 3　多强调领导责任，少强调员工责任。

曾几何时，《没有任何借口》成为年度最畅销的书籍之一，许多企业几乎是人手一册，该理念成为当时企业执行力建设的主流思想。不得不说，它为企业在执行力建设上带来了不少价值。

但时至今日，“没有任何借口”成为了领导者的首选借口。为何如此说呢？因为每当发生问题时，企业往往强调的是员工的问题，抱怨的是员工的责任心，比较少寻找上级的责任。这也许比较适合军队组织，但它割裂了执行的主体，要知道，关键的少数往往制约着次要的多数。

当然，我并不是要鼓励员工找理由、找借口，而是要领导者认真对待员工的理由与借口，不能只跟员工说“没有任何借口”，然后将责任归为员工。恰恰相反，员工的借口应成为领导者研究的重点，想办法突破员工这个借口，让员工找不到类似的借口。

举例来说，市场销售人员常把用户对产品质量的否定当作销售不力的借口。若是领导不遗余力地将质量搞上去，销售人员哪有机会找这样借口？此借口不正成为企业的发展机会吗？

俗话说，问题就是机会。当领导认真倾听员工的理由与借口时，就等于多了一条改善通道。当然，并不是不追究员工的责任，而是要更多地从领导者身上找原因。至少，领导责任的比重要大得多。所以，从思维上，不要一味地归罪于员工，而要领导多“修路”，少让员工犯错误。此乃领导者的匠心所在。

注意 4　多强调团队机制，少强调员工心态。

在过去，成功学大行其道，企业热衷于心态方面课程培训。例如，提高员工的执行力往往偏好于对员工进行“洗脑”。而事实胜于雄辩，“大锅饭”时代，无论你怎么“洗脑”，大家仍然是出工不出力。后来，分田到户，实施个人承包责任制，根本不需要做思想工作，产能就上来了。

根本原因是机制的改变，而不是心态的调整！老板为什么比员工勤奋，更能发挥内在潜能？不是因为老板天生比员工勤奋，比员工聪明，而是因为国家改革开放后进行的制度改革，给足了老板足够的“勤奋”动机。若没有机制的驱动力，一切都是徒劳。

机制建设比心态培养更重要，倘若一味“洗脑”，就难有效果可言。所以，执行力建设要强调勤奋背后的动力，其主要还是机制建设的问题。多强调个人利益，少强调公司利益，切忌不要总讲“集体利益高于一切”。没有个体利益的输入，哪有集体利益的输出？当个人利益得到相应满足，社会利益自然得到实现。

匠人是机制的产物，匠人部落更是如此。在“生于制度、孕于文化”的章节里，已全面阐述，在此不再赘述。

6. 高马斯洛需求层次理论

打开开关，灯光洒满整个房间，美美地欣赏自己的作品，这是一种怎样的体验？满足感！即使工作到深夜，这种满足感会让人工作之后睡得很香——工匠每做完一项工作，从不放弃享受这样的美感。

创造和给予匠人部落成员这样的满足感本身就是一件很有意思的事情。对新工匠来说，个人需求满足不是从马斯洛需求层次理论[①]讲的第一层“生理需求”开始，而是直接迈入到更高层级，进入第五层“自我实现”。他们基本满足了前四种的需求，更加渴望第五层“自我实现”这一层需求。我称其为“高马斯洛需求层次理论”，比平常讲的“马斯洛需求层次理论”多一个“高”字。

高马斯洛需求层次理论是指要着重于“自我实现”的满足，它是最高层次的需求得以满足，它是实现个人理想、抱负，发挥个人能力到最大程度，完成与自己的能力相称的一切事情的需要。缺乏“自我实现”需求的人会感到空虚，它需要去做一些身为一个“人”应该在这世上做的事，它能让一个人深刻地体验到自己没有白活在这世界上。

高马斯洛需求层次理论认为价值观、道德观胜过金钱。这本身就是工匠的基本要求——热爱工作胜过工作所带来的钱。例如：一位武术家、运动家把自己的体能练到极致，让自己成为世界一流或是单纯只为了超越自己；一位企业家把自己所经营的事业能为社会带来价值作为第一经营准则。

---

① 由美国心理学家亚伯拉罕·马斯洛在1943年在《人类激励理论》论文中所提出。将人类需求分为五种：生理需求、安全需求、社交需求、尊重需求和自我实现需求。

这种“自我实现”的满足对工匠很重要。瑞士著名的钟表大师布克因反对罗马教廷的刻板教规，锒铛入狱。由于他是一位钟表制作大师，囚禁期间，被安排制作钟表。在那个失去自由的地方，布克发现无论狱方采取什么高压手段，自己无论如何都不能制作出日误差低于 1/10 秒的钟表；而在入狱之前，在自家的作坊里，布克能轻松制造出误差低于 1/100 秒的钟表。

为什么会出现这种情况呢？布克苦苦思索。晚年，他终于理解了，是因为心情。在监狱里，他一直心情不好。而完成一个钟表，需要 1 200 多道工序，是需要投入极大的热情、精力的。只有在一个人心情完全放松的时候，才可以做出误差极小的钟表。

布克表示，一个钟表匠在不满和愤懑中，要想圆满地完成制作钟表的 1 200 道工序是不可能的；在对抗和憎恨中，要精确地磨锉钟表所需要的 254 个零件，更是比登天还难。

也正因为如此，布克方能大胆推断：金字塔这么浩大的工程，被建造得那么精细，各个环节被衔接得那么天衣无缝，建造者必定是一批怀有虔诚之心的自由人。可以想象，一群有懈怠行为和对抗思想的奴隶，绝不可能让金字塔的巨石之间连一片小小的刀片都插不进去。

刚开始，没有人相信布克的论断。结果埃及文化部 2010 年 1 月 10 日发表声明，埃及考古队在开罗近郊的吉萨金字塔区发现金字塔建造工人的坟墓群，证明金字塔是由工人而不是由奴隶建造的。如果是奴隶，心中充满了怨恨，不可能做出这么精美的建筑。

“自我实现”是精神层面的高级需求，与使命、天职及价值相关联。它能无形中提高人们的热情，而热情是幻想飞翔的必备燃料，这种燃料一旦被点燃，将让他的引擎在飞翔期间生机勃勃地连续运转。

有人曾经问过不少钓鱼爱好者：钓鱼的过程中什么时候最高兴、最快乐？他们一致的回答是：鱼上了钩，把鱼提上水面的时候。通常的理解是，钓鱼大概是为了吃鱼，为什么最高兴、最快乐的时候不是在吃鱼的时候，而是在把鱼钓上来的时候呢？因为把鱼钓上来，让钓鱼人看到了自己的潜力、才能，从而满足了“自我实现”的需要。而吃鱼的目的倒在其次，吃鱼可以去市场上买。

同理，工匠精神为什么会在日本、瑞士、德国和美国兴盛，他们都属于经济发达的国家，没有物质层面的后顾之忧，他们因信念和兴趣而工作。那么，怎样才能满足匠人部落成员“自我实现”的需求？

给有特长的人委派特别任务，把要达到的结果明确告知就够了，至于具体操作步骤由他们自行安排，让他们多一些参与感、尊重感和成就感。

结合个人理想与兴趣，让他们从事自己喜欢和擅长的工作，帮助他们挖掘这方面的特长，并提供更多学习的机会。没有什么工作比做自己喜欢、擅长和有学习空间的工作更让人充满斗志。能够让“自我实现”驱动的人，往往会把工作当作是发明性的劳动，并竭尽全力做好它。

在奖励方面名大于利。比如，让其参加各种见面会、论坛等活动，多一些露脸的机会。在这方面，联想集团的柳传志早年给予杨元庆的机会就比较多。在我的职业生涯中，深刻感受到这种满足感带来的威力，它像给人装上了哪吒的风火轮，可以不知疲倦地、夜以继日地工作，其工作成果也是最好的。

在战略决策层面，充分听取他人的意见，尽量让部落成员作一些重大的决策。三国的刘备对待诸葛亮的做法就很典型。

满足情怀上的需求，例如，青岛红领公司为用户量身定做服装，当用户们享受与众不同的体验时，员工则拥有美美的成就感，因为形形色色的西装，绣着消费者的名字，每一个员工都清楚地知道自己的

“作品”给谁在使用，电视剧《来自星星的你》中由金秀贤饰演的“都敏俊”穿的服饰就是由红领的员工订制的。

7. 让匠人有美好工作体验

前面专门讨论了用户体验的问题，已然知晓用户体验是互联网时代的关键词之一，也是新工匠与传统工匠的重要区别之一。

对于领导者而言，他近距离的用户恰恰不是别人，而是匠人部落里的成员。满足内部用户体验，才能实现外部用户体验的满足。可以说，让匠人部落成员拥有好的工作体验是领导者的一项重要工作。

我脑海中曾遐想过这样的一个场景：一群平凡的人，或是聪明的创意精英，在快乐的氛围中，充分发挥他们的创造力，他们能快速感知用户的需求，并能愉快地创造相应的产品和服务。这真是一件很美的事，我相信它会越来越多地呈现在人们的面前。

这一场景犹如诗人边晒太阳边读书般享受，又如游客一揽众山小的感觉。它绝不像节后的开工，员工还沉浸在假日的放松与惬意中，言外之意，目前的现实工作有太多“被迫性”。匠人部落就是要让工作同休假一样舒服，让部落成员徜徉在内心宁静、外在热情的氛围当中，实现人们不再需要发“节日快乐”这样的祝福信息，因为我们每一天都是快乐、幸福的。

这一点，其实与哲学家康德“人是目的”的主张相吻合。他认为，个人不是实现社会目的的工具，社会是实现个人目的工具。言外之意是不能把人当作工具来利用，而应把人当作目的来尊重。匠人部落就是这一主张的最佳体现，将会得到越来越多的企业推崇与效仿。

当信息文明全面取代工业文明的时候，“公司”这个工业时代最重要的创新产物将被超越。人是组织的目的，追求利润只是公司生存与发展的副产品，那些不被员工喜欢的“约束”会走向穷途末路，员工体验将进一步得到重视与发展。

基于这方面的建设，互联网企业略微走到了前面。记得在 2007 年时，零距离接触阿里巴巴，马云的办公室叫“桃花岛”，会议室叫“光明顶”，让人耳目一新。还有那插满桃花的大开间办公室，员工和管理者都在一起工作，桌子上放有很多好玩的物件，墙壁也写满了“阳光”和“快乐”。当然，现在对互联网企业来说，这已不是什么新鲜话题了，因为绝大多数的互联网企业都建设在“阳光”与“快乐”上，都非常注重员工的体验。

基于人是目的这一主张，不靠管理而靠领导的匠人部落，领导者应注意些什么呢？

让员工不为挣工资，而是因为内心的志趣而工作，这样能激发员工持续的创造心。若想轻松实现这一点，需要领导者将员工的兴趣与岗位恰到好处地匹配，让人人都有一份不以赚钱为目的工作——公司的职能不再是分派任务和担任监工的角色，而是全面周到地让员工的专长和兴趣同客户的需求无缝对接。

这个时候，领导者绝对是人力资源方面的专家，他们除了找到一群因志趣与热情而全情投入的员工，还要使员工的专长与志趣在公司得到尽情的发挥。相对新工匠时代，它是一道必选题，而且迫在眉睫。请问：你准备好了吗？

领导者不再认为公司雇佣了员工，而是员工使用了公司的公共服务，两者的关系发生了根本的颠倒。领导者不是在事后来激励员工，而是在事前对员工进行赋能。所谓赋能就是事前激起他们的兴趣与动力，让员工工作的主动性发生质的转变。目前，海尔的“人单合一双赢模式”，让人人都成为 CEO，就是比较典型的做法。

领导要让团队规模小而美，让个人的价值一目了然。在大团队中，通常个体的价值被忽略或稀释；小团队则不同，个人价值比较一目了然，参与感、成就感及尊重感也会体现明显。所以，他们亲如家人，可能会起口角、争对错甚至闹分裂，但在紧要关头能团结一致。亚马逊创始人杰夫·贝佐斯曾对“两个比萨”原则推崇备至，这个原则规定：团队人数不能多到两个比萨还吃不饱。何况人多不一定力量就大，关键是如何让人愿意全力以赴。

领导者要让一味追求物质满足的思想走向穷途末路，尽量让部落成员在精神层面得到充分的满足，比如前面提到的，让员工心中充满参与感、尊重感和成就感。可以做的是，让人人能够参与和制定决策，绝不使决策成为职务高者的特权。事实上，薪金的高低与决策能力完全无关。

领导者要懂得，不是增加娱乐活动和娱乐设施去“制造快乐”，而是让工作本身就像是玩游戏，让员工始终拥有发自内心的愉悦感。比如在谷歌，拓展活动不考虑什么“团队建设”，让大家好好去玩儿就行了。在天公作美的前提下，选择一个从未到过的地方进行户外活动，地点要离办公室足够远，让人觉得自己真是在远行，给人独自无法获得的体验。这一点，打破了过去为某一明显目的而进行的相应活动，这当中的“假因子”常常会破坏员工内心的志趣。

甚至做到不考勤和没有固定的工作时间与地点，这样能省去上下班时的车马劳顿，减少工作中“被逼无奈”的因子。当然，这一做法必须有一定的基础，比如大家彼此间能有效协同。当然，这得感谢互联网技术的发明与应用。公司没有那么多条条框框式的硬性规定，办公室可以自我布置，上班时可以理发、游泳，可以带狗和孩子等。这对传统的企业来说真是不敢想象，但它定会来到，真的，请相信我！

Google 公司曾有人向董事长埃里克提议统一着装问题，埃里克给出的答案是“别光着身子就行”。暂时无法确定着装标准化是否是个错误，但可以确定的是，员工们从心底里是排斥穿工装的。

以上这些，对普通团队是不可想象的，但对打造匠人部落来说，却很有必要性。通常这些是匠人们喜欢的，也是培育创造之人的必要途径，它将是公司管理发展的趋势。

8. 培育三字真言：守破离

曾有一次让我“心虚”的培训课堂，那是在深圳印力大讲堂上，培训主题是“人人都创新——创新思维训练”，培训对象为印力公司相关员工。所谓的“心虚”是因为他们的员工很年轻，思维跳跃，常常“不按常规出牌”，提出很多“奇怪”的想法，甚至会让你应接不暇。

做创新练习时，他们所表现出来的情况更加与众不同。我们针对商业地产基于创造更好的用户体验，碰撞出很多奇特的思路。例如，拿着一部手机走进商场，和朋友边聊天边玩手机就完成体验和下单，与此同时那边物流已经将货物送到了家；在购物中心可以碰到沙滩、河流甚至医院，可以体验坐飞机或者驾驶的感觉；可以设有春、夏、秋、冬四个大型主题，让人身在其中领略四季风情；还可以虚拟试穿，狭窄的小房间里试衣并不那么愉快，虚拟试衣间能把对时尚的激情放在指端。

这些创意居然在课堂里产生了，而且有很多创意可以立即实施。

课程结束后，我深刻感受到：他们之所以安排这个培训就是基于公司“创新、专注、激情、真诚用心”的文化，“创新”是他们最看重的价值观，他们的目的是形成“让人人都创新”的文化氛围。

由此可见，创新能力是可以培育的。处处是创造之地，天天是创造之时，人人是创造之人。

美国有一个叫杰佛·图利的人创办了一所工匠学校，那里不是教你学会某种技艺和磨练人格，而是运用创造力和动手能力进行实践活动。比如，孩子们第一天的任务就是用三合板和宽 60 厘米厚 10 厘米的板材制作一个椅子。第二天，他们的任务是建造一个 6 米长、连接工作室中办公桌和一棵树的组合桥，并且这个桥要能承受整个班级成员的重量。第三天他们要建造各种高度的塔，其中最高的塔能让成员们爬上工作室屋顶，等等。

图利创办的工匠学校，所有的项目是真实的，不存在虚假的工具或预先设定的结果。换句话说，孩子们能够建造他们自己的船（他们做了一个夏天），他们需要去水中试航。如果船不能漂浮，孩子们就会掉进水里。这也许是一件很危险的事情，但是孩子们在参加类似项目时，父母们需要签署一系列文件，文件里包括“我已经了解到我的孩子在参加的过程中有受伤或死亡的风险”的条款。

有人问图利创办工匠学校的初衷是什么，他认为美国浪费了许多国家资源，现在的教育趋向于创造更多的消费者，而不是创造者。所以，应该加强新一代儿童的创造力和创新力。在我们的眼中，美国在创造力方面已属世界的领导者，然而，他们认为还远远不够。

对照一下，我们的学校迫切需要成为培育“创造之人”的摇篮，避免培养一批“应试人才”或“劳动之兽”。现在的情况却是，他们只会记忆、理解和接受。企业培养人才要打破这一做法，让下属多主动思考而不是死搬硬套原来的办法。假如教导下属更多具体的方法及布置工作时总强调操作步骤，这种方式和对待机器没有差别，带出来往往是“复制品”。

前面我们专门讨论过创造之人是新工匠的重要特质之一，排在所有特质的前列。所谓创造之人，就是能够抛开传统习惯，喜欢接触新事物和做出新物品的人。然而，关于创造力缺乏，人们普遍认为应试教育是“罪魁祸首”。我非常不同意中国的教育会扼杀人的创造力的观点，一个人的创造力是不会被扼杀的，最明显的反例就是在大陆接受教育的中国人到了海外仍然能做出国际一流的创新产品或者学术成就。教育对创造力的抑制是客观存在的，我们不用视而不见，但也不必妄自菲薄。

工作平台与空间是影响创造力的重要因素。美国亚力克·福奇在《工匠精神：缔造伟大传奇的重要力量》一书中这样写到：只有持续为那些看问题方式不一样并且坚持自己梦想的人提供发展空间，工匠才会为我们提供宝贵、可持续的资源，最重要的是要为他们提供足够的自由空间。

培育创造之人，看似无着处，实则有迹可循。书中提到的秋山木工学校，他们遵循“守破离”三要决。“守破离”源自于日本剑道学习方法，后发展到其他武术与行业。这是一套适合每个人的学习方法，也适合任何行业。对于匠人的修炼更是行之有效。

当我第一次接触“守破离”时，内心非常地冲动，就像发现新大陆似的。我参照这套原则与方法，学习效果非常明显，进步空间不言而喻。比如，大量研究西方的管理思想，结合我国企业的文化特点，如何构建适合本土企业的管理思想，如何能够让自己在该领域有所建树，说实话，“守破离”真的很好，希望对你也有用。不过请记住，任何高效的方法都需要勤加练习。

- “守”是最初阶段须遵从老师教诲，认真练习基础，达到熟练的境界。
- “破”是基础熟练后，试着突破原有规范让自己得到更高层次的进化。
- “离”是在更高层次得到新的认识并总结，自创新招数另辟出新境界。

“守破离”就是跟着师傅修业谓之“守”，包括从前人那里学到知识和经验。然后，在传承中加入自己想法谓之“破”，即不因循守旧、融会贯通。最后，开创自己新境界谓之“离”。霍元甲的“迷宗拳”就是“守、破、离”的结晶。

从剑道“守破离”可以引申为各行业的匠心之道：**守，以理想为基，以原则为准，坚守而不改初衷，精益求精而臻于至善；破，以思考为底，学而不思则罔，罔则无变化，无变化则是老样子；离，以创新为核，有别具一格的设想，做到“人无我有，人有我强”。**若是真正掌握了“守破离”的要旨，何愁不能有所创造，有所成就呢？

守，意味着长久等待和超常吃苦。当年，法拉第弟子每天记录实验结果，觉得这事枯燥乏味没意义，不久就走了。后来，法拉第因电磁学方面的重大发现而获得殊荣，面对一事无成又找上门来的弟子，他说自己不过是把弟子认为没意义的事坚持了 10 年，在记下数千个“NO”之后，终于写下了一个“YES”。

在本书中“匠造”部分描述的内容就是“守”，没有“坐十年冷板凳”的决心，没有“不达标准绝不交货”的严苛态度，没有“穷尽一生磨练技能”的毅力，又如何能把一件事做到极致？耐不了寂寞，经不起诱惑，只能望洋兴叹。守，同时也指放下自己的高傲，虚心向周围所有的人学习。

破，意味着突破和超越。齐白石说："学我者生，似我者死。"意思是不能止步于临摹，而要学其神韵。没有"破"，"守"则成墨守成规，"离"则无从谈起。永远没有最好，只有更好。前人的技艺再高超，终究会有局限性。敢于提出置疑，敢于挑战权威，小疑则小进，大疑则大进。只有扬前人所长而补其短，才能在推陈出新中别开生面。

没有"不让经验唱主角"的思维，没有"犯错、试错、改错"的勇气，没有"换一条路走走"的行动，又如何能"匠心独运"起来？破，也指摒弃糟粕，并非指招式技法上的，而是指内心中的怨恨、嫉妒、贪婪。

离，意味着在颠覆中寻求新发现。对于秋山木工学校来说，离是展翅高飞，八年之后会被赶出公司，像和尚一样培养出来后要赶下山。秋山木工的使命不是把公司做大，而是传世，把这样的模式向全世界推广。这种"离"有利于学徒开创新境界，突破旧范式。离，有一种解释，止即是离，适可而止，适时而止，能找到自己愿意停下脚步的人和地方。

社会思想家理查德·桑内特认为："和自己的导师对着干，这种精神本身也是匠人精神，最终要走出自己的一条道。"正所谓"智过于师，方堪传授"。总之，"破"属于推陈出新，是纵向进步；"离"属于颠覆性创新，是横向进步。

企业需要多一点自由，少一点约束。让人们拥有自由空间更好地发挥创造力。如果各种约束条件多，人的创造力就会下降。宽容"离经叛道"，激励"异想天开"，为颠覆性创新营造优良土壤。

培育"创造之人"，要允许下属不拘一格地在自由空间行事。前面讨论的"抛弃管理，实现领导"，实际上是一种培育创造之人的有效途径。我相信，只要企业持之以恒地做出这方面的努力，创造之人会不断地涌现，"劳动之兽"会随之减少。

第 13 章

工匠文化：新工匠的命门

建设工匠精神不是单纯推广工匠理念，而是塑造工匠文化。工匠文化是追求产品美的生活方式，是崇尚创业创新的工作方式，是实现中华民族伟大复兴的重要力量。我们比“工匠精神”还缺少的是“工匠文化”，工匠文化是新工匠赖以生存与发展的“命门”，如同蚯蚓对土壤的眷念，如同鱼对水的依赖。

工匠文化不是一种简单的方法和手段，而是一种软实力。它存在于战略的间隙里，贯穿于组织文化的每个角落，匍匐于顶层设计者的骨髓中。要想工匠精神成为一种文化，成为人人做事的基本准则，除了本书在第二部分阐述的具体原则与方法外，企业还要做哪些事情呢？我认为：

第一，需要强有力的领导者进行推动，需要领导者用匠心供奉一生；

第二，在执行力建设上绝不能含糊，每一件决定了的事都必须做到位；

第三，要不断地“添油加醋”，不断地熔炼，绝非灌输所能凑效的。

我把此称为工匠文化塑造的三步曲。运用此三步曲法，不少企业在工匠精神建设上取得卓有成效的成就。下面我将详细介绍对此的理解与实践心法，这是一段工匠文化的形成之旅，也是新工匠从孕育到成熟的生长之旅，有神奇，有感动，有震撼。

1. 领导：匠心供奉一生

尽管互联网时代需要公司里允许“百花齐放”，但我没有看到一个自下而上成功变革的例子。相反，每一个拥有工匠文化的公司都是通过强有力领导力由上至下推动的，比如树立标杆，增加动力，确保公司全员能够跟上改革的步伐。

毋庸置疑，领导力对推动变革的价值是巨大的。培育工匠文化更是如此，毫不夸张地说，没有匠心领导者，几乎不可能形成匠人部落，也不可能熔炼工匠文化。一般来说，首任领导或最高领导者的性格和气质决定了部落的文化，他给这个部落注入了灵魂。

不管领导者表现低调还是张扬，他的性格和气质应贴近企业精神，他的言谈和举止与企业价值观必须一致。在领导层面提倡工匠精神更具有现实意义，领导的行为比任何高大上的口号更有力量。**领导者匠心供奉一生，部落成员身上则会渐渐流淌匠心“血液”。**

我曾见浙江某饰品企业在公司上下倡导工匠精神，专门外请老师给员工培训，公司领导积极参与，并做全员的动员与号召，相关理念也都上了墙，但就是不见效果。情况是员工听听感动，想想激动，回去一动不动，所付出的一切努力几乎白费了。当然，培训、动员和宣传都是需要的，但光做这些是远远不够的。

后来，他们公司的李总亲自找到我，希望我能主导工匠文化建设。我跟他说：“打仗靠将军，能够帮助公司塑造工匠文化的主要靠总裁您，您是第一责任人，我只能作为军师从旁协助。”

我相信，人们未必记得住领导者说了什么，但领导做了什么印象会更深刻。言外之意，工匠文化的塑造与传播应该从高层入手，这样才能达到“润物细无声”的效果。

那么，倡导工匠文化的领导者要有哪些特质呢？领导力就像美，它难以定义，但当你看到时，你就知道。我走访许多工匠型企业，发现他们领导者不一定是魅力非凡、激情四射，但可以总结出四个重要的品格，分别是首席匠心官、执著般谦逊、勇敢的心和不服输的钻劲。我暂时将具备这些特质的领导力称之为“匠心领导力”。

品格 1：首席匠心官

领导者要强调什么，就要扮演什么角色。准确来说不是扮演，而是要成为什么。**倡导工匠精神，领导者就要成为首席匠心官，没有谁比领导者更适合这个头衔。**

苹果公司让“工匠精神”再次回归主流视野，乔纳森·伊夫的推动力至关重要。《乔纳森传》一书中说“工匠精神”贯穿了乔纳森·伊夫的整个职业生涯，他本身所受的偏向于德国包豪斯学派这一蕴含“工匠精神”的基础教育，让“工匠精神”成为苹果前进的驱动力之一。

乔纳森·伊夫是一位工业设计师，是现任 Apple 公司设计师兼资深副总裁。他参与设计了 iPod、iMac、iPhone、iPad 等众多苹果产品。乔纳森认为，对于产品好的追求是无止境的，它来自于每个细节的打磨和探究，它是基于一种将细节做到极致的欲望，对此前的颠覆需要全身心的投入。

当时，乔布斯决心改变家用电脑呆板、无趣的形象。乔纳森马上想到：能不能创造一个深蓝色半透明的外壳呢？这并非易事，他们的竞争对手后来说：我们曾经也想设计半透明的外壳，以增加我们的销量，但这在技术上根本无法做到。后来，为了寻找合适的外壳，乔纳森·伊夫和他的助手跑到一家糖果厂去研究胶质软糖，还和亚洲制造商一起花了几个月研究批量生产 iMac 的熟练工艺。这对乔布斯、乔纳森和苹果来说都是很大的风险，因为这将让生产成本急速上升。有人估算过，当时苹果在每台电脑外壳上的花费高达 65 美元，而行业平均水平可能只有 20 美元。

2001 年，苹果推出第一台钛合金制作的电脑。乔纳森让其助手偷偷将价值不菲的电脑运到旧金山的仓库，在远离苹果本部的那里建立设计工作室。他们在那儿工作了 6 个月，通过无数次制作模型完成了基本设计，然后他们前往亚洲，与精密元件生产商一起工作。就这样，第一台湛蓝透明的 iMac 诞生了。此后，从 iPod、iPhone 到 iPad，乔纳森和他的团队创造了一个又一个传奇。

在公众场合，乔纳森总是谦逊少言，但他的同事们却表示：如果苹果是一种宗教，那乔纳森的设计团队仿佛是一个更狂热的宗教。在其他地方的设计师都必须和低成本不断做斗争时，乔纳森却对外界表示：苹果设计的东西，主张证明一种存在的价值，而不只是为了赚钱。

没有乔纳森强有力的推动，我们很难看到这样一个世界级产品的问世——领导者的推动力起到不可或缺的作用。在我看来，华为公司的任正非、英特尔公司的安德鲁·格鲁夫、腾讯公司的马化腾、张小龙等就是匠心领导者，他们强有力的推动让公司成功植入工匠文化。

我在主导工匠文化落地的环节时，总是极力主张高层领导的重视与参与，特别注重与高层领导者充分沟通，挖掘高层领导在工匠文化的推动价值。哪怕是一场常规的培训课程，高层领导的重视往往会收到事半功倍的效果。我清楚地知道，高层领导是工匠文化的最好标杆，假如没有这样的标杆，谈工匠文化的塑造是一件多么不易的事啊。

值得一提的是，工匠文化的倡导与落地，我会从观察高层着手。如果发现高层并不具有匠人的气质和风格，我会坦率地表达出来，该公司目前暂不适合主导工匠文化，建议相关高层加强学习，从行为上进行优化。也就是说，高层是否拥有匠人特质是工匠文化落地的基本条件。

高层领导是工匠文化的灵魂，这件事上高层必须亲力亲为，这个角色除了高层谁也代替不了。工匠文化无法像打字机一样打印出来，也不可能像复印机一样将工匠文化复制出来。没有见过任何一个优秀企业的文化与高层领导的言行不一致的。所以，判断一个组织有没有工匠文化，首先要看这位领导者有没有亲力亲为地宣示与实践工匠精神。

马云每年亲自给新员工讲解公司的梦想、价值观及战略目标。读过《以奋斗者为本：华为人力资源管理纲要》的人都知道，这本记录华为文化的纲领，几乎全是创始人任正非的内部讲话摘要。外界评价任正非为人低调，他本人却说“我一贯不是一个低调的人，否则不可能鼓动十几万华为人。”他的语言很精辟，特别实用，比较少用华丽的词藻，但很煽动人。

“工匠精神”不是挂在墙上的，但至少得挂在领导者的嘴上，更要体现在领导者的行为上，它已融入到领导者的“血液”中。倡导工匠精神绝不只是开会时说说，也不只是请专家教授讲一堂课，而是要融入领导者的日常工作，身体力行，严于律己，对细节、品质不断地强调，反复叮嘱，并即时奖惩。总之，培育工匠文化，是从领导者做好首席匠心官开始的。

品格 2：执著般谦逊

有一些工匠露出“纯粹的野心家”的本性，而有的工匠则非常低调，甚至在艰苦的环境中进行工作。表层工匠们通常大肆宣扬他们的方法、工作过程以及他们创造的令人难以置信的产品，而深层工匠们不在乎传播媒介，更专注于通过创新改变人们的生活方式。

马化腾是出了名的低调，几乎没听到过他有什么豪言壮语。他性格温和，口才不出众，但抓用户体验问题却表现得异常强势，对产品细节问题不是严格，而是严苛。每次推出新产品，他都要亲自体验，即便是字体大小也死磕，不放过任何瑕疵，总是一改再改，直到没有任何问题为止。

如果你是腾讯公司的员工，很有可能在深夜两点，被马化腾打来的电话惊醒，因为他发现了一个小问题。这可不是个案，QQ 邮箱 400 多个创新点子中，有近 300 个是由马化腾本人发现和提出的。他发现这些问题的方法很简单，就是反复使用。过去一年，他在与 QQ 邮箱研发团队的沟通过程中拒绝使用其他通讯工具，全部交流都通过 QQ 邮箱来进行，近 300 个改进意见正是在使用过程中被一一提出来的。

马化腾是典型的完美主义者，疯狂地将用户体验做到了极致。碰到这样的领导，员工可能会抓狂，但久而久之，就被其同化了。马化腾的名片上印着“首席体验师”的字样，他把自己定位为首席产品经理，要求每个产品经理要把自己当一个挑剔的用户，以用户身份来体验公司的产品，这在腾讯公司已成了不成文的规定。

久而久之，马化腾的匠心领导力影响了更多的人，例如，“微信之父”张小龙。张小龙也是这样要求他手下的工程师，经过成百上千遍的修改，产品才允许上线的，绝不允许产品有任何瑕疵。

匠心领导者从不居功自傲，也不喜欢抛头露面，招摇过市。出现问题时，他并不会第一个跳出来，而是在旁边观察，鼓励相关人员来解决。当然，也会从旁协助，提出建设性意见，绝不会将功劳占为己有，也不会随便将责任揽过来。他们在部落里，可能很不起眼，但大家都遵循他推崇的价值观在行动。他们的语言，特别是他们的行动已潜移默化到部落成员身上。

他们把客户价值作为工匠文化的战略原点，心里永远装着用户，一切围绕用户的价值出发，解决用户的实际问题。刚开始，部落成员可能会不理解，认为他们过于严苛。但匠心领导者有的是耐心，他们会一次又一次地与成员分享，并用实际行动争取大家的理解与认同。

匠心领导者心里明白，这是战略性问题，多花时间是值得的。他们认为价值观的塑造与推广，同匠人打造匠品本质上没有区别——构建匠人部落就是匠心领导者最成功的“匠品”。所以，他们会不厌其烦地沟通与实践，最终形成重视产品研发与创新胜过对营销依赖的、具备匠人气质的匠人部落。

他们从不标榜自己，也不以个人成功为经营目的。他们只想做成功一些事，或打造令人称奇而实用性强的产品。我服务过的一家企业，家庭号商贸公司总经理也具备这样的特质。他当兵出身，为人低调与谦虚，外表看起来与人们常说的高管形象有些格格不入，但公司的文化已深深烙上了他身上的匠人气质。我几次课程培训下来，虽然是重复同一个主题的课程培训，作为公司总经理的他竟然一次都没有缺席，自始至终地认真听课、做笔记。这一点令我很感动。所有的人学习热情非常高，每次到达上课教室，学员全部安静地坐好，用雷鸣般的掌声等待着你。虽然这只是一个细小的行为，却体现了公司的文化——没有匠心领导者的推动是难以企及的。

匠心领导者对工匠精神极力推崇，对匠心原则的坚韧般恪守，对工作细节偏执般严苛，并表现出强势的一面。他们身上蕴含“坚决、果敢、决不含糊”的气质，偶尔会说出类似的语言：这个事就这么定了，不会等你们都想明白才去干。

总之，**匠心领导者是能够博采众长的独裁者，虚心聆听的暴君，深知自身弱点的自负者**——把这些矛盾的特质集于一身，既认真倾听相关人的见解，又特立独行地有自己的判断与主张。匠心领导者这种个性与吉姆·柯林斯笔下的第五级领导者有着相同的品质。第五级领导者指经理人能力的五层体系中，位于最高能力等级的领导者。它的显著特点就是将极度的个人谦逊品质和职业化的坚定意志相结合。正是这种执著般的谦逊品质为匠人部落的形成和工匠文化得以沉淀提供了重要支撑。

品格 3：勇敢的心

获得奥斯卡奖的电影《勇敢的心》有一句经典台词：“我们不需要胜利，只需要战斗。每个人都会死，但不是每个人都真正活过。”这是一种大无畏的勇敢，更是对生命价值的诠释。

的确，领导者最宝贵的品质，不是他的技能有多强，而是对目标表现出不折不挠的坚毅与果敢。浙江桐昆集团董事长陈士良就是这样的一个人，曾因授课中的某些内容不符合，被他当场叫停。在我主讲《工匠精神》的课堂上，这位“奇葩”的董事长跟大家一样，穿着公司厂服，认真地做着听课笔记，时不时点点头，偶尔陷入思考中。最终，让我“虚惊一场”的演讲得到大家一致好评。结束后，他饶有兴趣地跟我谈及学习收获，特别提到“你不优秀认识谁也没用”的工匠哲学，他强势反对浮躁和不懂专注于技艺的浮夸之人。

他给我的印象是朴实、低调，骨子里透露出强势的一面。有人跟我说，每天早上 7 点不到，陈士良就已经来到了他自己的办公室，习惯性地换上工作服后，便马不停蹄地赶到下属各生产企业，开始了一天繁忙的工作。而傍晚，当大部分人都已经下班回家的时候，陈士良的办公室依旧灯火通明。

让我吃惊的是，这是一家从资不抵债的小企业发展成为年营业收入近 300 亿元的综合性集团企业，这个奇迹的创造者，便是这位“奇葩”的董事长——陈士良。

当时，由于经营管理等诸多因素，桐乡化纤厂成为全省化纤纺丝行业规模效益倒数第一的企业。厂里 200 名工人联名向当地政府反映，希望能够重组领导班子。这引起了县委县政府的高度重视。1991 年初，时任桐乡凤鸣化纤厂副厂长的陈士良刚刚走下从美国考察回国的飞机，便得到了一张“军令状”，要他出任桐乡化纤厂厂长。谁都不曾想到，这次改变，让浙江桐昆集团公司成为了他一生为之奋斗的事业。

当时，陈士良所在的凤鸣化纤厂是他参与筹建的，并且已经成为一家省内外知名企业，前景十分看好。而桐乡化纤厂已经资不抵债，负债超过 100 万元。这样的调整无疑是让陈士良放弃现在所有的成绩，退回原点。

陈士良说：“在人生的十字路口，我选择拼搏！”当时他只有 28 岁，虽有犹豫，但还是接下了这份“军令状”，咬着牙，挑起了重振桐乡化纤厂的重担。一到桐乡化纤厂，陈士良当着 200 名员工的面承诺，不会辞退一名员工。然而要养活 200 名员工，并不是光靠嘴说就行的，解决困境的唯一办法就是找市场。

在陈士良接手后，桐乡化纤厂开始扩大产能。为了表达对昆山苏三山集团和常熟化纤设备厂患难相助的感激之情，陈士良把企业更名为“桐昆”。目前，浙江桐昆集团公司是全国涤纶纤维制造业排头兵企业，也是嘉兴市唯一的中国 500 强企业。

你若想尝试一下勇者的滋味，一定要像个真正的勇者一样，豁出全部的力量去行动，这时你的恐惧将会被勇猛、果敢所取代。陈士良董事长在困难与挑战面前选择拼搏的做法值得我们每一个人认真学习。

雨果说：“拿出胆量来”那一吼声是一切成功之母。困难只能吓倒懦夫懒汉，而胜利永远属于敢于攀登高峰的人。朝着一定目标走去是“志”，一鼓作气中途不停止是“气”，两者合起来就是志气。一切事业的成败都取决于此。认准目标，即使路上坎坷不平，仍敢于向前。

当你决定挑战时，“豁出去了”这一句话很潇洒，会让你洒脱地放下恐惧，投入到行动的快感中。正如“亮剑精神”所理解的，“明知不敌，敢于亮剑。即使倒在对手的剑下也虽败犹荣。”这是匠心领导者的另一个重要特质。

品格 4：不服输的钻劲

了解褚时健的人都知道，他曾跌入谷底，几乎没有东山再起的可能。可就是这样的一个人，发誓要做出最好的橙子，从土壤、种子、施肥，包括橙子树的间距等一系列动作，都要求最好。皇天不负有心人，他成功了，而且不是一般的成功。褚时健说：“我不追求数量，我只追求质量。质量好了，口碑就好，所以我从不主动宣传。”

日本企业管理界有一句名言：“产品的质量不是检验出来的，而是生产出来的。”他们明白：只有控制了过程，才有可能控制结果。

当你走进哀牢山的这片土地时，定会惊叹于这里的气候条件竟然如此适合冰糖橙的生长。褚时健所选择的这块位于北纬 24 度的土地，依托哀牢山脉，形成了一个难以复制、让所有同行都望尘莫及的小气候。这里得天独厚的气候条件，已经为褚橙的成功奠定了一大半的基础。

如果不是褚时健，换一个人，坐拥如此优越的自然条件，是否能把冰糖橙做成现在的样子？所有的人——包括褚橙的竞争对手们，以及那些同样在这片土地上种植冰糖橙，甚至有着超过 30 年柑橘种植经验的技术专家们——都把头摇得像拨浪鼓一般说“不可能”！

褚时健经常说：水果、水果，水是最重要的，没有水就没有果。迄今为止，褚时健在水利方面投资了 1 000 余万元，从哀牢山脉上的水源地架设了 4 条引水管，总长约 40 公里；在果园内，建设了 17 个蓄水池，总容量达 30 余万立方米；安装灌溉用各型输水管道 36 公里。正是因为有着如此周全的水利基础设施，褚橙才能将浇水做到精细化。

曾有人问褚时健，“你经营果园，最困难的是什么时候？”褚时健毫不犹豫地说：“2005 年因为土壤的营养成分不对，结出的果子口感很差，味道平淡，不酸也不甜。”他自嘲地说那根本不是水果。可当时不熟行的褚时健并不知道是土壤的问题。他为此急得睡不着觉，半夜三四点睡醒了，起来翻柑橘种植方面的书，寻找答案，更为此请教了不少专家。最终，他把问题聚焦在了肥料结构上。

经过细致的研究，褚时健逐渐找到了最适合这片土地的肥料结构。褚橙的肥料结构变化以后，2005 年，褚橙的味道就有了很大的改变。

也就是从那个时候开始，褚时健每年对不同作业区土壤、叶片进行化验，并且根据化验结果做下一步的肥料调整计划。肥料结构的改变，使得褚橙味道和口感逐年好转起来。“我们的商业秘密就在肥料里。”褚时健对此直言不讳，语气中充满骄傲。

为了能够精确地控制每一个农户所使用的肥料，褚橙果园有自己的肥料厂。每一年两次施肥，由肥料厂统一配置，之后根据当年的具体情况，在适当的时间将肥料分给农户，并对施肥量、施肥时间和施肥方法进行严格的规定和检查。褚橙的管理人员认为，因为他们能够做到对肥料结构、用量、施肥时间和频率的精细化管理，才使得 2 400 亩的褚橙口味近乎一致。

施肥时会要求果农在每株树下的指定地方，用锄头划出 1 米左右长，20 多公分深的沟，把定量的肥料均匀地撒在沟里，然后把土再盖在肥料上。作业长在农户施肥时，会不断进行抽检，在农户施过肥的地方，把土扒开，看看施肥的数量和均匀程度。这种农业管理方式只能产生在中国，只能产生在褚橙。它与中国的农民和农业生产方式配合得天衣无缝。

无论是间伐、控梢，还是剪枝都是精益求精地超出同行水平。

有关褚时健“钻劲”的事例举不胜举，其匠心彰显无遗。有一次，一位 20 多岁的年轻人问他：为啥事情总做不成？他说，你们想简单了，总想找现成、找运气、靠大树，没有那么简单的事。我 80 多岁，还在摸爬滚打。我现在蹲下就站不起来了，但分枝、挂果的时候我都要去果园，坐在边上，让人扒开树叶露出果子给我看。

拥有这种不服输钻劲的人，无论遇到多大的困难从不轻言放弃，一心只想解决问题；拥有这种不服输钻劲的人，他们从不说“没办法”“不行”这样的话。这样的话说上三回，干劲儿就会立刻消失，说上四回，做事的人看起来就像笨蛋，就会牵制前进的脚步。人与问题的关系类似于猎手与猎物的关系：不是你消灭它，就是它消灭你。一个优秀的人，总能在第一时间察觉问题并妥善处理。

拥有这种不服输钻劲的人容易得到“神灵”的保佑，办法会自然降临到他脑海里。这样的人每当遇到问题都会习惯性地问自己“如果有解决办法，那办法是什么呢”“怎么会没有办法呢？方法一定比困难多”、“如果有答案的话，那么答案在哪个范围呢？”等。当然，他们绝不会随随便便想一些方法，因为那不是解决问题，而只是应付问题。

当领导者拥有这种不服输的钻劲时，常常能影响身边更多的人，会培育出一批解决问题的高手。

2. 贯彻：掷地有声

恐怕连傻子都知道，倡导工匠精神离不开强大的执行力，但到底怎么做呢？我认为，领导者需要做好三个关键点，实现掷地有声。

关键 1：只为结果买单

让我们先看一个案例。

这是苏珊入职的第五个年头了，但是比她后入职的同事陆续得到了升职的机会，只有她还是小小的底层员工，心里颇不是滋味。

终于有一天，她冒着被解聘的危险，找到老板理论。“老板，我有过迟到、早退或乱章违纪的现象吗？”。老板干脆地回答“没有”。“那为什么比我资历浅的人都可以得到重用，而我却一直在微不足道的岗位上？”

老板一时语塞，然后笑笑说："你的事咱们等会再说，我手头上有个急事，要不你先帮我处理一下？一家客户准备到公司来考察产品状况，你联系一下他们，问问何时过来。"老板说。

"这真是个重要的任务。"临出门前，她还不忘调侃一句。一刻钟后，她回到老板办公室。

老板问："联系到了吗？"她说："联系到了，他们说可能下周过来。"

老板问："具体是下周几？"她说："这个我没细问。"

老板问："他们一行多少人。"她说："啊！您没问我这个啊！"

老板问："那他们是坐火车还是飞机？"她说："这个您也没叫我问呀！"

老板不再说什么了，他打电话叫安迪过来。安迪比她晚到公司一年，现在已是一个部门的负责人了，安迪接到了与她刚才相同的任务。一会儿工功夫，安迪回来了。

"哦，是这样的……"安迪答道："他们是乘下周五下午 3 点的飞机，大约晚上 6 点钟到，他们一行 5 人，由采购部王经理带队，我跟他们说了，我公司会派人到机场迎接。"

"另外，他们计划考察两天时间，具体行程到了以后双方再商榷。为了方便工作，我建议把他们安置在附近的国际酒店，如果您同意，房间明天我就提前预订。"

"还有，下周天气预报有雨，我会随时和他们保持联系，一旦情况有变，我将随时向您汇报。"

安迪出去后，老板拍了她一下说："现在我们来谈谈你提的问题。"

"不用了，我已经知道原因，打搅您了。"苏珊突然间明白，没有谁生来就能担当大任，都是从简单、平凡的小事做起，今天你为自己贴上什么样的标签，或许就决定了明天你是否会被委以重任。

过去，老工匠师傅会对活做得不好的新伙计说："你完任务，不丢人啊？"的确，工作要么不做，要做就要做好。那些抱着"完任务""走过场"心态，将"要办的事情办了""该走的程序走过了"挂在嘴边上的人，是对程序、形式和苦劳负责，与企业追求结果的价值观相左。不要跟上级说"我做了""我说了"，要把"做好了"当作完成，对功劳和结果负责，这才是企业真正需要的人才。

正如我在《为结果而战》一书中提到的——要结果，不要理由。**我对执行的定义是，把想法变成行动，把行动变成结果，即保质保量完成任务，不折不扣地实现结果；执行力就是把想干的事干成功的能力，它是目标与结果之间缺失的一环。**

作为个人，当别人应付时，以最负责的态度去工作；当别人浅尝辄止时，将工作做深做透；当别人敷衍了事做了时，把"做好"叫做了；当别人差不多就够时，总是取得最佳效果；当别人难以做到让领导满意时，要好到出乎上级的意料。

"打工皇帝"唐骏也有类似的品质。他在微软就职时，中秋节发月饼的故事一直被传为佳话。一般人采取"多一事不如少一事"的懒惰哲学，而他却坚持"要么不做，要做就要做点名堂"的思想，专门定制独一无二的"微软版"月饼，不仅在包装上下功夫，印有微软的标识，而且里面还有领导的签名感谢卡，更重要的是公司免费邮寄给员工的亲朋好友。小小改动，感动了员工，也感动了员工的亲朋好友。

那么，领导者如何培育对结果负责的工匠文化呢？

汇报工作时，要求直奔主题。即先说结果，必要时补充具体的过程，切忌说理由与借口。为避免同事忽略这个细节要求，我的做法是，在我的办公桌上竖一个醒目的牌，上面写着"请给我结果"五个字，目的是说结果不要说过程，要结果不要说理由。

工作执行时，该说的要说到，说到的要做到，做到的要见到。"说到"就是让对方听明白，理解透并乐意接受；"做到"不只是自己要做到，包括接受你工作安排的人也要做到，即自己不但要说到，还要跟进与提醒到位，保证对方如期完成；“见到”就是要达成“立竿见影”“以结果为导向”的现实成果。

检查工作时，领导者要追问“这是你做出的最好水平吗”。每一次这样的追问，对方总能找出改善的地方。当你发现对方的工作问题时，当你说“这是你做出的最好水平吗？”就是一种很好的暗示，人们通常会很感激这位完美主义的领导者。

布置工作时，领导者讲结果、因果和后果。具体意思是：一是讲清楚最终要达成的标准（结果）；二是说明白事情的前因后果和来龙去脉（因果）；三是确认做好了及做坏了会怎样（后果）。当然，在接受工作时，主动确认工作要的结果，并承诺后果，最终创造成果。

考核工作时，只为结果买单。即人人要用业绩说话。态度和能力固然重要，但“结果”最重要。曾经讨论西游记团队，哪个人执行力最强，答案是唐僧，其次是孙悟空，因为他俩的结果最好。从佛祖论功行赏就可知一二。

关键 2：现场主义

无论在哪一个层面，领导都应当做一个现场主义者。

假如领导到工厂时，就是亲自到现场查看：他们是否遵循标准工作程序？是不是遵循平稳的流程和准时生产？零件是否在尚未需要之前就已经送到了？丰田总裁张富士夫是一个偏执的现场主义者，他把“百闻不如一见，百见不如一干”作为自己的座右铭。

不只是总裁张富士夫，整个丰田的执行文化就是典型的现场主义，他们旗帜鲜明地提出“现地、现物、现实”的“三现主义”。所谓三现主义，即当发生问题的时候，要快速到“现场”，亲眼确认“现物”，认真探究“现实”，并据此提出和落实符合实际的解决办法。对发生问题的对象进行确认，摒弃完全凭经验和感觉判断的习惯。直觉很重要，但也会有失察的时候。

刚开始了解丰田的“三现主义”，觉得有点死板，担心管理者陷入“一竿子插到底”的泥潭中。很多年前，我在从事生产管理工作时，一位下属来反馈说：“某辅料断货了，这个订单无法如期交货，只能改订单做其它货品了。”我当即说：“到现场看看去。”结果让我大吃一惊，断货的根本不是下属所说的那种辅料，而是马上可以从当地采购的其它辅料。事后我就想：假如我没有到现场去，恐怕会造成严重的损失。自此次后，我几乎不在办公室里主观做决策了。

优秀领导者一定是现地现物的，走到哪里都会有问题来找他，在车间行走肯定走不成直道的。所有这些问题，都不可能在办公室得到答案，都必须亲自观察材料送至生产线的流程，必须亲自查看联机操作员是否使用安灯请求支持，并在必要时暂停生产线。**“有问题现场解决”，就是绝不会提拔一个车间走直道的人。**

一个在车间走直道的人，要么走马观花，要么心不在焉；务实主义者或者现场主义者眼睛则会像“贼”一般，观察每一个细处，勘查可能出现问题的点。一下到现场，一时半会回不来，因为他总能发现问题，会和现场的人员进行讨论与解决。前面提到的浙江桐昆集团陈士良就是这样的人，他每天都要去现场，每天都有发现不完的问题。正是有这样的现场主义者，全公司上下没有人敢懈怠，也没有人敢“谎报军情”。

“有问题现场解决”，就是实施走动式管理。麦当劳创始人雷·克罗克不喜欢整天坐在办公室里，而是要把大部分工作时间用在“走动管理上”。所谓走动式管理，就是到所有公司、部门走走、看看、听听、问问。麦当劳公司曾有一段时间面临严重亏损的危机，克罗克发现其中一个重要原因是公司各职能部门的经理有严重的官僚主义，习惯躺在舒适的椅背上指手画脚，把许多宝贵时间耗费在抽烟和闲聊上。于是克罗克想出一个“奇招”，将所有经理的椅子靠背锯掉。开始很多人骂克罗克是个疯子，不久大家渐渐悟出了他的一番“苦心”。他们纷纷走出办公室，深入基层，开展“走动管理”。及时了解情况，现场解决问题，终于使公司扭亏转盈。

“有问题现场解决”，就是对有疑问之事打破沙锅问到底，直至问题彻底解决——就是原因的原因，也就是根本原因。曾有人问我，怎样才算是将工作做彻底？我的回答是：碰到问题至少要问五个为什么。就一个问题，反复地问“为什么”，直到回答令人满意，被问到的人也心里明白为止。

举例来说，当发现地面有油污时，除了确认油污是否被擦干净，首先要问：为什么地面有油；即使弄清楚了——油是旁边的机器渗漏过来的；即使机器做了修理，不渗漏油了，问题仍没有得到全部的解决——需要问：为什么那台机器的油会渗漏出来；即使经过彻底检查，渗漏油是因为某个垫圈磨损造成的；问题还是没有得到彻底的解决——需要问：为什么机器的垫圈会被磨损致漏油；即使经过确认，由于公司采购这批垫圈质量不合格——需要问：为什么这批垫圈的质量不合格，等等，穷追不舍，直到查明所有的潜在原因或问题，从根本上彻底解决这个问题。

对于发现的问题，没有找到问题的根源之前绝不放过，没有搞清楚责任人及责任人没有受到教育之前绝不放过，没有找到解决的方法和改进方法落实不到位之前也绝不放过，没有制定长期的改进措施和奖罚机制之前绝不放过。凡是有问题就要解决。

“有问题现场解决”，是一种方法论，也是一种原则，更是一种务实的工作精神。绝不能走过场，搞形式主义，不能是到基层问寒问暖做做样子，也不能是走马观花式的视察工作，而是有如千里眼发现潜在的隐患，能一针见血地问出问题，迫使下属采取行之有效的措施。

解决问题的答案总是在现场。为了得到答案，对待工作要有一股不服输的高度热情及浓厚感情。要用率真的眼睛目不转睛地观察现场。就在这种审视、倾听当中，我们才能找到解决问题的对策。只有领导者多深入企业现场，抓住一个问题深追到底，才会发现真正的根源；如果总以会议的形式解决问题，通过汇报来获得信息，这样做出的判断会出现巨大的偏颇，无法真正地解决问题。

《吕氏春秋·察传》[①]：夫得言不可以不察。数传而白为黑，黑为白，故狗似玃，玃似母猴，母猴似人，人之与狗则远矣。此愚者之所以大过也。闻而审，则为福矣，闻而不审，不若无闻矣。意思是观察、想象和听到的事实都带有一定的主观性，传来传去，黑白颠倒，与事实相差甚远。

发现问题和解决问题离不开对现场、事实的深入了解，否则就会失言。亲临现场，了解现实，除了能采取得当的方法，也可有效落实。匠心领导者就是偏执的现场主义者，也许不太讨人喜欢，但往往能得到人们的尊重。

关键3："君无戏言"

前面提到的饰品公司，他们在倡导工匠精神时，在执行方面遇到了障碍。那么，我们是如何让工匠精神落地的呢？最后想到可以通过"跑步"来提高全员的执行力。于是，我们建议办公室出台一份关于"跑步"的要求与规定。

经过商议，其主要内容有：跑步参加人员包括所有管理人员含高管；跑步的时间定在中午或下午下班后；跑步的距离是围着厂区的主厂房跑十圈。头三天执行的结果：请假的人员较多，原因是平常不锻炼，又是在下班时间，与原有工作与生活习惯有冲突；几个中层干部跑了三天就肌肉拉伤，表明身体有问题；抵触情绪很大，很多人不想

① 《吕氏春秋》是在秦国丞相吕不韦主持下，集合门客们编撰的一部黄老道家名著。

跑，或希望少跑几圈。

由于无人点圈数，再加上中午和下午都有人跑，很多人就混着走几圈。跑得最快的跑完了五圈，最慢的还没跑完一圈。

三天后，李总出差回来，看到这样一个状况，马上进行调整：一是跑步的人员仍然是所有管理人员，老板也不例外；二是跑步的时间只定在下午下班后，中午跑的人员必须是下午有工作安排不能回家的，而且必须经行政总监批准；三是跑步的圈数，十圈不能改变，跑不完的走也必须走完。

李总对为什么要跑步做了一个简单说明：办公室工作了一天，跑跑步对身体有好处，是对自己、对家庭、对公司的一种负责；同时跑步训练也是为打造团队执行力，进行氛围营造的一个有效办法。随后的几天里，老板亲自带队，跑在队伍的前面，全公司谁也不敢再说二话，但是小问题还是有的，一是个别员工依然没跑足十圈，二是由于跑步的场地的东头有一个内圈和外圈，很多员工图省力跑内圈。

这一情况被李总看到，他马上召集会议宣布补充规定：在东头的圈边设巡边员进行观察，所有的人每跑完一圈必须领一个牌，领足十个才算完成跑步。谁再作弊就请走人。

就这样，又进行了将近 15 天，整个跑步活动坚持了下来。速度从最初的最快与最慢有五圈差距，到只有不到两圈差距，所有人的精神面貌大为改观，不再有人埋怨。在后来的“跑步”征文活动中，所有的人都说了很多的体会，不仅达到了老板的目的，还有许多人得到了许多其他的好处，如部分人减肥成功；许多人原不想吃晚饭，而跑完步后胃口大开；失眠的人能睡好觉；原来一个人跑步不能坚持，而现在随团队一起跑成为一种习惯等。目前，在这家公司下班后只要不是下大雨，不管老板在与不在，检不检查，大家都会习惯坚持跑步，新到的员工也很容易被同化。

通过这个活动公司整体执行面貌大为改观，整个公司的管理还得到新的启发：

第一，事情一旦决定，绝不因遇到问题就打折扣。我的建议是允许在方式和方法上做些适当的调整，但不轻易降低目标（标准）。很喜欢这句话：凡是决定的就是对的。

第二，假如遇到严重问题，可以调整方法，有针对性地提出改善措施。即使细微的问题，也不轻易放过。对于可以标准化的，其细节也绝不含糊。

第三，坚决与果敢是高效执行的前提，对工作要求绝不打折，对工作进程也绝不虎头蛇尾。若某件事在执行上打了折或虎头蛇尾，之后就很难严格要求了，其他相关的整改想不折不扣地执行到位，恐怕比登天都难。

第四，领导者以身作则，亲自参与，这比说什么都管用。语言很重要，但比语言更重要的是行动，行动，再行动。当然，必要的说明与宣导绝不能少。

确保一个公司上下都将工匠精神作为做事的基本原则，领导者要不断跟进与督导。因为员工不做你希望的，只做你所检查的。领导者不检查就表示领导者不重视，领导者不重视，员工自然就不会认真执行。

所以，领导者强调什么，就要严格抓到位，绝不能心慈手软，对于违背工匠精神的行为应严厉地惩处。只有这样，工匠精神才能落地、生根和成长。

3. 熔炼：绝对不是灌输

我敢打赌，你从未见过某种文化是呼叫出来的。工匠精神也不例外，它不可能被呼叫出来。**它需要匠心领导者像园丁一样松土、浇水、**

施肥、剪枝，进行精心栽培。

我始终坚信，工匠精神不是个体的光芒，而是群体文化与商业机制的结晶。它不可能个人英雄式的单独出现，而是以匠人部落的形式集体呈现。毫无疑问，这有赖于对工匠文化的精心培育，对工匠制度的成熟构建。没有这样的土壤无异于在沙漠里撒种子，结果必然是颗粒无收。

同时，我确信，工匠精神不是道德与情操的伴随物，而是社会集体约束、身份认同的社会化产物。虽然工匠需要表现出修行者的心性，但它同样需要社会集体的契约精神和备受社会尊重的人文气息。言外之意，工匠精神无法自发地实现，需要顶层设计和匠心领导者的“舵手”力量，通过精心培育和政策引导而形成。

我更相信，工匠精神不是短期可以形成的。**它不是一蹴而就的“大跃进”，而是要经历“匠造”“匠艺”和“匠德”的锤炼，使“工匠”真正成为“精神”，使“匠心”真正能够“独运”起来。**

工匠精神必须通过长期积累，内化为企业的一种文化。既需要环境的滋养，也需要组织整体能力的提升。最后，让工匠精神沁入到每个人的血液，成为每个人的一种信仰。唯有这样，工匠精神方能成为从中国制造到中国智造的伟大力量，从而缔造中国梦的伟大传奇。

建设工匠精神，要让工匠精神呈现于工作的方方面面，成为企业做好产品与服务的基本商业原则，成为职业人士的基本工作准则。当这些能够如期而至时，具备创造者基因、作品心素养、手艺人气质、修行者心性及偏执者风格的部落组织也将茁壮成长。

在这当中，有两个重要场景值得多用些笔墨进行详细描述。它有些不可思议，就像魔术一样充满着神奇，但当你全部了解后，一切又是那么的顺其自然。

#场景 1：文化的形成

诚然，文化是外在因素与内在因素、主观因素与客观因素的长期作用凝结而成的。

心理学里有一个非常经典的试验“猴子和香蕉”。把五只猴子关在一个笼子里，笼子顶上挂一串香蕉，在笼子顶上同时安装了一个喷头，只要有猴子试图摘香蕉，喷头就会喷出水来。因为猴子都喜欢吃香蕉，因此几乎所有的猴子都试图去摘香蕉，但是无一例外都会被喷头喷出的水淋得浑身湿透，结果过了一段时间后，似乎所有的猴子都明白了这个“道理”——只要试图摘香蕉就会被水淋，于是没有任何一只猴子去摘挂在笼子顶上的香蕉，尽管它们都非常喜欢吃。

后来，试验人员用一只新猴子（简称 A 猴子）换出原来的一只猴子，这只 A 猴子看到笼子顶上的香蕉，也和原来的猴子刚开始一样试图去摘，这时，所有原来的猴子都不约而同地冲上去把这只 A 猴子暴打一顿，以后只要这只 A 猴子想去摘，就会遭到其它猴子的暴打，如此经过一段时间，A 猴子也和原来的猴子一样放弃了摘香蕉的企图。

试验人员又用另一只新猴子(简称 B 猴子)换出另一只原来的猴子，发生的情况与 A 猴子刚进来时一样，只要 B 猴子试图摘香蕉就会遭到暴打，而且 A 猴子打的最重。就这样，经过很长一段时间后，原来的猴子都被换出去了，笼子里的猴子已经更换了几个轮回，顶上的喷头也已经早就取消了，但只要有新进来的猴子试图去摘香蕉都会遭到其它猴子的暴打，至于为什么会遭到暴打，没有一个猴子知道原因，但每个猴子都很自觉地养成了这样的习惯。

这个实验对企业文化的启示是，**制度的力量一旦突现，继而产生共鸣、共振，久而久之就会形成共识，新进入者容易被同化，继而成为大家的共同习惯。**

部落成员匠心习惯的养成就是工匠文化的形成。但是，必须明白的是，文化的形成不同于一个制度的颁布，无法靠打字机打出来，也无法靠嘴巴说出来。它体现在人们的日常行为中，源于领导者不断地强调和检查及组织相应的奖励与惩罚。即需要企业一点一滴，不断积累与沉淀，从而形成同样的思维和习惯。这当中有领导者的匠心供奉，也有其它成员的鞭策与勉励。

推动工匠文化的形成，对领导者来说，“推案例”不失为一种很好的办法。具体来说，就是将公司内部有关工匠精神的案例和故事进行全面宣传与塑造，对公司的工匠标兵给予重重的奖励——在这件事上，没有比奖励或惩罚更有影响力的了。同时，领导者要加大推广的力度，要多角度和多平台进行传播，使其影响更加深远。

张瑞敏“砸冰箱”的事件唤醒了海尔人的质量意识，此事例在公司进行长时间的讨论与宣传，以达到内化的作用。海尔曾经有用户被洗衣机内的硬物扎到手，这一小概率事件竟在公司进行了长达三个月的讨论，后来被称之为“刺”文化，即清除思想上的毛刺。这都是耳熟能详的往事了。纵观当前，张瑞敏仍然不遗余力地推动海尔的文化再造。

我的经验是，慎提理念、多建载体、重推案例这三个重要法宝。理念不在于多，而在于落地。若领导者自己都做不到，千万不要强加于人。

#场景 2：“熔炼”的进程

请闭上眼睛，想象在会议室的地板中间放着一个很大的溶胶炉。如果你是领导者，那么，这个溶胶炉是你精心准备的。你决心炼就最好的“匠心胶”，而且你会像爱护自己的孩子一样照顾它。

你把溶胶炉装满新鲜、纯净、清澈的匠心之水，小心护理，不让“浮躁”“急于求成”“粗制滥造”来污染。如果有人胆敢破坏，你将严厉惩处它，决不轻言放过。在这件事上，没有下不为例，否则，受到惩罚的将会是你自己。

慢慢地，匠心之水从锅底向上填满，它不可能从上往下来装满。在这个过程中，那些试图破坏或心存侥幸的“差不多先生”“关系户”早已因你的强势而惧怕。渐渐地，他们被你的匠心、执着和坚定所感动，他们明白没有匠心投入就不可能炼就好的东西。

接着，你把客户价值和出色工作所带来的骄傲搅拌均匀，不断地加热，让水沸腾。渐渐地将自由、自尊和耐心混合在一起让其渗入进去。这个过程有点慢，但你细心地搅拌，并溶入了你身上已拥有的那份“匠心”。否则，你将会前功尽弃，什么也得不到——用竹篮打水一场空来形容一点也不为过。这个过程需要你如打造匠品一样，用美妙的心思。相信你已经完全弄明白匠人匠造的道理。

然后，你把“作品心”与追求极致“手艺人精神”加入进来，直到煮出的胶状物变得光滑粘稠。接下来，你再把“匠心领导力”和能够让你部落成员为之振奋的“雄心”搅拌进去，添上“创新”和一些“冒险”的调料。在这里，既需要你的柔情，也需要你的果敢与坚韧，有的时候适当的强势也是不可少的。

最后，别忘记溶入“用户至上”这样的核心价值观，并用扁平的组织结构来支撑。要格外注意空白地带。当然，你需要有更多的人来帮忙与协助。

这一整个过程如“润物细无声”一样和谐。等冷却后，你看到的将是匠心和工匠精神，甚至看到一个有“工匠文化”的部落。你还把这样的“溶胶”过程复制给其他人。

睁开你的双眼，相信你已懂得工匠文化是如何形成的了。同时，你会被这神奇的“熔炉”所惊叹。

没错，工匠文化更需要用“匠心”来塑造，它比任何产品的制造更让人费心。它应该是最有分量的“匠品”，值得领导者用匠心供奉一生，不是吗？它是以身作则的实践，是孜孜不倦的“师营匠造”。

任何一种文化都不能孤立存在，而是多种文化相互熔炼，经长时间的沉淀与积累，自发而成的。具体来说，就是开展相关大讨论，发现好的工匠案例进行大量宣导与嘉奖。同时，建立与工匠精神相关的管理制度、奖惩机制，并安排有关工匠精神的推广活动。

没有文化的沉淀与熏陶，工匠精神就不可能蔚然成风；没有上层建筑的宏观调控，工匠精神就不可能得到持续传承；没有文化的形成与制度的落地，工匠精神就不可能实现广泛推广。

如果全企业都重视起来，精心培育、细心呵护，假以时日，工匠精神必将蔚然成风，大放异彩。当有一天我们不需要再讲工匠精神之时，就是工匠文化的成熟之日。

第14章

破除陋习："修枝剪叶"

环境对新工匠的影响已无须多说。然而，我们的企业中存在不少的“糟粕”，破坏着新工匠孕育与生长的环境。这些文化糟粕或人性陋习破坏了我国工匠精神的建设，它像毒瘤一样，必须予以切除。

这些毒瘤匍匐在人们身上，对人心灵毒害之深，并不逊于身体的肿瘤。它们就是“差不多先生”“山寨君”“请示君”“将就君”等。这样的“毒瘤”毒害我们很多年，影响工匠精神的生根与发芽。

我为什么会将其比喻成毒瘤，就是因为这些对我们的企业影响太深了。我接听过不少企业老板的诉苦电话，他们对公司一些“完任务”“敷衍了事”“不注重细节”的现象深恶痛绝，又无可奈何。

切除依附在人们身上的“毒瘤”，是培育新工匠的“入伍前训练”。能否从上至下整体“切除”，成功做好这个“大手术”需要公司高层注入“果敢”“痛下决心”“浴火重生”的元素。如果没有这种强有力的匠心领导力的推动，我几乎没有见到过成功的案例。让我们从一点一滴做起，即使刮骨疗伤，壮士断腕，也要以坚定之心，从根部予以切除。

1. “闭嘴吧，差不多先生”

去日本旅游的人，通常不是被北海道的美丽风光吸引，也不是为富士山的绚烂樱花倾倒，而是惊叹于日本人的素质及他们追求精益的文化。我走访过不少的日本企业，若论精细化管理，他们首屈一指。当我翻阅有关工匠资料时，发现日本的工匠人物多如牛毛。他们特别注重细节，做事精益求精，没有差不多这回事。

记得我在湖北十堰给某汽车公司做“领导力”训练时，大约上了1个多小时的课，就有不少学员因企业质量体系审查，不得不中途离场，影响培训的正常进行。值得说明的是，此次培训已是三个月前因故延后的事情了。当时，我都要准备出发了。也许有人会说，计划赶不上变化，临时有变也是能理解的。可我认为，相关负责人在做培训计划的时候，考虑不周，没有深入调查，草率行事，他们只是做了一份“差不多”的计划，结果差很多。

一般来说，计划这类工作应该花大力气去做，相关要素要考虑周密细致，举大而不遗细，谋远而不弃近。做计划时，不足够重视，不深入调研与论证，执行时就会漏洞百出，麻烦不断。所以，绝不能做一个差不多、还过得去的计划。

一份调查资料显示，中国人平均每天都会说一句“差不多”。于是，外国人嘲笑我们为“差不多先生”。胡适先生早在1919年就写了《差不多先生传》[①]的书籍，他在书中这样描述：

他常说：“凡事只要差不多，就好了。何必太精明呢？”

他小的时候，他妈叫他去买红糖，他买了白糖回来。他妈骂他，他摇摇头说：“红糖白糖不是差不多吗？”他在学堂的时候，先生问他：“直隶省的西边是哪一省？”他说是陕西。先生说：“错了。是山西，不是陕西。”他说：“陕西同山西，不是差不多吗？”

后来他在一个钱铺里做伙计，他也会写，也会算，只是总不会精细。十字常常写成千字，千字常常写成十字。掌柜的生气了，常常骂他。他只是笑嘻嘻地赔礼道：“千字比十字只多一小撇，不是差不多吗？”

令人羞愧的是，这位“差不多先生”至今还活着。你问他们工作

① 全文原载于民国八年出版的新生活杂志第二期，讽刺了当时中国社会那些处事不认真的人。

是否做好了，他们会说"差不多了"。对照标准检验时，他们会说"差不多就可以了"。这种人会像是得了慢性病，长期以往对企业的破坏性很大。也会像流感一样，影响其他人的正常工作，导致整体的工作标准低下，很不利于工匠文化建设。

"差不多先生"对企业百害无一益，侵蚀企业肌体，会让企业的竞争力慢慢丧失殆尽。"差不多先生"做事马马虎虎，不追求精益求精。可能只差一点点，而这一点点，慢慢会造成巨大的差别。所以，差不多就是差很多，差不多就是差一大截。对"差不多先生"要很不客气地说"闭嘴吧！"

我记得一次入职培训中，老师问，一百减一等于多少，大家纷纷响亮地回答，等于 99。老师果断地说，错！转身在白板上写了一个大大的"0"字。当时，我们都很诧异，怎么会是等于零呢？老师紧接着说，在监狱管理里就有明确的职责纪律：不管以前干得多好，如果众多犯人里逃掉一个，便是永远的失职。即使你每一件事都很成功，但出现一件错误，美誉就等于零。

当你为一个客户兢兢业业地服务时，可能会因为一次小小的失误，导致前功尽弃，损失惨重。有一个人，曾在一家地方报社工作，好不容易接到一家公司的宣传项目，项目总价为 83 万元，前期的策划、相关的准备和最后的实施，前后忙碌了近一个月，耗费了不少人力和物力，总算要大功告成了，就差最后的一篇报道了。

结果，活动结束的那天，客户负责人要慰劳一下报社相关工作人员。于是，将明天要见报的文字材料交给了某一个下属去处理，没想到，这位下属因为家中有急事，匆匆忙忙地把文稿交给其它人帮忙，标题中"奠基"写成"祭奠"，检索人员居然也没有发现。后来，可想而知，报社一分钱也没有拿到，对方还提出了索赔的要求。一招不慎，满盘皆输。古人说，行百里者半九十。

所以，我们要不放过任何一丝一毫的瑕疵，对缺点要采取零容忍的态度，要让“差不多先生”彻底消失。那么，如何拥有这样的品格呢？可以从以下三个方面进行改进。

第一，少谈宏观，多关注细节。

过去，我们擅长宏观思维，从官员到退休工人、出租车司机，人人都能谈论一番国际、国内大事，却没有琢磨小事、细节的习惯。这一点日本人正好相反，日本人很少谈论宏观问题，而是集中精力把每件事做好。他们平时想的、所说的大多是，怎样做菜最好吃、怎样用车最省钱、怎样做事最有效率。当我们说“差不多就行了”，日本人会说“差一点儿都不行”。

“小改进，大奖励；大建议，只鼓励。”华为公司的做法就值得借鉴，其目的就是避免员工说空话，不干实事。鼓励员工做小改进，将每个缺陷自觉弥补起来，而不是只提大的建议。阿里巴巴也有类似的做法，“新员工入职一年内不许谈战略，谁谈谁走人。”

第二，日事日毕、日清日高。

所谓日事日毕，指每天要做的事情每天都必须认真完成；所谓日清日高，即今天完成的事情必须比昨天有品质的提高，明天的目标必须比今天的目标高，不断改善、不断提高。

有一次，海尔公司某车间下班时，发现多出一颗螺丝，为避免某台冰箱少安装一颗螺丝，整个车间晚下班三个多小时，结果是没有少安装，问题出在配料员多发了一颗。配料员和他的主管受到严厉的批评和教育。海尔这种连细微问题都不放过的做法很值得企业学习。张瑞敏说，管理无大事，都是小事。海尔 OEC 管理法就是一种消灭“差不多”文化的做法，在日清体系中，一丝不苟地对照目标、对照结果进行检查与确认。

第三，“差不多”是禁语。

在德国企业文化中，“差不多”是一个禁忌词。好就是好，不好就是不好，没有折衷的选择，所以，从现在开始，绝不说"差不多"三个字。企业可以专门制定一个"自律基金"，凡说了"差不多"三个字的人，主动向"自律基金"捐款 10 元。将"差不多"从个人的大脑中删除，让"差不多"从企业文化中永远消失。

个性强势，说话犀利的格力董事长董明珠曾很自信地说："我永远都是正确的。"她说想表达的意思是不允许自己犯错，因为一旦错了，企业就有可能一下没了，错不起。不能拿企业的生命来开玩笑！要想自己不错，就必须在每次决定事情之前经过全盘的分析和思考。

任何一件事情，如果客观上存在着发生某种事故的可能性，不管这个可能性有多么小，但是如果反复去做，事故总会在某一时刻发生。例如，谁会想到巴林银行的倒闭竟会是因为公司内部的一个小小职员呢？

2."别凑合，将就君"

"将就一下吧""凑合着用""先这样吧！不行到时再说"。

你是否经常听到类似的话？常有类似的人即使自己不满意，还是会勉强接受。他们衣服将就地穿，食物凑合着吃，物品勉强地用，工作也是将就地干。这类人暂称为"将就君"。后文还会提到"山寨君""请示君""社交君"等，这类人都存在这样那样的陋习。

正是因为这种"将就"心态，有质量问题不反馈，也不投诉，结果滋长了有的商家不注重品质与细节的风气。客观来说，我们的许多设计已达到国际先进水平，但制造出来的产品质量差人一截，问题与这不无关系。

目前，将就文化漫延到有的企业各个角落，比如，人员能力不合格，凑合地用；广告方案不理想，勉强地用；原材料的质量不达标，将就地用。有的对工作标准要求过低，只求“有那么件事就行了”，不求神韵，只求形似，看得过眼就行了。正是这种“将就”的工作态度，严重影响了工作的有序开展，妨碍了工作的正常进度，导致企业产品粗制滥造，品质低下。

例如，我在全国各地演讲时，需要用到音响设备，常见到音响设备的连接线被相互缠绕得乱糟糟的，且布满了灰尘，高质量的设备放不出高质量的音效来。这要是在德国企业，情况恰恰相反，所有的线路整整齐齐且标示明确。然而，“将就君”跟我说，老师将就用吧，反正只要听得见就行。实在是让人难以接受，我不得不跟他们说“NO”，因为音响效果直接影响培训的品质，它会影响学员的听觉效果，也会影响演讲者的正常发挥。这种音效的共鸣共振的作用不容小觑。另外，好不容易组织的一次培训，不能因为一个细节或一个动作影响整体的效果。

所以，在外人看来，我的要求通常很苛刻。我不但要求调出音响设备最好的音效，还会要求有严格的培训流程，包括桌椅摆放，空间大小，教具教材等。常常有人因此有些不耐烦，但当学员上课收获满满，参与度极高时，他们会露出欣慰的笑容。

工作一点都不能含糊，也绝不能将就一下。

我欣赏这样一类人：喝果汁，只喝鲜榨，不喝速溶的；穿衣服，只穿定制的不穿成衣；卧室里，一定要有鲜花；睡枕头，必须是记忆棉的才睡得着；吃美食，不同类型的食物得用不同的器皿……你觉得他们是作？他们却认为只是对生活不将就。有这种让人羡慕的品质追求，相信他们在工作上也一定是做到了极致。

生活本来要讲究，不要将就，要有诗和远方。一个人只拥有此生此世是不够的，他还应该拥有诗意的世界。这种诗意的生活并不是矫情的造作，而是让日常的生活带一点格调与品位，把生活过得精致与有趣，不让自己活得粗糙。

树立"讲究"的生活观。房子不一定很大，但陈设一定很合理、温馨；装修不一定很豪华，但一定很舒适、整洁；穿着不一定是名牌，但一定很得体、大方。

有人说，宁可孤单，也不将就。鸡蛋里头挑骨头，任何细微的不足都要力求完美。日本女人很挑剔，对商品一点瑕疵也不能容忍，这对商业世界精益求精、一丝不苟的文化起到了很好的推动作用。在这一点上，我国的男人要向女人学习，要对商品的细节进行挑剔，不要怕麻烦，不要将就使用。

工作上一挑剔，就有了质感，有了触觉的舒适。工作将就了，就仿佛少了格式，少了奋斗的动力。所以，工作要"讲究"，绝不将就。有一次，设计师说："没有人会在意手机里组件是如何安装的。"乔布斯说："我会。"

用放大镜找错，用挑剔眼光看待工作。用户越挑剔，企业越重视，产品和服务就会越精致，企业竞争力就会越强。领导者越挑剔，员工就越认真，工作就越到位。无论是个人还是领导者绝不能将就，都要一丝不苟，不放过任何缺失。

企业可以开展"要讲究，不要将就"的讨论活动。目的是从思想上和行动上认识自己多方面的不足，深刻了解到工作中讲究的重要性。这类活动要大力开展和广泛支持，形成全员共识，让每个人都讲究起来，并辅以相关的征文、演讲和辩论活动。

可以让完美的人进行工作检查，提高工作标准。专门成立由完美型的人组成的检查小组，检查公司的各项工作，并对检查的结果进行公示与考核，对发现他人错误的人要给予相应的表彰。越是完美型的人才，越容易发现工作中的不足，越不能容忍工作中的瑕疵。所以，检查小组成员必须是由完美主义个性的人组成。

最后，要建立随时纠偏的机制，发现问题立即叫停。日本丰田公司的任何员工一旦发现现场有问题出现，可以立即拉闸叫停生产线，确保产品质量及把问题降到最低。即使工作中的细节问题，也要有纠偏机制。例如，针对单位会议冗长的问题，建立打断纠偏机制，对于跑题、延长时间和没用信息的表达给予及时叫停；对于表达信息不准确、工作操作不到位的现象应及时纠偏。

3.“滚蛋吧，山寨君”

你是否看到过：唐师傅方便面、中国乔丹、金龙油豆油、麦肯基快餐……别以为是写错了，这都是真实存在的。当你看到这样的做法时，感想如何？他们是精明的商人，可一点也不高明。他们就是我定义的“山寨君”。

这样歪曲的营销思维，让人难以相信他们会用“工匠精神”打造优质的产品和服务。此种做法与“坑蒙拐骗”的行为本质上并无差异，属于歪曲理解工匠精神的内涵，与新工匠的精神内涵背道而驰。这个“毒瘤”影响的不只是消费者，也包括那些具有工匠精神的企业，甚至整个社会文化都深受其害。这样的商业行为应该予以抵制。

不只在营销上出现了“山寨”。近些年来，一些由民间IT发展起来的山寨手机、山寨数码相机等产业，形成了所谓的山寨文化。其实，就是模仿、复制和抄袭，是一种冒牌文化和野蛮文化。这些山寨产品一般都是抄袭正规生产厂家，从而节省研发费用，价格只有正规产品的五分之一，甚至更低；其材质和做工会稍逊一筹，好在功能繁多，外观新潮，被中低端消费者所接受。

这类人通过模仿他人的产品，美其名曰山寨版。不少消费者为此津津乐道，认为山寨货便宜实惠，质量差不多。目前，社会上还衍生出山寨艺人、山寨歌声、山寨广告，有的企业甚至将快速"山寨"当本公司竞争力来塑造。

要知道，山寨产品虽然使得整个产业更新速度加快，带给人们高性能低价格的享受，但是，它使企业自主创新能力下降，带来恶性循环，严重危害产业创新。显然，它弊大于利。

政协委员倪萍曾说："我坚决反对'山寨文化'。现在的年轻一代都被所谓的'山寨文化'影响得很厉害，认为这就是'草根文化'的代表。但到底什么是真什么是假，什么是真善美什么是假恶丑，我们应该给年轻人更健康的教育。"

"滚蛋吧，山寨君！"山寨不利于工匠文化的培育与塑造。倡导工匠精神和培育工匠文化，要反对和消灭山寨文化，要坚决抵制抄袭、模仿、复制的行为。

2015 年 3 月 5 日，李克强总理在《政府工作报告》中指出，把"大众创业，万众创新"打造成中国经济前行的"双引擎"之一。山寨文化与李克强总理提出的"大众创业、万众创新"的"双创精神"背道而驰。"创客"是山寨文化的克星。

何谓"创客"？"创客"是一群出于兴趣与爱好，努力把各种创意转变为现实的人。他们以创新为核心理念，热衷于创意、设计、制造。他们代表一种意愿、活力和热情的创造性生活。百度百科的解释是：不以赢利为目标，把创意转变为现实的人。简单的说，他们就是一群"玩创新"的人。

"创客"通常表现出如下的特点：爱自己学、自己做、自己欣赏；爱痴迷，爱钻研，爱和别人交流；手艺和技术一般很有个性、有造诣，爱走别人不走的路子；爱思考与爱动手做出新物品。

创客源于美国硅谷。“硅谷人”都崇尚“车库精神”，他们敢于将想法在现实中立体化，在类似“车库”的空间里将创意“制作”出来。这样的人就是我们当代的新工匠。未来10年，“创客运动”将扮演助推器的角色，推动划时代的全民创造新浪潮，掀起新一轮的工业革命。

创客，从某种角度上是一种信仰，每个人心中都有自己的创客英雄。破除“山寨文化”，倡导创客文化就是要鼓励这些爱玩创新的人。

第一，反对抄袭、模仿和复制的行为，将“开放，共享，分权和对技术的崇拜”引入到企业群体中。欢迎各种新奇古怪的想法，多一点“头脑风暴”，少一点“听话照做”。当个人要做决定时，尽量让自己的思绪稍作停留，问问自己有没有新颖的想法，摒弃经验主义。

第二，建立自由与纪律相互包容的组织。企业要鼓励下属提出不同的意见，领导要耐心倾听他们的声音。同时，企业允许下属挑战上级的权威，允许有“黑客”存在的、自由民主的对话。

第三，企业要给员工适度的自由空间，让他们有时间做相应的尝试与创新，不要将员工的工作安排得满满的。大力鼓励创新行为，积极给予相应的资源支持相关创新活动，并对创新成果予以积极的肯定和大力奖赏，同时，要宽容在创新方面出现的失败。

总之，无论企业还是个人都要明白：滚蛋吧，山寨君！新工匠来了，创客来了！

4.“别傻了，请示君”

曾几何时，企业流行一种亚文化，叫“事事都请示”。因为请示了就不会有错，就算是有错，也不是自己的错。言外之意，那都是领导的错。这就是所谓的"请示君"。有意思的是，有的领导者乐此不疲要求下属"凡事多请示"，似乎认为这样做有成就感和存在感。

对上级而言，"下属请示"意味着对下属做法的及时了解，可以放心下属，不至于出现大问题。同时，意味着下属听上级的话，尊重上级的意见。所以，有的上级常常沉溺于"事事请示"的快感中，假如哪天下属不来请示，会很不习惯。

对下属而言，"请示"意味着即便错了也不是他一个人的错，理由是已经得到上级的首肯，是完全按上级要求操作的。久而久之，"聪明"的人把"请示"当成责任的转移。即遇到问题，自己不需要动脑，直接请示上级，也不用担责任。

值得说明的是，通常情况下，下属对自己遇到的问题，或多或少是有自己的主张与判断的，往往担心的是万一做错了要承担责任。有些下属甚至认为，不请示上级会被上级怪罪，被认为不尊重上级。于是，有些勉为其难地请示上级，并按上级的意见去办；长期以往，形成一种事事依赖上级的习惯，工作没了自主性，无成就感可言。

别傻了，请示君！无论是领导还是下属，别再把"请示"当成宝了，这是一种很傻的行为。

对领导而言，这种阻碍下属成长、破坏下属担当的"请示"文化，让下属少一份思考，多一份依赖，少一份成就，多一份束缚，非常要不得。与其说蜀国的下属们将责任推给了诸葛亮，不如说是诸葛亮将责任揽过来了。诸葛亮"盗取"了下属成长的机会，造成自己没有时间做自己该做的事，却忙于本该下属自己处理的工作。

当然，并不是说下属并不能请示。所谓请示是自己无权做出决定和处理的、需要向上级请求批准的事项。而现实中，请示演变成"不拍板、不担当、不动脑筋"的推卸行为，值得警惕！

"请示"问题在管理学上被称为"猴子现象"，说的是本来属于下属的责任（猴子），通过请示这个环节，将责任（猴子）放到上级的肩上，其核心思想是“别让猴子跳到上级的肩上”。猴子原来在谁的身上，无论有什么变化，它都应该被锁定在原来人的身上，不让这只猴子乱跳。

例如，一位“请示君”（下属）在走廊上碰到上级，说：“嗨，经理，我遇到点麻烦，您看怎么办？”这时，猴子的一只脚搭到上级的肩膀上。当上级回答说：“这真是一个麻烦事，我考虑一下！”结果，猴子的另一只脚也搭到上级的肩膀上去。接下来发生的事就是，那位下属时不时来追问上级“考虑得怎么样了”，而他本人却跷着二郎腿，等待上级的答复。即使上级给了下属意见，下属通常认为“这是上级要我这么做的”，认为责任不在他身上而是上级身上。

猴子管理理论给我们的启发：每一个人都应该照看自己的“猴子”，不要麻烦别人照看自己的“猴子”，也不要试图把自己的“猴子”托付给别人照顾。这里的别人可能是上司、下属、别的部门的同事，也可能是公司、社会乃至上天、命运等。

组织中，每一个人都应该明白自己应该照看哪些“猴子”以及如何照看好它们；不要出现没有人照看的“猴子”，也不要出现有两个以上“主人”的“猴子”；作为上司不仅应明确让下属知道他应该照看好哪些“猴子”，更需要训练下属如何照看好他们的“猴子”。

“猴子管理”理论就是要杜绝责任乱跳的现象。从某种意义上讲，就是消灭请示文化，消灭那些乱跳的“猴子”。李嘉诚曾说：“我的管理秘密很简单，就是让下属成为训猴师。”即不替下属养猴子，下属的猴子应该下属自己养。

消灭请示文化，就是懂得拒绝“请示君”过多的请示，要让他们明白：领导不是问题“回收站”，不能一遇到问题就去找领导。**面对总来请示的下属，领导者要勇于说 NO——领导者绝不做下属**

的"保姆"。如果总来问领导该怎么办，那还要下属干什么。领导可以说：

"你问我怎么办？我也不知道怎么办……要是你办好了，就是你的功劳，我要论功行赏；要是你办不好，那就是你的责任，严惩不贷"。

当然，领导者不能都用"撒手不管"的态度，只是希望透过这种方式明确立场。作为领导者不被各类请示缠身，才可以更好地做自己更应该做的事。

站在下属的角度，请示领导必须自备解决方案，不能一味地问"领导怎么办"，要让领导者做选择题，绝不让领导做问答题。这是一种能力提升的机会，别将这样的好机会白白送给上级。

站在领导的角度，碰到下属不带上解决方案就来请示的，领导要说，"我现在很忙，你拿两套方案来吧！"当然，即使下属拿出了两套解决方案，领导不要直接做出选择，而要问"你认为哪一套好？"久而久之，这种完全"依赖上级"的请示就会逐渐减少，直至下属都养成主动思考的习惯。

一般而言，领导用问的方式启发下属。例如，"你怎么看""如果这样做，万一出现这种情况怎么办？"即使下属表达了错误的意见，领导者也少用否定句和陈述句，多用问的方式加以启发。因为领导者否定下属意见时，通常的结果是，下属又来问领导的意见，且他的信心和成就感会渐渐被磨灭。

必须注意的是，无论哪一种请示，下属都要将"责任"带走。即请示前是谁的责任，请示后仍然是谁的责任。领导者即使直接告诉下属解决办法，也要明确责任在下属的身上，下属的责任不能变成上级的。总之，请示后，下属带走方法也要带走"责任"，绝不能将"责任"留下。如此，请示会越来越少。

5. “耻辱吧，淡薄君”

孔子曰：“好学近乎知，力行近乎仁，知耻近乎勇。”然而，在职场中，常见的现象是：

- 自己做了错事，没什么感觉，一副事不关己的样子，被人批评也无动于衷；
- 别人忙得不可开交，他不紧不慢，不温不火，一副无所谓的表情；
- 别人绞尽脑汁地想办法，他就是天塌下来也与自己没关系似的；
- 不把公司的事当作自己的事，不把公司的钱当作自己的钱，做事拖沓，也不节约。

这类人职业意识淡薄，没有“把工作做深做透”的思维和精益求精的工作作风，与“匠心”相差十万八千里，很难指望他们做出“匠品”。

我在给众多企业培训时，遇到过不少这样的“淡薄君”。例如，已过规定的上课时间，他们姗姗来迟，一点也不急迫；即使坐在教室里，东张西望，一点也不专心；别的学员积极参与、踊跃发言，他们事不关己，人在心不在。我相信，上课会如此，他们工作时也好不到哪里去。

这种现象在当前企业很普遍，我称为“淡薄”文化。它极大地破坏了工匠文化的培育，对于这类人和现象，“坚决抵制”“淘汰出局”“扼杀”都是行之有效的杜绝办法。

与“淡薄”文化相对应的是耻感文化。耻感文化是海内外学者对东方文化的一种概括。自人类学会用树叶来遮羞开始，耻感就已存在于人类的心灵，作为人类区别于野兽的一种特征。这与西方的“罪感文化”比较接近。

耻感文化是中国传统文化的重要内容之一。古人讲究“礼、义、廉、耻”，称之为四德，作为为人处世的根本。“耻”意识是道德的基础，能使人为实现自己的人生理想和道德实践而积极进取，不屈不挠；能使人从内心控制自己的行为，因而形成崇尚操守、不媚时俗的道德品格和廉洁正直、守志不辱的人生品行。耻感文化强调个人的修身，要求内省、慎独、反求诸己，通过正己而达到正人，构成了耻感文化的核心内容。

例如，韩国总理在沉船事件中引咎辞职展现的“耻感”，就令人钦佩。国外政要因发生重大事故而引咎辞职，几乎已成为一种“传统”。按照现代国家的执政伦理，政府官员即使与重大事故没有直接关联，也必须主动承担作为领导者的责任，这充分体现作为一名政客的角色属性和职业耻感。

所以，在职场上做了错事，或者技不如人，或者活干不好，理应感到羞耻。若是找理由与借口，推卸责任应该感到无地自容，羞愧之极。倡导耻感文化就是要把自己犯的错和对他人造成的损害认为是一种耻辱。正如匠人们说“活干不好，丢不起人”。

我们在观看抗日题材剧时，有一个明显的印象，日本士兵犯了错误，吃了败仗，常常感到耻辱，甚至会上升到整个家族的耻辱，个别人还剖腹以示谢罪。碰到上级追究下来，即使打当事人狠狠一个嘴巴，当事人没有借口，也没有怨言，始终承认自己的失职。这种耻感文化对日本工匠精神的沉淀起到了催化作用。

那么，企业如何推崇耻感文化呢？

第一，公司建立道德评价机制。凡是缺乏道德，丧失廉耻的人都会遭到全公司的谴责，并通报批评。那些无德和“无耻之徒”都会被钉在公司的“耻辱柱”上，像老鼠过街人人喊打一样。只要每个人都行动起来，那种淡薄之人，无耻之人就无立身之地，逐渐消失，直至殆尽。

凡是工作不到位，粗制滥造的人都要钉上公司“耻辱柱”，建立“活干不好，丢不起人”的耻感氛围，形成“手艺有高低，粗制滥造绝对不行”的工作标准。

海尔推行“6S 大脚印”的做法，就很值得借鉴。海尔犯了错的人或者活干得不好的人就要站到“6S 大脚印”上做深刻检讨，反省自己行为对他人的影响，并总结如何避免再发生此类过失行为。这个做法在美国曾受到阻力，他们认为这太丢人了。

当然，有的企业实施员工分别挂“笑脸”“哭脸”的胸牌，即优秀人员挂“笑脸”，落后分子挂“哭脸”。这都是倡导耻感文化的很好举措。

第二，建立主动认错机制。指在工作上要是一般的错误，只要主动承认就能获得谅解与尊敬。例如，在球赛时，谁丢了球等类似失误都要主动说“我的错”，大家会理解他和信任他，犯了过失的人就会想办法弥补，这是一种很好的耻感表现。

“我的错”应该成为职场中犯错时的基本用语，否则，被检举没有主动承认错误的人会受到相应的处罚。当然，检举的人也会获得相应奖励。

第三，倡导道歉文化。道歉文化指在错误面前要深刻表达自己的歉意。在重大错误或伤害面前，当事人一定要负荆请罪，戴罪立功，直到获得对方的原谅。日本人与中国人的道歉习惯不同，除了事后道歉外，还有事前道歉，重复道歉与代位道歉的习惯。就是不断地道歉，直到获得对方的原谅为止。

道歉要抓住时机，事情发生了，不要拖延时间，马上道歉，越早越好。如果错过时机，不仅难以启齿，会让听者认为你没有诚意。要有诚意，充分显示出内心的歉疚，如果漫不经心或没有诚意只是赌气说一声："对不起，还要怎样？"不但于事无补，还会使事情恶化。给对方时间接受歉意。当你道歉之后，对方的怒气或怨气还没有完全消除，这时耐心倾听对方诉说，让对方重复发泄内心的不满。

6. "醒醒吧，社交君"

在家靠父母，出门靠朋友。也许因为这句话，许多人总不忘到处留电话、要电话。不禁想起 10 多年前，有一次偶然接触到某"大人物"，交流甚欢，蛮投缘的，相互留了电话。原以为这是很重要的人脉资源。不久，刚好遇到一个困难，想到了这位"大人物"。于是，长长地发一条短信，没回！又打去一个电话，结果，听到二个字：没空！说实话，当时很有挫败感。

很多人都遇到过这样的拒绝，以为和对方留了电话存了微信，彼此应该能帮忙，却忘记了一件重要的事情：只有资源平等，才能互相帮助！很多社交并没有什么用，看似留了别人电话，却在需要帮助的时候，仅仅是白打了一个电话，因为你不够优秀——虽然很残忍，但谁又愿意帮助一个不优秀的人呢？

有人说，不是自己差劲，是没有机会认识牛人。我在想，如果给你柳传志、马云、王健林、俞敏洪的联系方式，你确定可以和他们成为朋友？恐怕都不知道聊些什么。

2014年，我在上海某院校给教职工分享《时间管理》的课程，有一位年轻的博士生提问说：“自己正在忙工作，常碰到一些不速之客，该不该拒绝？会不会失去人脉？”我说：“只有优秀的人，才能得到有用的社交”！这位年轻的博士生感悟道：“在没获得博士学位之前，很少有人主动找我，我懂现在为什么有人主动找我了。”最后，他肯定地表示应该多花时间在自己科研项目上，没必要把时间浪费在无效的社交上。

如果你不够优秀，人脉是不值钱的。“人脉”不是追求来的，而是吸引来的。只有等价的交换，才能得到合理的帮助——虽然听起来很冷，但这是事实。

我身边曾有这样的一个人，他每天的大部分时间都是和朋友在一起，美其名日：交朋友，处关系。为了朋友，常常忽略家人，与家人在一起的时间非常少。刚开始，身边的确有一群朋友围着、跟着，在他的心里，有朋友就有一切似的。后来，处得还可以的人渐渐地离去，为什么呢？主要原因是他们的事业越做越好，除了没有时间外，恐怕就是觉得没那个必要了。当你把时间花在混朋友关系上时，自身没有学会其它过硬的本事，也没能打好事业的根基。

天有不测风云，他身体出了状况，得了癌症。医生说跟平时生活习惯有很大的关系，例如常常应酬导致喝酒过量、生活没有规律等。令人难过的是，当朋友知道他得了癌症，就像瘟疫一样离他而去，最后陪伴在身边的只有家人。

不免会感慨一句：世态炎凉啊！这种情况何止他一人呢？芮成钢锒铛入狱之时，他遍布全世界的“老朋友们”都不见了踪影，昔日的小伙伴们也是树倒猢狲散，落井下石者倒是蜂拥而至。

醒醒吧，社交君！在你还没有足够强大、足够优秀时，先别花太多宝贵的时间去社交，多花点时间读书、提高专业技能。放弃那些无用的社交，提升自己，世界才能更大！

范冰冰曾说："我不嫁豪门，我就是豪门。"对待人脉这事也要拿出"范爷"的范儿——我不追求人脉，我就是人脉！人脉的基础是你的"被利用价值"。你的利用价值越大，他就越会帮你。所谓的朋友，"朋"字两个月，一样的高度才能是朋友，想要和发光的金子结缘，必须让自己变成发光的金子，努力向大家提交一份漂亮的成绩单，用实力来说话。人脉不在别人的身上，而藏在自己身上：**唯有让自己变得强大，才能获得有用的人脉！**

倡导工匠精神，要破除人情文化，让大家精于技艺的提升，而不是专于人脉关系的拓展。与其把时间花在多认识人上面，不如花时间提高自己的个人价值。

然而，某一次培训课程结束后，企业邀请我一起吃晚饭。在饭桌上，对老师客套性敬酒表达完谢意后，接下来就是向领导们敬酒，一个一个地轮番上阵，浓烈的酒文化让整个包厢像炸开了锅。你不得不佩服敬酒人的口才，他们出口成章，妙语连珠，语言表达能力发挥得淋漓尽致。领导们个个乐开了花，相互谦让又相互奉承。让我印象最深刻的是，在回去的路上，一位与我同乘的中层干部，在车上喋喋不休地说忘记给某领导敬酒了，担心领导会不高兴，特别表示明天要专程给领导道个歉。

实际上，这位中层干部无须向领导道歉，把自己工作干漂亮比什么都强。活不干好，多喝酒也只是表层上的满意。通常这种浓烈的内部人情文化比较多地出现在国企单位。相对来说，我更乐意接受很多外企的做法，即上完课后，各回各家，各吃各饭，省事又方便。必要的情况下，一、两个关键角色一起吃个便饭，深入沟通训后的工作事宜，根本没必要一堆人作陪。

当前很多企业存在严重的"官本位"思想。"官本位"是一种"以官为本、以官为贵、以官为尊"为主要内容的价值观。表现在饭桌上除敬酒外，相互抬高，享受“官衔”带来的快乐，迷恋官位带来的权力。

有的企业，上下级之间不是双向互动的工作关系，而是下级对上级惟命是从，上级对下级拥有绝对权力的等级关系。干部的意见成了判断正误、善恶、美丑的唯一标准，并且职务越大说的话就越正确；对下级说来，一切只对能决定其个人命运的上级负责。

一次课堂上，谈内部客户服务的理念时，问及一位基层干部“如何能够快速获得晋升”，本意是“努力做好工作，尽可能帮助上级和下级晋升，为自己创造晋升空间”，结果听到“搞关系”这样的回答。

这种官本位主义导致帕金森定律现象的产生：一个不称职的官员，可能有三条出路。第一是申请退职，把位子让给能干的人；第二是让一位能干的人来协助自己工作；第三是任用两个水平比自己更低的人当助手。第一条不可能，第二条太危险，第三条才是王道。所以才有了机构臃肿，人浮于事的“现实案例”。

日本战略之父大前研一出版的《专业主义》中提到，**专家词源本是 PROFESS，意思是“向上帝发誓，以此为职业”。**意思是不在于你到底做了什么，而在于你对自己所从事的职业有没有过誓言，并去履行到底。它告诉我们要将目前从事的工作作为终身职业，并将这种身份“带到坟墓里去”。

这种专业主义，《希波克拉底誓言》给了最好的诠释。它是希波克拉底警戒人类的古希腊职业道德的圣典，是约 2 400 年以前中国孔子时代，向医学界发出的行业道德倡议书，是从医人员入学第一课要学的重要内容，也是全社会所有职业人员言行自律的要求，而且要求正式宣誓。没有医护人员不知道希波克拉底这位历史名医名言的。

我结合希波克拉底的誓言，对工匠的专业主义或工匠誓言诠释如下：

- 我要终生奉行专业主义，长期探寻此业精髓，力达更高境界；
- 向恩师表达我的尊敬与感谢之意，一旦结识高手，必敬慕之，学习之；
- 热爱自己的工作，绝无高低贵贱之虑，工作就是我的修行之路；
- 在从业过程中严守良心与尊严，不为钱而放弃标准；
- 以庄敬之意，永远把用户价值放在第一位，注重实用性与艺术性；
- 穷尽一生磨练技能，对作品精雕细琢，祈望自己所为和作品能比寿命更长。

后记

1. 工匠精神与互联网思维

这些年互联网浪潮给那些浮躁的企业带来一阵疯狂，无数次尝鲜过后，它们慢慢感觉舌头发麻，失去了原有的纯正味道。有些人为了迎合潮流给自己贴金，常将自己与大数据、互联网思维捆绑在一起。对此，王石就曾提出忠告："别在我面前说大数据，中国企业缺失工匠精神。"我期待，工匠精神的"暴风雨"来得更猛烈些，好好清洗一下社会的浮躁与粗糙。我相信，这一天一定会到来。

大数据、互联网当然是企业未来发展不可少的基因。问题在于有些企业规模不大，产品质量和口碑还在"低位运行"。对它们来说，最根本的还是扎扎实实练好内功，把产品做好才是重中之重。那些整天满嘴"互联网思维"、动不动就跟你说"大数据"的家伙，要特别警惕。这样的人和企业常常是昙花一现，如一阵风刮过，没有留下什么。

我认为，谈互联网和大数据，就不能不谈工匠精神。要知道，互联网时代，产品为王，内容为王，不死磕用户体验，没有工匠精神就是"花拳绣腿"。任正非说："尽管互联网以及物联网正在渗透到社会生产和生活的方方面面，但没有改变事物的本质，即使在互联网时代，车子还是车子，内容还是内容，豆腐还是豆腐。"他的意思很明显，产品不好，一切都是空谈。

工匠精神是互联网思维的“地基”。没有夯实地基，就不可能有互联网思维的纯正味道，否则只是花拳绣腿，好看不好用。为什么有的人感到“经济遇冷”，做企业越来越难，生存压力越来越大？问题就出在这。没有真本事，没有核心竞争力，新工匠时代对它们而言面临的将是穷途末路。而对于注重工匠精神的企业来说，这是一个美好的时代。

评价一个人说的“互联网思维”是不是正见，得看是不是从用户出发，是不是以产品为本，是不是有让用户发出尖叫的极致产品或内容，是不是产品出厂后与用户互动，是否形成连环圈，是不是重点关心产品。

产品是企业的手心，营销是企业的手背。当企业发展得顺风顺水的时候，说明是关注产品的时候，是产品供不应求的时候；等关心营销的时候，往往是公司发展慢下来的时候，毛利下降的时候。

这一点我深有体会。在我创业的路上，有顺风的时候，也有逆风的时候。顺风时得意忘形，忽视产品的深挖与重建，待到逆风来临，被打击得一塌糊涂。别人认为是机不逢时，我认为是未注意到风势的微妙变化和产品的更新换代。那时《明朝那些事儿》火起来，朱元璋的“广积粮、高筑墙、缓称王”让我留下深刻印象。今天看来，“高筑墙”这件事是企业任何时候都不能忘记的。

在这样一个技术推动变革的时代，要让产品力超越营销力，要让新工匠替代营销经理。新工匠不是那些“宅”在家的技术男，而是对市场和用户了解通透的“大牛”。他们是这个时代最有价值的人，他们是带领企业进行互联网转型的领导者。

与其在外面满嘴说互联网思维，不如多在内部安心做好产品；与其在公司冥思苦想营销点子，不如深入用户解决用户需求；与其把大量的钞票花在广告宣传上，不如在研发部门下血本。

新工匠时代有两个关键词：一个是互联网思维，一个是工匠精神。

可以肯定地说，谁能快速、有效地拥抱新工匠时代，谁就能更好地赢得未来。新工匠时代，一步一步地向我们走来，没有人可以阻挡它的步伐。除了拥抱它，没有第二种可能性。若不提高产品质量标准，不提升用户体验的满意度，企业就没有生存的空间，个人亦如此。

2. 每个行业都需要“咫尺匠心”

我国正由“中国制造”向“中国智造”迈进。这对于企业的生存和发展而言，是提出了更高的要求。中国的企业不仅需要大批技术过硬的匠人和技术工人，更需要努力培育行业内的新工匠。当此全国“供给侧改革”的关键时期，李克强总理强调这一理念，切中时弊。我认为，不但制造业需要工匠精神，每个行业、每个人都需要工匠精神，特别是互联网时代，产品为王，注重用户体验，更需要代表独具匠心、精雕细琢、专业主义的新工匠精神。

近年来，国内影视业迎来爆发式增长，电影票房屡创新高。然而，在火红的背后，一些影视剧被观众频频发现常识性错误，穿帮现象严重，呈现一种令人尴尬的“奇观”：“医疗剧”被医疗界人士吐槽；“战争剧”被军事爱好者揭短；“职场剧”被职业人士炮轰。一些历史题材的影视剧，更是穿帮的重灾区，从所吃的食物到墙壁上的字画，再到演员的服饰，让人吐槽不已。

影视剧是产品，应该注重品质，讲究细节，不能胡编乱造，否则，就成了假冒伪劣产品。影视行业同样需要独具匠心、精雕细琢、专业主义的新工匠精神，这样才能为公众提供高品质的娱乐文化产品，避免制造出大量的文化垃圾。

不只文化产业，物流行业也是如此。在2016年中国物流供给侧改革论坛上，著名经济学家马光远提到物流企业当有工匠精神，他号召大家“认真做、好好地做、坚持做”，当物流行业里的工匠。很多企业并不懂物流，只是看着概念火了，就过来投资一个东西赚一笔热钱。中国现在很多行业之所以做到一定程度做不下去，没有百年老店，最根本的原因就是东张西望，今天干这个明天干那个，没有持久的专业主义，没有精雕细琢，到最后一事无成。大部分中小企业目前所能提供的产品依然较为低端和简单，竞争核心单纯地集中在价格、数量等原始竞争层面上，缺乏探索新模式的“匠心”，更缺乏畅想新模式和新机会的“匠意”。

客观上来说，各行各业都需要工匠精神。不只是制造业，第二、三产业也需要。记得有一次在常德柳叶湖边给湖南富德生命保险公司管理层授课，除了修长的柳叶湖婀娜多姿，景色诱人外，令我印象最为深刻的是与富德生命保险公司湖南分公司李明总经理的对话。他在保险行业打拼20余载，深得同业人士的尊敬与佩服，从他脸上那“别致”的皱纹和深邃的眼神就能读出什么是“匠心供奉”。

他说：“保险行业的从业人员需要工匠精神，需要具有匠人气质的保险业务员，以此职业作为终身的追求。这样的人对保险产品了如指掌，无论是自己的还是竞争对手的，以精益求精、追求极致的态度，成为保险业的匠人。像日本销售之神原一平一样，客户争先恐后地找他们投保。”

他后来希望我可以专门针对保险业开发一套保险行业的工匠精神课程，希望为他们公司打造出100个匠人，成为公司的标杆人物，让“保险匠人”的个人品牌享誉国内外。他说，只有拥有强大的工匠文化和更多具有匠人气质的保险经纪人，公司才能在正确的战略指引下基业长青。

今天，任何一个行业，要有高质量的发展，都离不开工匠精神，离不开“咫尺匠心”。公务员，要精心做好每一项工作，把每一个服务都做到完美；工人，要精心做好每一件产品，对每一道工序精雕细琢；服务员，要精心做好每一个细微服务，给每一位顾客无微不至的关心。